기도의 집으로
열방을 변혁하라

Shifting Nations Through Houses of Prayer

기도의 집으로 열방을 변혁하라

2022년 6월 27일 초판 1쇄 발행

지은이 릭 라이딩스, 패트리샤 라이딩스
옮긴이 백아영
펴낸이 이태형

국민북스
주소 경기도 파주시 와석순환로 307, 1106-601
전화 031-943-0701 이메일 kirok21@naver.com
등록 2015년 4월 30일 제406-2015-000144호

ISBN 979-11-88125-42-5 03230

Shifting Nations Through Houses of Prayer
by Rick and Patricia Ridings

기도의 집으로
열방을 변혁하라

릭 라이딩스, 패트리샤 라이딩스 지음

―――――

백아영 옮김

국민북스

추천사

릭과 패트리샤의 책 '기도의 집으로 열방을 변혁하라'는 모든 기독교인, 특히 사역을 시작하고자 하는 사람들을 위한 필독서이다. 수캇 할렐을 세울 때 하나님께서는 이들에게 기도의 집은 '설립하는 것'이 아니라 하나님의 시간, 그리고 비전과 함께 하며 '해산(解產)하는 것'이라는 계시를 주셨다. 릭과 패트리샤의 여정과 교훈이 담겨 있는 이 책은 하나님의 나라 일을 시작할 때에 필요한 지혜로 가득한 가이드북이다.

우리 아이리스 국제팀 소속의 많은 이들은 수캇 할렐에서 기도의 시간을 보낸 적이 있다. 그곳에는 하나님의 임재가 너무 강렬하기에 우리는 항상 예루살렘을 내려다보며 몇 시간이고 경배와 기도를 올릴 수 있는 그곳에 머물기를 원한다. 나는 모잠비크에 살지만 이스라엘을 방문, 기도할 때마다 큰 감동을 받는다. 이스라엘은 나에게 고향과 같은 나라 가운데 하나다. 독자 여러분들께서 이 책을 읽고 예루살렘의 수캇 할렐에서 기도해 보기를 강력히 추천한다.

하이디 베이커_모잠비크 아이리스 글로벌 공동창립자, 대표

나는 내 친구 릭과 패트리샤 부부를 25년 넘게 알고 지냈다. 그들은 '기도의 집으로 열방을 변혁하라'란 제목의 책을 쓸 자격이 있을 정도로 수많은 경험을 했고 성경적 이해가 깊으며 영적 권위를 지닌 저명한 국제기도운동 리더들이다.

이 책은 영적 초급자들이 쓴 이론서가 아니다. 이 책은 오랜 기간 오직 예수님께만 삶을 헌신하고 값비싼 대가를 지불한 경험으로부터 나온 영적 지혜를 제공하는 귀한 서적이다. 수년 동안 자살 폭탄과 다른 여러 테러 공격들을 견디며 예루살렘에서 24/7 경배와 중보기도의 집을 세우고 지속해 온 릭과 패트리샤는 이 책에 기록된 진리에 합당한 믿음과 순종의 삶을 살아낸 권위 있는 사람들임이 분명하다.

이들은 자신들의 통찰력과 경험을 소개함으로써 소수의 현지 그리스도인들만이 있는 영적 황무지에서 기도의 집을 개척하도록 부름 받은 사람들에게 용기를 준다. 또한 자신이 거했던 곳과는 다른 문화에서 사역하도록 부름 받은 이들에게도 소중한 지침을 제공한다. 각 문화와 세대를 초월해 이 책을 접하는 분들 모두가 깊은 묵상을 할 수 있기를 바라며 기쁘게 추천한다.

마이크 비클_국제기도의집(IHOP) 창립자, 대표

나는 성실하고 희생적으로 리더의 역할을 감당하고 있는 릭과 패트리샤에게 진심으로 감사한다. 그들은 모든 영역에서 기도의 집 운동을 위해 헌신해왔다. 그들은 언제나 사랑이 넘치며 오래 참고 지혜롭다. 그들은 사역 가운데 많은 어려움을 견뎌냄으로써 우리 모두의 빛나는 역할 모델이 되고 있다.

존 도슨_예수전도단(YWAM) 명예 대표

24시간 중보기도를 통해 매일 어떻게 나라들을 흔들 수 있는지 알려주는 이와 같은 책은 어디에도 존재하지 않는다. 이 책은 쉼 없는 중보를 위한 훈련서이며 누구나 하나님의 친밀한 연인이 되도록 이끄는 초대장이다. 나는 이 책을 사랑한다. 여러분도 사랑할 것이라 믿는다.

신디 제이콥스_세계의 장군들(Generals International) 창립자

릭이 말하면 나는 듣는다. 그리고 다른 많은 이들도 그렇다. 릭과 패트리샤는 터키의 기도의 집들을 포함한 중동 기도 운동의 부모이다. 나와 내 아내 노린이 확신을 갖고 릭의 이야기를 경청하는 이유는 그가 지혜와 조심스러운 계시의 마음을 동시에 갖고 하나님의 말씀을 청종하는 보기 드문 사람이기 때문이다. 그뿐 아니라 그는 겸손, 순종, 진실의 성품을 지닌 하나님의 사람이다. 나는 많은 이들에게 릭의 예언적 말씀이 터키에서의 우리 사역을 실현시켰다고 말한다. 그것은 결코 과장이 아니다. 그래서 나는 기쁜 마음으로 릭과 패

트리샤의 책을 추천한다. 아니 이 책을 쓴 릭과 패트리샤를 추천한다! 책을 읽다보면 그들의 글이 이론이 아니라는 것을 알게 될 것이다. 이 책은 삶의 열매로 가득하다!

앤드류 브룬슨 목사_터키 선교사로 터키 정부에 의해 누명을 쓰고 감옥에 2년간 수감됨

이 책은 기도의 집을 통해 나라를 움직이는 것에 대한 중요성을 이해시켜 줄 뿐만 아니라 각 나라에서 기도의 집을 '해산'(解産)하는 방법을 자세히 설명하고 있다. 릭과 패트리샤는 기도의 집이 활동이나 단순히 모이는 것이 아니라고 강조한다. 어떤 경우에도 기도의 집을 '해산'하는 것이 중요하다는 것이다. 이 책에는 수많은 삶의 간증이 있기에 매우 흥미진진하다. 이 양질의 책을 쓰기 위해 노력한 그들이 정말 고맙다. 나는 모든 독자들이 이 책을 통해 축복 받을 뿐 아니라 기도의 집의 씨앗을 받아 지니고 있다가 때가 되어 기도의 집을 '해산'할 수 있기를 기도한다.

니코 노토라하조 박사_인도네시아 벧엘교회 목사

나는 릭과 패트리샤를 25년 넘게 친한 친구라고 부를 수 있는 특권을 받았다. 우리는 90년대 초반 벨기에 브뤼셀에서 그들이 오랜 중보와 경배로 전 유럽에 걸친 전략적 하나님 나라의 일들의 초석을 놓을 때 처음 만났다. 내가 2003년 '이스라엘을 위한 유럽 집회'를

기획했을 때, 릭과 패트리샤에게 제일 먼저 기도와 충고를 부탁했었다. 그들은 단 18명의 유럽 중보기도자가 모이는 우리의 첫 번째 기도집회에 함께 하기로 즉각 동의했다. 이는 그들이 예언적 영역에서 행동하기에 가시적인 것에 제한받지 않고 작은 시작일지라도 기쁘게 동참하는 겸손한 사역자라는 것을 보여주는 하나의 사례다. 릭과 패트리샤는 주님의 부르심대로 경배와 중보로 열방을 바꾸는 일에 온전히 전념하고 있다. 지금 당신이 들고 있는 이 책만큼 내가 읽기를 고대한 책은 없다.

토머스 샌들_벨기에 '이스라엘을 위한 유럽연합' 대표

우리의 친구 릭과 패트리샤의 존재 자체가 예루살렘과 세계의 기도의 집 운동에 있어 커다란 축복과도 같다. 우리는 이스라엘의 기도 운동과 수백 개의 이스라엘 사역, 그리고 이사야 19장에 나오는 30개 국가 간의 훌륭한 연합을 허락하신 주님께 감사한다. 이 책 '기도의 집으로 열방을 변혁하라'를 각자의 삶과 가족, 도시, 나라의 변혁을 갈망하는 모든 이에게 강력히 추천한다.

톰 & 케이트 헤스_이스라엘 '예루살렘 기도의 집'(JHOP) 창립자

릭과 패트리샤의 집인 예루살렘은 전 열방이 새로운 시간으로 들어가는 현시점에서 주목해야 하는 세계의 바로미터이다. 우리는 모

두 깨어있어야 한다. 전 세계적 흔들림이 일어나는 시대에 돌입하면서 성령의 마지막 시간의 파도가 많은 세대 중에 보여질 것이다. 하나님의 사람들의 기도는 천국의 권위가 있는 강력한 무기다. 기도는 잠겨진 열방을 푼다. 또한 기도는 땅끝까지 주님의 말씀을 선포하기 위해, 그리고 주님의 사람들을 준비시키기 위해 열방의 재물을 푼다. 기도는 이 시대를 위한 성경의 약속이 이루어지게 하며 지상명령의 수행을 가속화시킬 성령으로 충만한 새로운 세대를 일으킨다. 이 책은 기도와 경배로 하나님의 은혜의 잔을 채우는 우리의 중대한 역할에 대해 깊은 통찰력을 준다.

다니엘 판지_인도네시아 기도 네트워크 공동창립자

이 책은 놀라운 영적 무게감이 있는 책이다. 모든 독자들이 많은 도전과 배움을 얻을 수 있는 귀한 책이지만 특별히 기도의 집에 관심이 있거나 기도의 집 사역을 하고 있는 사람들에게는 교과서와 같은 필독서로서 추천할 수 있는 책이다. 이 책을 허락하신 주님께 말할 수 없는 감사와 찬송, 존귀와 영광을 드린다.

이진재 선교사_T국에서 기도의 집 사역

감사의 글

저희는 지난 20년 동안 수캇 할렐에서 예루살렘 성벽의 파수꾼으로 우리와 함께 섰던 수많은 예배자와 중보자 없이는 24/7 기도의 집이 절대 가능할 수 없었음을 잘 압니다. 모든 분들께 진심으로 감사드립니다. 수캇 할렐의 시작부터 저희와 함께 하며 여러 해 동안 힘과 축복의 원천이 되어준 마틴과 노마 사비스에게 특별한 감사의 인사를 전하고 싶습니다. 원고를 편집하기 위해 많은 시간을 내어준 수잔 위트만에게도 감사를 드립니다. 그리고 저희에게 용기를 주고, 이 위대한 왕의 도시에 그분의 보좌를 세우는 일에 참여하며 너무나 많은 희생을 감내한 훌륭한 딸들과 그들의 가족들에게 감사의 말을 전합니다.

헌 사

암과 오랜 기간 맞서다가 29살의 어린 나이에 세상을 떠난 저의 사랑하는 딸 에스더 무어를 기념해 이 책을 바칩니다. 기도의 집에서 예배하며 기도하는 것을 사랑했던 에스더는 지금 주님의 보좌를 둘러싸고 예배하며 기도하는, 구름같이 둘러싼 허다한 증인들 중 한 명입니다.

에스더가 생전에 이 책을 위한 원고를 읽고 소중한 충고를 해준 것이 저희에게 큰 축복이었습니다. 그녀의 신앙의 유산이 열정적인 예배자들과 중보자들을 통해 이어져서 나라들을 변화시키고 만왕의 왕인 그분의 길이 준비되어지기를….

서문

다윗 왕의 유산: 변화된 도시와 국가

"다윗의 장막에 인자함으로 왕위가 굳게 설 것이요 그 위에 앉을 자는 충실함으로 판결하며 정의를 구하며 공의를 신속히 행하리라"(사 16:5)

　다윗 왕은 그저 평범한 한 사람이다. 그러나 그는 온 마음과 영, 생각, 힘을 다해 주님을 사랑한 인물이었다. 다윗의 이야기는 창조주를 경배하는 양치기 소년으로부터 시작된다. 보잘 것 없는 양치기 소년의 이야기로 시작되지만 다윗의 신실함과 창조주를 향한 변함없는 경배는 한 나라를 변혁하고 강력한 도시를 세우는 원동력이었다. 다윗 왕은 예루살렘을 통치하기 시작했을 때부터 큰 어려움들에 직면했다. 아직 통합되지 않고 하나가 되지 못한 나라, 우상을 숭배하는 백성과 하나님을 경배하는 백성 사이의 간극, 호시탐탐 공격 기회만을 엿보는 강력한 적들에 둘러싸인 국가적 현실, 우상 숭배라는 견고한 진 위에 세워진 새로운 수도….

　하나님은 이런 많은 어려움과 마주한 다윗에게 간단하면서도 어려운 해결 방법을 주셨다. 그것은 현재 우리가 말하는 '기도의 집'(House of Prayer)을 세우는 것이었다. 이를 위해 다윗은 하나님의 임재를 상징하는 언약궤를 가져와 '다윗의 장막'을 세웠다. 그는 거기서 제사장들과 레위지파로 하여금 365일, 24시간 쉬지 않고 기도하게 했다. 정부와 경제, 예술이 집결된 수도의 중심에서 경배와 기도의 소리가 끊이지 않게 한 것이다. 그것은 놀라운 결과를 가져왔다. '기도의 집'에서 하나님을 경배함으로써 예루살렘과 전 이스라엘은 하나가 되었고 모든 적들의 공격으로부터 해방되었다.

그로부터 3000년 후, 수캇 할렐(Succat Hallel·찬양의 장막)은 예루살렘 성벽을 파수하는 기도의 집 가운데 하나로 서 있다. 우리는 성전산을 바라보고 기도로 파수하며 이 땅을 영원히 통치하실 왕을 경배하고 있다. 다윗 왕이 자신에게 주어진 것을 충실하게 지키며 많은 승리를 경험했듯, 우리 또한 신실한 기도와 예배로 주님이 도시와 국가, 사람들의 마음을 변화시켜 주시는 것을 경험하고 있다.

지금 주님은 약속대로 쉼 없이 밤낮으로 기도하며 예배하는 기도의 집들을 열방에 세우고 계신다. 아모스 9장 11절에 나온 대로 온 땅에 '다윗의 장막'을 회복하시는 것이다. 당신이 글을 읽는 이 시간에도 그분의 임재가 도시와 국가를 변혁시키고 있다. 그것을 경험한 우리는 여러분들을 이 위대한 여정에 초대하고 싶다.

차례

1부
—
변화를 이끄는
기도의 집
해산하기

1 장

영원히 지속되는 기도의 집

"무릇 하나님께로부터 난 자마다 세상을 이기느니라 세상을 이기는 승리는 이것이니 우리의 믿음이니라"(요일 5:4)

영적 아비들과 어미들

주님은 1999년에 수캇 할렐을 '해산'하라고 우리에게 처음 말씀하셨다. 그 당시만 해도 기도의 집은 많지 않았다. 그러나 그로부터 10여 년 동안 기도의 집은 세계적인 영적 운동이 될 정도로 많아졌다. 그것은 성령님께서 기도의 집 운동에 생기를 부어 주셨기 때문이리라. 그럼에도 전 세계의 많은 기도의 집들은 야심차게 시작했다가도 일이년이 지나면 시들어지곤 했다. 그것이 현실이다. 나의 질문은 이것이다. "정말로 성령님이 기도의 집 운동을 이끄신다면 왜 수많은 기도의 집들이 부흥하기보다는 시들어질까? 오래 견디는 기도의 집에는 무엇이 있는 것일까?"

이것은 아주 중요한 질문이다. 기도의 집을 하는 분들, 시작하려는 분들에게 이 책이 이 같은 질문에 대한 답을 줄 수 있기 바란다. 우리가 확실히 경험한 것은 영속하며 건강하게 자라나는 기도의 집들은 그저 '시작'된 것이 아니라 '해산'된 것이라는 사실이다.

> 우리가 확실히 경험한 것은 영속하며 건강하게 자라나는 기도의 집들은 그저 '시작'된 것이 아니라 '해산'된 것이라는 사실이다.

이스라엘에서 기도의 집을 해산하기 위한 준비

우리 부부는 오랫동안 유럽에서 국제적 집회를 이끈 중보사역자의 초청으로 1993년 이스라엘을 처음 방문했다. 그는 우리가 유럽, 아시아, 아프리카에서 '도시를 위한 중보'(Pray for the City)란 이름의 기도 집회를 개최했다는 사실을 알고 있었다. 우리는 그 같은 집회를 준비할 때, 먼저 그 도시의 목회자와 영적 리더들을 만나 그들이 어떻게 자신들의 도시를 위해 기도하고 있는지 물어 보았다. 나는 리더들이 말한 기도 제목과 비전들을 정리해 그 도시만을 위한 선포 기도문을 썼다. 우리는 먼저 '주님의 보좌 앞'에서 예배와 찬양으로 시작하여 그 도시의 주요 목회자와 영적 리더들과 중보기도로 하나 되고, 미리 준비한 선포 기도문으로 도시를 축복했다. 이런 식으로 여러 도시들에서 집회를 진행했다.

어느 날, 앞서 말한 중보사역자가 예루살렘에서도 뭔가 비슷한 사역을 해보자고 제안하며 우리를 이스라엘로 초청했다. 그것은 뜻밖의 제안이었지만 우리 마음은 뜨거워졌다. 예루살렘은 그저 또 하나의 평범한 도시가 아니지 않는가! 그러나 우리가 예루살렘에 도착했을 때, 이스라엘에서 집회를 인도하는 한 리더가 "우리는 당신들을 몰라요. 여기서는 그런 식으로 할 수 없어요"라고 말했다.

그날 밤, 나(패트리샤)는 잠을 잘 수 없었다. 우리가 왜 이스라엘로 왔는지를 심각하게 생각해야 했다. 이스라엘로 오기 전 우리가 파송 기도를 받을 때 누군가가 예언한 내용이 생각났다. 그는 이렇게 말했다. "주님께서 당신에게 이스라엘에서 부를 구원의 노래를 주실 거예요." 나는 잠 못 들어 뒤척이며 "주님, 저는 이스라엘에서 구원의 노래를 부를 수 없어요. 당신이 구원의 노래를 저에게 불러주셔야 해요!"라고 기도했다.

우리는 당시 3살 된 딸 에스더를 태어난 지 처음으로 두고 왔다. 물론 아주 좋은 분들이 에스더를 돌보고 있었지만 나는 '이렇게 오래 어린 딸을 멀리에 두고서까지 도대체 무엇을 위해 여기에 온 것이지?'라고 생각했다. 그 순간, 주님은 세상에서 가장 아름다운 자장가를 불러주셨다.

"Hodu l'Adonai ki tov, ki l'olam hasdo. Hodu, hodu···"[여호와께 감사하라 그는 선하시며 그 인자하심이 영원함이로다](시 136:1)

나는 이스라엘 찬양사역자 밧야 세갈이 이 시편 구절로 작곡한 노래를 그날 집회의 찬양 시간에 처음 들었다. 주님은 밤중에 이 노래를 나에게 불러주신 것이다. 나는 그 '자장가'를 들으며 잠이 들었다.

다음 날 아침 나는 밧야에게 달려가 그녀를 끌어안으며 "이렇게 아름다운 노래를 만들어 줘서 고마워요!"라면서 전날 밤에 어떤 일이 일어났는지를 이야기했다. 주님께서 이 아름다운 노래를 사용하셔서 나를 안심시키시고 재워주셨기에, 그 노래를 작곡한 그녀가 아주 친근하게 느껴졌다. 그리고 그 전날 이스라엘의 한 리더의 말로 인해 받았던 거절감과 낭패감이 눈 녹듯 녹아내리고 참감람나무인 이스라엘에 접붙임을 받고 입양된 듯한 느낌을 받았다. 주님은 나로 하여금 그들이 느꼈던 감정, 즉 열방으로부터의 거절감을 느끼고 주님처럼 그들을 사랑하도록 하기 위해 이스라엘 땅에서 거절감을 경험하게 하신 것 같았다. 참으로 이스라엘 민족은 하나님의 눈동자이다.

집회에 참여하여 앉아 있는데, 갑자기 내 영 안에서 내가 앞으로 부르게 될 거라고 예언을 받았던 '구원의 노래'를 듣게 되었다. 더 나아가 피아노 연주까지 확실히 들렸다. 나는 집회의 리더에게 내가 그 노래를 불러도 될지 물었고, 그는 허락했다. 나는 집회에 온 이스라엘 사람들에게 일어나라고 부탁한 후 이 예언적인 노래를 즉흥적으로 부르기 시작했다. 그때 15~20명 정도가 눈물을 흘리는 것이 아닌가! 노래는 이사야 60장의 "일어나라 빛을 발하라. 이는 네 빛이 이르렀고 여호와의 영광이 네 위에 임하였음이니라"로 시작해 "두려움과 거절의 누더기 옷을 벗고 찬송의 옷을 입어라"로 이어졌다.

그 순간, 우리의 계획대로 예루살렘에서 '도시를 위한 중보 집회'를 하는 것보다 훨씬 깊게 우리와 이스라엘이 하나로 연합하게 됐다. 하나님의 방법은 확실히 우리의 방법보다 높다.

1987년 이후 쉼 없이 하프와 보울[1]로 24시간 예배와 중보 사역을 펼친 '예루살렘 열방 기도의 집'의 톰 헤스 목사님이 우리를 이스라엘과 이집트 리더들이 함께하는 집회에 초대, 영어와 히브리어, 아랍어로 예배를 인도해줄 것을 부탁했다. 그래서 예루살렘 집회 직후, 우리는 곧바로 이집트로 갔다. 아직 완전히 이해하지도 못했지만 이사야 19장의 '경배의 대로' 위에 선 것이다. 역사적인 경배의 대로 집회에 참여한다는 것이 얼마나 대단한 특권인가! 주님은 우리에게 몇 개의 창의적인 방식으로 히브리어 노래를 영어 노래와 연결할 수 있게 하셨다. 어쨌든 이집트 찬양 사역자와 함께 3개 언어로 예배를 인도하게 되었다. 이스라엘과 아랍과의 '어수선한' 첫 만남이었다! 배울 점이 너무나 많았다. 우리의 발걸음을 인도하시는 주님의 방법이 참으로 놀라울 따름이었다.

---

1. 영어 용어 사전 참고

땅에 뿌리내림

이처럼 심오한 방법으로 이스라엘과 하나가 된 이후, 우리는 지구상 어느 곳보다 이스라엘이 집처럼 느껴졌고 이곳이야말로 우리가 속해야 할 곳임을 알았다. 그러나 이스라엘로 이주하고 기도의 집을 해산하기까지 몇 년의 준비가 필요했다.

첫 번째 집회 이후, 우리는 거의 매년 이스라엘을 방문했다. 어떤 해에는 세 딸들을 모두 데리고 오기도 했다. 1999년 5월, 우리는 히브리어로 '뿌리'란 뜻의 쇼레쉬(Shoresh)에 한 달 정도 머물렀다. 쇼레쉬는 예루살렘의 산들과 지중해가 파노라마처럼 펼쳐지는 이스라엘 중앙에 위치한 산 위의 작은 공동체다. 당시 19살이었던 딸 안나는 골짜기를 내려다보며 에스겔 37장에 기초한 '사방의 바람'(Four Winds)이란 노래를 만들었다. 이 노래는 나중에 이스라엘의 다음 세대들이 불렀다. 주님은 점차 우리를 이 땅에 뿌리내리도록 인도하고 계셨다.

쇼레쉬에서 한 달간의 단기 임대 생활이 끝날 즈음, 우리는 예루살렘 북부 경계선에 위치한 로이와 메리 캔달의 아파트에 머물게 되었다. 그들은 도시의 릴레이 중보기도 운동에 참여하고 있는 중이었다. 여름 기간 동안 타지로 떠나게 된 그들은 정오부터 오후 2시까지 자신들을 대신해 우리가 기도로 파수해 줄 것을 부탁했다. 그해 여름 대부분 릭은 다른 나라에서 사역했기에 나는 가끔은 혼자서, 가끔은 안나와 에스더와 함께 기도시간을 가졌다. (당시 첫째 딸 베다니는 미국에서 대학 재학 중이었다.)

그러던 어느 날, 우리는 '술탄의 못'(Sultan's Pool)이 내려다보이는 시온산에 올랐다. 형형색색의 셔츠를 입은 이스라엘 소녀들이 관람석에 가득 앉아있었다. 우리는 지나가는 남자에게 물었다. "저 사람들은 누구죠?" 그 남자는 "아름다운 이스라엘의 여인들이죠"라고 대답했다. 그러면서 그들이 곧 제대하는 군인들이라고 덧붙였다. 우리가 그들을 바라볼 때, 주님은 우리의 남은 인생을 향한 주님의 뜻을 우리에게 전해주시기 시작했다. "나는 너희의 딸들을 다음 세대 이스라엘 부흥을 위해 사용하기 원한다. 나는 너희가 가능한 모든 방법을 사용해 이스라엘의 다음 세대를 섬기기 원한다. 다음 세대를 위해 기도하고, 그들에게 음식을 대접하고, 그들이 예배할 장소를 마련하고, 그들을 위해 운전해주고…. 도보로 다윗 싱에 갈 수 있는 거리 내에서 365일 24시간 쉬지 않고 경배와 기도를 드리기를 원한다. '다윗의 장막'의 영이 회복되기를 원한단다."

와! 우리 인생의 다음 시즌에 대한 주님의 인도하시는 말씀이 너무나 놀라웠다. 감사할 따름이었다. 우리는 자주 이스라엘과 미국을 왕래할 것이라고 생각했지만 주님은 우리더러 이스라엘에 완전히 뿌리 내리고 24/7 경배와 기도 센터를 세울 것을 결단하라고 하셨다. 그분의 말씀을 따르지 않을 수 없었다. 시온산에서 술탄의 못을 내려다 볼 때 들었던 하나님의 말씀에 순종하여, 우리는 2000년 1월에 '원조' 다윗의 장막으로부터 도보로 갈 수 있는 거리의 큰 아파트로 이사했다. 이사를 끝내자마자 우리 가족은 예배 파수를 계속해 나갔고, 2월 7일에는 우리의 파수를 사람들에게 공개했다.

해산의 고통

기도의 집 운동이 마지막 때에 주님 오실 길을 준비하는 데 목적이 있다고 믿는다면 이것을 방해하는 사탄의 사나운 공격 또한 어느 정도 예상할 수 있다. 사탄은 무언가 중요한 것이 탄생되기 전에 그 해산의 임박함을 인지하고 활동하기 시작한다. 이집트에서 유대인 남아들을 죽이려했고(출1:16~22), 그 후에 베들레헴의 2살 이하의 남아들을 죽이려 했듯(마 2:16) 말이다. 우리는 사탄이 처음 2년 이내에 기도의 집을 밟아 없애려 모든 방법을 쓸 것이라는 점을 유념하며 신중하게 경계해야 한다. 이러한 사탄의 공격을 이겨내려면 기도의 집이 그저 '시작'되는 것이 아니라 반드시 '해산'되어져야 한다. 기도의 집의 비전이 하나님으로부터 왔음을 믿는 것만으로는 충분하지 않다. 기도의 집이 우리가 사는 도시에 세워질 것을 원하는 것만으로도 충분하지 않다. 기도의 집은 반드시 기도의 태에서 해산되어야 한다. 기도의 태를 통해 해산된 기도의 집만이 이길 수 있다.

"하나님께로부터 난 자마다 세상을 이기느니라"(요일 5:4)

기도의 집은 하나님의 뜻과 때를 구하는 가운데 확고한 비전이 주

기도의 집은 아비와 어미의 마음으로 장기적으로 헌신할 마음, 그러니까 기꺼이 대가를 지불할 마음이 있는 사람들을 주님이 찾으실 때 해산될 수 있다.

어질 때 해산된다. 또한 기도의 집의 비전이 나 뿐 아니라 다른 중보자들을 통해 확인되어질 때 해산된다. 즉 먼저 우리 마음에 기도의 집에 대한 비전을 품은 후, 주님께서 그 비전이 어떤 구체적인 방법으로 실행될 것이라고 말씀하실 때에야 해산될 수 있다. 기도의 집은 아비와 어미의 마음으로 장기적으로 헌신할 마음, 그러니까 기꺼이 대가를 지불할 마음이 있는 사람들을 주님이 찾으실 때 해산될 수 있다.

현재 기도의 집은 일종의 영적 트렌드와 같다. 많은 사람들이 단기적으로라도 기도의 집을 시작하기 원한다. 그들은 기도의 집을 자신들의 여러 사역 중 하나로 추가하려 한다. 그러나 그런 식으로는 사탄의 공격을 이겨낼 수 없다.

집중의 필요

부모와 베이비시터 간에 어떤 차이가 있는지 아는가? 집중이다. 부모는 하루 24시간 내내 자녀에 집중한다. 한밤중에도 일어나 아이를 돌보려는 희생의 준비가 되어 있다. 아이의 장래를 위해 소비를 자제하는 금전적 희생도 얼마든지 한다. 한 순간도 빠짐없이 아이 생각을 한다. 아이를 위해 쉼 없이 기도한다,

주님은 1999년에 처음 수캇 할렐을 시작하라고 말씀하셨을 때, 집중의 필요성을 강조하셨다. 그것은 다른 말로 기도의 집을 위해 그동안 행했던 열방을 위한 사역들을 모두 내려놓아야 한다는 것이었다. 때때로 수천 명의 사람들과 '도시를 위한 중보 운동'을 펼치던 우리에게 주님은 모든 것을 내려놓고 거실에서 작은 숫자의 사람들과 예배드리기를 원하셨다.

우리 부부의 좋은 친구이자 미국 캔자스시티에 있는 국제기도의 집(IHOP) 설립자인 마이크 비클은 가끔 이렇게 말한다. "많은 사람들이 24/7 기도의 집에 대해 말들을 하지만 지속하는 사람들은 별로 없어요. 당신들은 쉬지 않고 기도의 집 사역을 펼치는 몇 안 되는 분들입니다. 처음 시작할 때, 이 사역이 얼마나 힘들지 상상했었어요? 나는 국제기도의 집을 하면서 수천 명 교회의 담임 목사일 때보다 기도의 집 사역에 훨씬 많은 에너지와 집중이 필요함을 깨달았어요."

우리는 처음 몇 년 동안은 수캇 할렐의 기도의 집 사역에 집중했다. 이후 24/7 기도의 집을 위한 건고한 리더들이 세워진 후, 열방을 향한 사역을 다시 시작할 수 있었다. 물론 처음이나 지금이나 마찬가지로 기도의 집 사역에는 집중이 필요하다. 이 글을 쓰는 지금 19년이 지난 수캇 할렐은 더이상 아이가 아닌 청년이 되었음에도 여전히 상당한 정신적·육체적 에너지가 필요하다. 우리는 이 사역에 우리의 모든 것을 집중해 쏟아 부을 수 있다는 사실이 너무나 기쁘다. 그 헌신의 기쁨은 영원할 것이다. 우리가 이 기도의 집의 베이비시터가 아닌 아비와 어미이기 때문이다. 우리는 이라크, 이집트, 레바논, 터키와 같은 영적으로 어려운 장소에서 기도의 집을 이어가기 위해 대가를 지불하고 있는 수많은 영적 아비와 어미들을 알고 있다. 진심으로 그들을 존경하며 그들의 헌신을 감사하게 생각한다. 어떤 분들은 핍박과 박해의 차원을 넘어 순교에 이를 수 있는 상황에 처하지만, 주님이 자신들에게 맡기신 기도의 집이라는 '아이'를 결코 내버리지 않는다. 해산의 고통을 통해 낳은 자녀이기 때문이다.

어떤 상황에서는 주님은 기도의 집을 시작하기 위해 '산파'를 사용하신다. 주님은 수캇 할렐의 리더 가운데 2명을 이집트 알렉산드리아에서 기도의 집이 해산되는 것을 돕도록 부르셨다. 그곳엔 이미 기도의 집 비전을 품고 기도하던 젊은 이집트 사역자들이 있었다. 그들은 아비와 어미의 심정으로 기도의 집을 세우기 위해 기꺼이 육신적·정신적 대가를 지불할 마음을 갖고 있었다. 그럼에도 그들의 비전을 '해산'하도록 돕는 산파가 필요했다. 그곳에 파송된 2명의 우리 리더들은 3년 반이란 긴 기도의 집 해산 기간 동안에 산파로 지냈다. 주님이 그들을 또 다른 나라로 부르셨을 때, 이집트 알렉산드리아 기도의 집은 마침내 해산되었다. 그리고 살아남았다. 거기에서 이집트의 헌신된 영적 부모들이 다음 세대들을 양육하고 있다.

우리의 나라와 도시를 위해 연합해 걷기

사람들은 종종 우리에게 한 도시에 기도의 집이 한 개 이상 있을

필요가 있는지를 묻는다. 물론이다. 우
리가 연합해 함께 걸어간다면 큰 도시
들에는 많은 기도의 집이 있을 만한 여
지가 충분히 있다.

우리가 연합해 함께 걸어
간다면 큰 도시들에는 많
은 기도의 집이 있을 만한
여지가 충분히 있다.

한 도시에 각기 다른 사명과 나름의
방법을 지닌 다양한 기도의 집이 조화
롭게 공존할 때 오는 힘과 축복이 있다. 우리는 주님의 자비로 예루
살렘에서 여러 기도의 집이 공존함으로 인한 축복을 경험하고 있다.
우리 부부는 예루살렘에서 다른 기도의 집 리더들과 함께 예배하며
기도를 드리고 식사와 교제로 연합할 수 있음을 너무나 감사하고 있
다.

예루살렘 기도의 집들의 비전

수캇 할렐이 시작된 직후인 2000년 8월에 나(릭)는 기도 가운데
예루살렘 구 시가지가 두터운 어둠으로 덮인 환상을 보았다. 그것
은 깊고, 어둡고, 끈적끈적한 어두움이었다. 그리고 구 시가지를 둘
러싸고 동서남북의 땅에서 팔이 올라오는 것을 보았다. 각각의 팔
은 팔꿈치를 땅에 대고 손바닥을 하늘로 향한 자세로 쭉 뻗어있었
다. 나는 동서남북에서 올라온 각 팔이 서로 연합해 사역하는 방법
을 배우고 있는 중보자와 예배자들로 구성된 기도의 집을 가리키고
있다고 이해했다. 각 팔들(기도의 집)이 주님을 예배하자 하늘에서

왕좌가 내려왔다. 고대 중동의 왕좌와 같이 금으로 된 왕좌의 다리는 사자의 발 모양으로 조각되어 있었다. 사자의 발 모양의 왕좌의 다리는 예배와 중보를 드리기 위해 펼쳐진 4개의 손 위에 각각 올려졌다.

왕좌가 손 위에 놓이자마자, 금색 빛의 불같은 물체가 뻗어진 손 위로 용암처럼 부어지기 시작했다. 금색 불은 땅에 있는 팔꿈치에 닿게 되었다. 그러자 금색 불이 닿는 모든 땅이 금색으로 변화되어 하나님의 영광의 빛으로 빛나는 것이었다.

그리고 '금색 용암'은 기도의 집들 간의 연합을 상징하듯, 한 팔에서 다른 팔로 흘러나가 예루살렘 구 시가지를 에워쌌다. 나는 이 비전을 아내에게 이야기했다. 아내는 천국의 관점에서 금색 용암은 예루살렘을 둘러싼 결혼반지처럼 이 도시와 하나님의 영원한 언약을 상징하는 것 같다고 말했다.

'금색 용암'이 구 시가지를 완전히 둘러쌌을 때, 주님께서 당신의 왕좌에 묵직하고 깊숙하게 앉으시는 것처럼 보였다. 마치 "내가 드디어 내 영광의 무게에 적합한 거할 곳을 찾았구나"라고 말씀하시는 것 같았다. 주님이 왕좌에 더 깊게 앉으시자 금빛 비가 예루살렘 구 시가지에 내리며 어두운 구름을 내몰아 버리기 시작했다.

현재 예루살렘에는 여러 기도의 집이 존재하지만 가장 대표적인 4개의 기도의 집이 동서남북 방향에 각각 위치해 있다. 동쪽 감람산에는 예루살렘 열방 기도의 집, 남쪽에 수캇 할렐, 서쪽에 예루살렘 기도의 탑과 이스라엘 기도의 탑, 북쪽에 한국 크리스천들이 주도하는 기도의 집인 미쉬칸 찌온이 있다. 서쪽과 북쪽 기도의 집은 내가 사자의 발 환상을 본 이후에 설립되었다. 내가 보았던 환상은 주님의 말씀으로 확인된다.

"이스라엘의 찬송 중에 계시는 주여 주는 거룩하시나이다"(시 22:3)

"여호와여 일어나사 주의 권능의 궤와 함께 평안한 곳으로 들어가소서"
(시 132:8)

"여호와께서 시온을 택하시고 자기 거처를 삼고자 하여 이르시기를 이는 내가 영원히 쉴 곳이라 내가 여기 거주할 것은 이를 원하였음이로다"(시 132:13~14)

우리가 주님이 설정한 우선순위와 방법을 존중하며 다른 기도의 집, 교회, 그리고 도시 안의 다른 교단의 리더들과 사랑으로 연합하는 것은 너무나 중요하다. 역사상 첫 번째 기도의 집(예루살렘 '다윗의 장막')의 '아비'된 다윗 왕은 연합이 얼마나 중요한지를 잘 알고 있었기에 이렇게 노래했다.

"보라 형제가 연합하여 동거함이 어찌 그리 선하고 아름다운고 머리에 있는 보배로운 기름이 수염 곧 아론의 수염에 흘러서 그의 옷깃까지 내림 같고 헐몬의 이슬이 시온의 산들에 내림 같도다 거기서 여호와께서 복을 명령하셨나니 곧 영생이로다"
(시 133:1~3)

2장

산 돌들

"너희도 산 돌 같이 신령한 집으로 세워지고 예수 그리스도로 말미암아 하나님이 기쁘게 받으실 신령한 제사를 드릴 거룩한 제사장이 될지니라"(벧전 2:5)

올바른 팀

기도의 집을 세우기 위해서는 기도의 집이란 목적에 맞는 올바른 사람들이 모여 팀으로 기도하는 것이 필요하다. 우리 자신의 지혜나 능력에 의지해서는 기도의 집을 세울 수 없기 때문이다. 오직 주님만이 어떤 사람을 기도의 집의 일원으로 부르셨는지 아신다. 오직 주님만이 기도의 집의 완벽한 건축자이시다. 솔로몬은 주님의 전을 세울 때, 대장장이들로 하여금 채석장에서 하나님의 전을 위한 돌을 준비해 깎고, 다듬게 했다. 채석장에서 깎고 다듬어져 준비된 돌들

만이 성전 터로 옮겨져 완벽하게 서로 맞춰졌다. (왕상 6:7 참조)

주님은 수캇 할렐이 시작된 초기에 정확한 리더들을 보내서서 우리가 견고하게 계속 성장할 수 있도록 기초를 다듬어 주셨다. 돌이켜 생각해보면 주님의 방법에 놀랄 뿐이다. 그분의 방법으로 기초가 다져졌기에 수캇 할렐은 내가 글을 쓰는 지금까지 15년 동안 쉼 없이 밤낮으로 주님을 경배하고 기도를 이어갈 수 있었다.

기도의 집은 건물이 아니라 사람으로 시작된다

주님의 축복으로 현재 수캇 할렐은 시온산과 성전산, 감람산이 내려다보이는 아름다운 장소에 위치해있다. 그러나 처음부터 이러지는 않았다. 처음 4년 동안 우리에게는 주요 시설이 없었다. 비슷한 시기에 백만 달러로 예루살렘에 건물을 구입하여, 기도의 집을 시작한 다른 단체에 대한 소식을 들었다. 그때 우리는 주님께 "단지 한 명의 스태프 밖에 없는데도 저들에게는 아름다운 장소가 주어지는데 우리는 여러 리더들이 있음에도 그저 거실에서 만나야 합니까?"라고 여쭤 보았다. 그러자 주님은 기도의 집은 건물이 아니라면서 "기도의 집은 내가 직접 부른 사람들 자체이며, 그들이 바로 '산 돌들'로 지어진 '성전'이다"라고 분명히 말씀하셨다.

수년 후, 우리들의 친구 에디 제임스는 "주님, 저를 집으로 만들어 주세요, 저를 기도의 집으로 만들어 주세요"란 가사의 노래를 만들었다. 우리는 그 노래에 깊이 감동했다. 그렇다! 주님은 우리 각자를 기도의 집으로 부르셨다. 우리를 '함께' 부르셔서 기도할 수 있는 많은 방을 갖춘 공동의 집을 건축하도록 하셨다.

우리는 주님께 남과 비교한 죄를 용서해달라고 간구했다. 대신 단기간에 훌륭한 리더들을 보내주신 주님께 감사했다. 안타깝게도 백만 달러의 건물로 시작된 그곳은 기도의 집으로 자라지 못했다. 원격으로 관리된 그곳은 영적 아비나 어미가 부재한 가운데 '베이비시터'들만 있었다. 부르심을 받은 '산 돌들' 대신 시설이 중심이 되었기에 장기적으로 뿌리내리지 못했다고 생각된다. 그것을 생각하면 지금도 마음이 아프다.

주님을 함께 기다릴 때 연합이 이뤄진다

초창기 우리 기도의 집에서는 일주일에 3번, 월요일과 화요일, 수요일 오전 9시부터 11시까지 공개적인 파수가 있었다. 나(패트리샤)는 예배를 이끌고, 릭은 기도를 인도했다. 얼마 후, 주님은 다윗의 장막의 영으로 24/7 경배의 회복을 향한 뜨거운 마음을 지닌 다양한 연령층의 네 커플과 한 명의 싱글 여성을 우리에게 보내주셨다. 그들은 참으로 훌륭한 리더들이었다. 우리는 처음에 주님이 수캇 할렐의 찬양 팀을 구성할 수 있도록 많은 뮤지션들을 보내주실 것이라 생각했다. 그러나 주님은 파수에 부르심이 있는 예배와 기도 인도자들을 보내주셨다. 덕분에 우리는 많은 악기로 구성된 하나의 예배 팀보다 훨씬 탁월하게 24/7의 토대를 놓을 수 있게 되었다.

주님이 보내주신 리더들은 매우 강력한 사람들이었지만, 우리가 얼마나 24/7 예배와 기도를 세우기 원하는지에 상관없이, 주님은 단지 몇 개의 파수만 '모두 함께' 하도록 인도하셨다. 그래서 되도록 빨리 많은 시간대를 파수하기 위해 나눠지고 싶은 유혹에 저항하며, 모두 참여한 가운데 교대로 파수를 인도했다. 이렇게 함께한 시간들이야말로 기도의 집의 토대를 탄탄히 세우는 열쇠였다. 각자의 신앙 색깔과 선호 음악, 교회 배경 등이 달랐지만 초기에 함께 예배하고 기도하는 시간을 보냈기에, 수캇 할렐은 여러 해 동안의 많은 폭풍을 극복하고 견고히 설 수 있었다. 함께 기도하고, 예배하고, 예언의 말씀을 받고, 서로의 차이점을 인정하고, 서로 도우며, 하나님을 함께 기다리는 것보다 사람들을 견고히 하나 되게 하는 방법은 없다!

　　처음부터 우리는 '누가 인도하더라도 괜찮다'는 식의 자유로운 방법을 지양했다. 대신 매 파수마다 한 명의 리더를 지정하고 다른 리더들은 지정된 리더에게 완벽히 순종하도록 했다. 우리 거실에서 서로에게 완전히 순복하며 파수한 첫 해에 수없이 강력하고 깊은 영적 순간들을 경험했다. 곧 우리는 서로의 집에서 만나기 시작했고 일요일 오전 9시부터 11시까지의 파수를 추가했다. 서로의 집에 가서 주인의 은사에 따른 환대를 받으며 유대관계는 더욱 돈독해졌다. 이렇게 구축된 깊은 유대 관계는 기도의 집의 '산 돌들'을 접붙이게 하는 역청의 역할을 했다. 이 연대의 시간들이 기도의 집의 토대를 구축하는 가장 중요한 열쇠가 되었다.

　　당신의 기도의 집이 24/7이 되어야 한다고 믿고 있다면, 파수들을 일정표에 너무나 빠르게 추가하고 싶은 압력을 느낄 수 있다. 그러나 우리는 차근차근 나가기로 했다. 현실적 여건상 매일 24시간 동안, 일주일 내내 파수할 수 없기에 여건이 되는 대로 파수 시간을 추가해 나갔다. 그렇게 하다보면 파수 시간은 점차 늘어갈 것이고 결코 거꾸로 축소되지 않을 것이라는 믿음이 있었다. 이렇게 우리는 많은 해에 걸쳐 천천히 기도 시간을 늘려갔고, 마침내 24/7 기도를 유지할 수 있을 만큼 충분히 강해졌다는 것을 깨닫게 되었다. 이후 하나님의 은혜로 결코 이전으로 되돌아가지 않았다.

파수도 매 번 '해산'되어져야 한다. 내 경험상 처음에 파수를 해산하는데 필요한 엄청난 감정적인 투자가 있다. 특히 예루살렘에서의 영적 공격은 아주 강력하다. 그래서 우리는 2시간 파수를 인도한 뒤에는 고갈된 에너지의 충전을 위해 2시간 낮잠을 사야 했다. 그러다 어느 정도 시간이 지난 후에 점점 영적 공격을 극복하는 능력이 자라나자 우리는 이전에 하나의 파수 시간에 할애한 에너지로 2개의 파수 시간을 담당할 수 있게 되었다. 더 시간이 지나자 같은 노력과 에너지로 4개의 파수 시간을 감당할 수 있게 되었다. 주님은 분명히 '힘을 얻고 더 얻게' 우리를 이끄신다. (시 84:7)

얼마 전, 공개 파수 시간 중, 나(패트리샤)는 갑작스럽게 한 노래를 받게 되었다.

"당신의 집을 지으소서. 집을 지으소서. 어떤 모양이든, 당신의 집을 지으소서."

산 돌들로 집을 짓는 것은 일반 재료로 집을 짓는 것보다 훨씬 더 많은 인내와 서로 간의 신뢰가 필요하다.

중요한 것은 우리가 우리의 집을 짓는 것이 아니라 '그분의 집'을 짓는다는 사실이다. 그리고 그분은 자신이 무엇을 하시는지 정확히 아신다! 그래서 우리는 쉬지 않고 "우리의 뜻이 아니라, 당신의 뜻을 이루소서"라고 고백하는 것이다. 그분은 전체를 보신다. 그래서 우리가 볼 때 작은 시작에 불과할지라도 이름답다고 하신다. 그동안 그분의 마스터플랜에 따라 완벽한 시간에 완벽한 '돌'이 더해졌음을 목격했기에 우리는 진심으로 "그분의 일은 완전하시고, 그분의 길은 공의롭다"고 고백할 수 있었다. 가끔 더 큰 목적을 위해 우리의 돌 가운데 하나나 둘을 빼내어 다른 곳에 쓰실 때도 있다. 사실 그런 일은 그저 아무렇지 않게 받아들이기 쉽지 않다. 그러나 시간이 지나면 우리는 모든 일이 합력하여 선을 이루는 것을 목격할 수 있었다.

여러 부류의 사람들을 끌어당기는 다양한 파수 리더들

얼마 후, 각 파수 리더들은 각각 비전, 은사, 마음의 부담, 나이, 언어 등에 따라 비슷한 성향과 비전을 지닌 사람들을 이끈다는 사실을 알게 되었다. 어떤 예배 인도자들은 특정한 기름부음을 가지고 있었고, 그들의 예배의 방향을 갈망하는 사람들을 끌어당겼다. 물론 그들은 다른 형태의 예배도 잘 인도할 수 있지만, 특별히 한 가지 형태에서 탁월함이 드러났다. 수캇 할렐의 초기 사역자들 가운데 나와 패트리샤는 소위 '정부 차원의 예배'(예수님이 각 도시와 국가 위에 당신의 나라와 정부를 세우시고 통치하심을 표현하는 예배)에 기름부음이 있었다. 나이젤과 샌디 리디아드는 하나님의 위엄과 거룩함을 표현하는 예배에, 마틴과 노마 사비스는 영적 전쟁에 기름부음이 있었다. 다른 사역자들도 각각의 분야에 기름부음이 있었다.

특별한 기도 주제와 관련해서 주요 리더들에게 각각 독특한 기름부음이 있었다. 나는 예언적 환상(정부적 차원의 중보와 선포가 필요한 비전들)에 기름부음이 있었다. 힐다 첸은 알리야(Aliyah·이스라엘로의 귀환)과 열방을 향한 부담이 있었다. 존과 우나 기어는 성전산에 대한 영적 부담이 있어 매주 성전산에서 파수를 인도하며 많은 사람들에게 마지막 시대의 영적 전쟁과 관련, 성전산의 전략적 위치가 얼마나 중요한지 깨닫게 했다.

나는 비교적 남성보다는 여성들이 기도의 집에 더 이끌림을 받는다는 사실도 발견했다. 여성 사역자들의 소중한 기여에 감사한다. 그러나 기도의 집 리더십에 남성들이 없다면 많은 남성들이 기도의 집 파수에 참여하기가 그리 쉽지는 않을 것이다. 물론 반대의 경우도 마찬가지다. 또한 리더십에 미혼이나 싱글들만 자리한다면 결혼한 분들이 파수에 참여하기가 어렵다. 이 역시 반대의 경우도 마찬가지다. 내 말은 균형이 중요하다는 것이다. 그래서 기도의 집에 마음을 품은 분들은 초창기부터 영적 균형을 위해 리더십의 다양성에 대해 세심한 배려를 해야 하고 기도해야 한다.

우리처럼 글로벌한 도시에서 사역하는 경우엔 언어가 중요하다. 대도시에는 다양한 언어가 공존하기에 기도의 집은 그러한 현실을 잘 반영해야 한다. 무엇보다 기도의 집이 위치해 있는 나라의 언어를 사용하는 것이 중요하다. 그래서 수캇 할렐에서는 히브리어로 파수를 하고 있다. 마틴과 노마 사비스, 돈과 안나 보이드 등 수많은 히브리어 파수 사역자들에게 이 지면을 빌어 감사를 표한다. 멜라드 쿠리와 라만 나세르는 아랍어로 아랍권을 위한 기도와 예배를 인도한 선구자였다. 그동안 전 세계의 훌륭한 예배와 중보 사역자들이 방문해 한국어, 불어, 독어, 이디오피아어, 러시아어, 중국어, 서반아어 등으로 예배를 인도했다. 열방의 백성들로부터 각각 자신들의 언어로 경배를 받으실 때, 주님이 깊이 감동하실 것이라고 믿는다.

또한 매주 같은 시간에 같은 리더가 인도함으로써 각 파수 시간에 핵심 멤버들이 정기적으로 참여하도록 하는 것이 중요하다. 내 경험상 확실히 각 파수 시간에 특정 리더가 변함없이 인도하는 모임에 참석자들이 많다. 결국 참석자들이 무엇을 기대하고 오는지를 파악하고 일관성을 유지하는 세심함이 필요하다.

현지 영적 지도자들과 올바른 관계 유지

기도의 집을 구축하는 초기 단계에서 현지의 다른 기도의 집들과 공동체들, 주요한 영적 지도자와 중보 사역 리더들과 좋은 관계를 맺기 위해 시간을 투자하는 것은 너무나 중요하다. 주님이 '우리의 왕국'이 아니라 함께 '주님의 나라'를 세우기 원하시기 때문이다.

하나님은 절차를 중요시하신다. 성경에도 "두려워할 자를 두려워하며 존경할 자를 존경하라"(롬 13:7)고 기록되어 있다. 멜기세덱이 이미 지극히 높으신 하나님의 제사장과 왕으로 세워진 곳에 아브라함이 부름 받았을 때, 아브라함은 십일조를 드리며 멜기세덱을 존중함으로써 자신 앞의 선구자를 인정했다. (히 7:1~2) 이와 같이, 우리도 우리가 거한 도시와 국가의 땅을 위해 앞서 헌신한 분들을 존중해야 한다. 또한 그분들이 누구인지를 알고, 겸손한 마음으로 그들에게 배워야 한다. 우리가 다른 리더들을 존귀히 여기며 그들에게 존경과 호의를 보일 때, 주님 역시 우리 기도의 집을 존중하고 축복하시며 인애를 베푸실 것이다. 그렇다면 어떻게 이를 실천할 수 있을까?

> 하나님은 절차를 중요시하신다. 우리가 다른 리더들을 존귀히 여기며 그들에게 존경과 호의를 보일 때, 주님 역시 우리 기도의 집을 존중하고 축복하시며 인애를 베푸실 것이다

현지 리더들의 축복을 받는 방법 찾기

우리의 비전과 부르심을 현지 영적 리더들에게 설명하고 그들의 축복을 구하기 위해선 먼저 만나야 한다. 하나님께서 우리를 처음

이스라엘로 부르신다고 느꼈을 때(당시엔 장기 부르심인지 확실하지 않았지만) 복음주의 유대인 연대의 두 리더들을 만나 우리가 이 땅으로 이주하는 것에 대해 마음의 평안이 있는지를 확인해 달라 부탁했다. 만일 현지 리더들의 확증이 없다면 우리는 오지 않을 것이라고 전했다. 너무나 다행스럽게도 그들은 기도 후 우리에게 이스라엘로의 부르심이 있다고 느꼈고, 그 부르심은 단기가 아니라 장기인 것 같다고 말했다.

예루살렘 내 시온산과 성전산 남쪽에 기도의 집을 설립하라는 주님의 부르심을 처음 들었을 때, 나는 수년 전 감람산에 열방을 위한 기도의 집을 세운 탐 헤스 목사에게 연락했다. 우리 부부의 친구인 탐 목사가 수캇 할렐의 시작부터 함께하고 축복해주었음을 너무나 고맙게 생각한다.

의도적으로 네트워크하기

다른 성향을 지닌 단체로부터 네트워크 미팅에 초대 받았을 때엔 우선적으로 응답할 필요가 있다. 예루살렘으로 부르심을 받은 지 얼마 후, 전에 만났던 현지의 주요 리더인 웨인 힐스덴 목사와 미팅 약속을 했다. 우리의 부르심과 비전을 나누자 웨인 목사는 감사하게도 현지 목회자와 영적 리더들의 모임에 우리 부부를 초대해주었다. 그로 인해 더 많은 현지 목회자들과의 관계의 문이 열렸다. 이후 국가적 차원의 사역을 하는 목회자와 리더들의 모임에 참여함으로써 더욱 관계의 문이 열렸다. 우리는 그들에게 우리 사역의 목적은 수캇 할렐을 위해 현지 교회의 교인들을 이용하는 것이 아니라 오히려 현지 교인들을 영적으로 훈련시켜 예루살렘에서 예배와 기도 운동을 일으키는 것이라고 설명했다. 그들은 우리가 자신들의 '양'들을 훔치러 온 것이 아니라는 사실을 알고 안심하며 우리와 함께하기 시작했다.

현재 예루살렘의 기도의 집 리더들은 몇 달에 한 번씩은 만나 함께 예배를 드리고 떡을 나누며 교제하고 있다. 이 같은 시간들은 서로를 더 깊이 이해하고 좋은 관계를 유지하는데 아주 중요하다. 기도의 집 사역자들 가운데 일부는 의도적으로 스스로를 고립시키려 하고 있는 듯하다. 그러나 다른 기도 사역 단체나 사람들과 교제하며 네트워크 하는 것은 개인적 차원을 뛰어넘는 큰 가치가 있다. 어떤 사람들은 우리의 사역 자체를 전혀 이해하지 못하기도 한다. 그것은 당연한 일이다. 그렇기에 서로 소통하며 알아가는 노력이 필요하다.

이스라엘에 처음 왔을 때, 중동의 네트워크 미팅에 초대 받은 적이 있다. 중동지역 사역자들이라 이스라엘을 향한 마음이 없는 분들이 많을 것으로 생각했다. 모임에 참석하면서 나를 차갑게 대하는 분들을 보며 내 생각이 사실임을 깨달을 수 있었다. 나는 서로 힘들지 않게 그냥 떠나야 할지, 아니면 함께 기도하고 문제를 해결해야 할지를 결정해야 했다. 나는 계속 그 모임에 머물렀다. 비록 쉽지 않았지만 충분히 가치 있는 일이었다. 몇 년 후, 이들 중 몇 분은 나의 가까운 친구가 되었다.

연합을 위한 기도

현지의 리더들과 주님의 몸 된 교회의 연합을 위해 기도하는 것은 너무나 중요하다. 수캇 할렐에서 항상 우선적으로 행하는 것이 바로 연합의 기도다. 우리는 다른 기도의 집이나 교단, 목회자들을 정죄하듯 기도하는 중보 사역자들에게는 그러지 않도록 권면한다. 수캇 할렐은 현지의 다양한 배경의 목회자와 리더들을 집회에 초대, 그들과 비전을 공유한다. 그분들로 인해 우리가 섬김을 받고, 우리 또한 그분들을 섬기는 것이다.

한 번은 현지 사역 리더가 우리에게 기도를 부탁했다. 그는 자신에게 적대적일 수 있는 단체로부터 말씀을 전해달라는 부탁을 받았다. 그래서 먼저 수캇 할렐에서 자신의 메시지를 나누고 중보자들의 기도를 받기 원했다. 물론 우리는 그를 위해 중보기도 했다. 그것을 시작으로 수캇 할렐은 그가 참여한 전략적인 사역과 연결됨으로써 큰 축복을 받았다. 결국 기도의 집의 토대를 굳건히 세우기 위해 각 기도의 집들은 물론 현지의 영적 리더들과 건강하고 긴밀한 관계를 맺어야 한다. 그 깊은 관계로 인한 축복과 안정감이야말로 기도의 집 사역을 오래 지속하게 하는 비결이라고 할 수 있다.

사도적, 예언자적 권면

기도의 집 사역의 초기 단계에서 사도적, 예언적 말씀을 귀하게

여기는 것 또한 중요하다. 주님이 각 지체에게 은사를 주시며 "첫째
는 사도요 둘째는 선지자요"(고전 12:28)라고 말씀하셨을 때, 사도
와 선지자라는 직분을 특별히 다른 것보다 높이신 것이 아니었다.
대신 주님은 새로운 모임이 세워질 때 이 사도적이며 예언적 은사들
이 특별히 필요하다고 말씀하셨다.

기도의 집을 해산하도록 부르심을 받은 사람들 가운데 이 은사들
을 하나, 혹은 모두 사용하는 경우가 있다. 그러나 자신들에게 어떤
은사가 있더라도 먼저 메시아이신 주 예수 그리스도의 지체 모두에
게 나름의 은사가 있음을 인정해야 한다. 그럼으로써 자신들의 상황
을 객관적으로 판단할 수 있는 중립적인 외부 사역자들의 은사를 통
해 섬김을 받는 것이 지혜롭고 가치가 있다.

가령 예언적인 측면에서 기름부음이 있는 분들은 우리에게 덕을
세우고, 언제나 주님의 방향으로 나가도록 권면할 수 있다. 느헤미
야는 목표를 세우고, 작업자들을 모으고, 일을 나누며, 건축을 진행
하는데 있어 사도적 부르심이 있었다. 그러나 그와 유다의 리더들은
선지자 학개와 스가랴의 권면을 따랐다.

"유다 사람의 장로들이 **선지자 학개와 잇도의 손자 스가랴의 권면을 따랐으므로** 성
전 건축하는 일이 형통한지라"(스 6:14)

여기서 우리는 일을 형통케 하기 위한 사도적, 그리고 예언적 은
사의 필요성과 서로간의 겸손한 관계를 배울 수 있다.

우리 부부는 종종 중동 지역의 기도의 집으로부터 리더들 간의 관계 문제들의 해결을 위해 도와달라는 부탁을 받았다. 그래서 개별 리더들과 부부들을 상담하면서 관계의 문제 대부분이 언어적·문화적 배경의 차이로 인해 발생한다는 사실을 발견했다. 우리는 문화적 차이들을 소상히 설명함으로써 그들이 관계의 문제를 해결할 수 있도록 도왔다. 그럼으로써 그들의 관계가 회복되었고, 기도의 집은 다시 전진할 수 있었다. 그들은 지금 우리에게 "두 분은 저희의 엄마와 아빠 같아요. 우리 기도의 집 초창기에 아주 중요한 시간을 잘 헤쳐 나갈 수 있도록 도와주셨어요"라고 고백한다. 그들의 그런 고백이야말로 우리에게 얼마나 힘이 되는지 모른다.

중요한 것은 우리보다 경험이 적은 사람들에게 진실되게 아비와 어미의 마음을 보이는 것이다. 그들의 직책과 권한을 보는 것이 아니라, 부모가 자녀를 바라보는 마음으로 다가가는 것이 중요하다. 동시에 늘 우리의 경험 역시 부족하다는 사실을 인식하며 신뢰할 수 있는 사도와 선지자들, 특히 '영적 아비와 어미'들에게 겸손한 마음으로 조언을 구하는 것 또한 주님의 몸 된 교회를 세우는 데 너무나 중요하다.

3장

주님이 거하실 곳을 준비하기

"그날에 내가 다윗의 무너진 장막을 일으키고 그것들의 틈을 막으며 그 허물어진 것을 일으켜서 옛적과 같이 세우고"(아 9:11)

주님이 다윗 왕을 자신이 거할 처소(다윗의 장막)를 준비하도록 부르셨을 때, 그에게 때와 장소에 관해 자세히 알려주셨다.

주님이 다윗 왕을 자신이 거할 처소(다윗의 장막)를 준비하도록 부르셨을 때, 그에게 때와 장소에 관해 자세히 알려주셨다.

그로부터 3000년 후, 우리는 힌놈의 골짜기를 바라보며 성전산에 섰다. 그 순간, 주님께서는 무너진 다윗의 장막을 회복하기 원하신다고 우리에게 말씀하셨다. 물론 우리는 그 비전이 오직 우리만을 위한 부르심이 아님을 잘 알고 있었다. 하지만 주님의 말씀에 순종했다. 그래서 '원조' 다윗의 장막에서

도보 거리로 힌놈의 골짜기 위에 위치한 아파트를 월세 계약했다. 다른 사람들과 함께 예배와 기도 파수를 할 수 있는 큰 거실이 있는 아파트였다.

거실에서 진행된 예배와 파수기도 모임을 언제 다른 사람들에게 공개해야 하는지 기도했을 때, 2000년 2월 7일에 하라는 감동을 받았다. 나중에 유대인 친구들로부터 그날이 로시 호데시 아달(Rosh Hodesh Adar)임을 알게 되었다. 히브리어로 로시는 '머리'를, 호데시는 '달'을 뜻한다. '머리'는 대개 달의 시작을 뜻하므로 로시 호데시 아달은 아달월의 첫날을 의미한다. 우리는 당시, 그날이 히브리력으로 특별한 시간이며 히브리적인 의미에서 새로운 달의 첫날에 중요한 일들이 많이 일어난다는 사실을 알지 못했다. 공개적으로 파수를 시작하고 한참 후에야 성경에서 히브리 달로 첫날의 중요성을 보여주는 많은 구절들을 발견하게 되었다.

"이스라엘 자손이 애굽 땅을 떠난 지 삼 개월이 되던 날 **초하루**에 그들이 시내 광야에 이르니라"(출 19:1)

"너는 첫째 달 **초하루**에 성막 곧 회막을 세우고"(출 40:2)

"이스라엘 자손에게 말하여 이르라 일곱째 달 곧 그 달 **첫 날**은 너희에게 쉬는 날이될지니 이는 나팔을 불어 기념할 날이요 성회라"(레 23:24)

"이스라엘 자손이 애굽 땅에서 나온 후 둘째 해 둘째 달 **첫째 날**에 여호와께서 시내 광야 회막에서 모세에게 말씀하여 이르시되"(민 1:1)

"둘째 달 **첫째 날**에 온 회중을 모으니 그들이 각 종족과 조상의 가문에 따라 이십 세

이상인 남자의 이름을 자기 계통별로 신고하매"(민 1:18)

"마흔째 해 열한째 달 그 달 **첫째 날**에 모세가 이스라엘 자손에게 여호와께서 그들을
위하여 자기에게 주신 명령을 다 알렸으니"(신 1:3)

"첫째 달 **초하루**에 성결하게 하기를 시작하여 그 달 초파일에 여호와의 낭실에 이르
고 또 팔일 동안 여호와의 전을 성결하게 하여 첫째 달 십육 일에 이르러 마치고"(대
하 29:17)

"일곱째 달 **초하루**부터 비로소 여호와께 번제를 드렸으나 그 때에 여호와의 성전 지
대는 미처 놓지 못한지라"(스 3:6)

"첫째 달 **초하루**에 바벨론에서 길을 떠났고 하나님의 선한 손의 도우심을 입어 다섯
째 달 **초하루**에 예루살렘에 이르니라"(스 7:9)

"일곱째 달 **초하루**에 제사장 에스라가 율법책을 가지고 회중 앞 곧 남자나 여자나 알
아들을 만한 모든 사람 앞에 이르러"(느 8:2)

히브리 달의 초하루는 계시의 시간이다.

"스물일곱째 해 첫째 달 **초하루**에 여호와의 말씀이 내게 임하여 이르시되"
(겔 29:17)

"열한째 해 셋째 달 **초하루**에 여호와의 말씀이 내게 임하여 이르시되" (겔 31:1)

"열두째 해 열두째 달 **초하루**에 여호와의 말씀이 내게 임하여 이르시되" (겔 32:1)

"다리오 왕 제이년 여섯째 달 곧 그 달 **초하루**에 여호와의 말씀이 선지자 학개로 말
미암아 스알디엘의 아들 유다 총독 스룹바벨과 여호사닥의 아들 대제사장 여호수아
에게 임하니라 이르시되"(학 1:1)

이 같은 말씀을 통해 주님께서 12번째 월(아달월) 초하루에 수캇 할렐을 시작하도록 이끄셨음을 알고 놀라움을 금치 못했다. 우리는 주님께 왜 우리가 특별한 계획 없이, 그야말로 '어쩌다' 아달월 초하루에 기도의 집을 시작하게 되었는지를 여쭤 보았다. 그러던 중, 성경 속 가장 위대한 중보자 가운데 한 명인 에스더가 역사상 최대의 반전을 통해 승리를 거둔 달 또한 아달월이었다는 사실을 알게 되었다.

"아달월 곧 열두째 달 … 유다인이 도리어 자기들을 미워하는 자들을 제거하게 된 그 날에"(에 9:1)

우리는 24/7 기도의 집인 수캇 할렐이 주님의 주권적인 인도하심으로 아달월 초하루에 시작된 영적 의미가 에스더와 같이 주님의 대적들에 맞서 승리를 거두라는 의미임을 깨닫고 더욱 뜨겁게 이스라엘의 구원을 위해 기도할 것을 다짐했다.

또한 주님께서 우리가 열두 번 째 달에 시작하도록 인도하신 것도 특별한 섭리가 있다. 왜냐하면 영적인 측면에서 12는 정부를 의미하기 때문이다. 우리의 주요한 사명은 주님의 통치가 이 땅에, 특별히 다윗의 장막이 여기 이스라엘에 세워지도록 기도하는 것이다. 그리고 이 땅의 모든 정부들이 다윗의 장막, 주님께서 여기 이스라엘에 다시 세우시는 정부와 의롭게 관계하도록 기도하는 것이다. 이 세상에 우연인 것은 아무것도 없다. 그러므로 우리가 진정으로 주님을 찾으면 그분은 자신의 완전한 시간에 우리를 움직이게 하실 것이다.

수캇 할렐을 시작한 첫 날, 한 중보자가 꽃 핀 살구(아몬드) 가지를 가져왔다. 그 해에 처음으로 꽃 핀 가지 중 하나였다. 그것을 보며 예레미야의 말씀이 떠올랐다.

"여호와의 말씀이 또 내게 임하니라 이르시되 예레미야야 네가 무엇을 보느냐 하시매 내가 대답하되 내가 살구나무 가지를 보나이다 여호와께서 내게 이르시되 네가 잘 보았도다 이는 내가 내 말을 지켜 그대로 이루려 함이라 하시니라"(렘 1:11~12)

이 말씀대로 주님은 신실하게 우리를 지켜봐주셨고 지난 모든 시간 동안 자신의 말씀을 이루고 계셨다. 우리의 첫 공개 파수의 날, 17명이 함께 예배하며 놀라운 시간을 보냈다. 다음 날, 우리는 같은 수가 참석할 것으로 기대했다. 그러나 놀랍게도, 다음 날에 첫날 참석자 가운데 한 명도 오지 않았다. 너무나도 좋은 시간을 보냈다고 생각했기에 처음엔 실망했다. 그러자 곧 주님께서 말씀하셨다. "나는 이 파수가 사람들이 아니라 나를 위한 사역이라 생각했다. 나는 아직 여기 있단다."

우리는 사람을 보며 잠시 실망한 것을 회개했다. 나(패트리샤)는 릭과 예배하며 여전히 우리와 함께 하시는 주님과 멋진 시간을 보냈다. 그 후, 우리 자신을 위로하려 점심에 외식하기로 했다. 나는 식당으로 걸어가며 성전산 호텔 옆에 위치한 큰 미팅 룸을 보았다. 순간적으로 나는 "파수를 위해 여기를 임대해야 할 것 같아요"라고 말했다. 그러자 릭은 "아니, 당신 제정신이에요? 오늘 아무도 안 왔는데 이렇게 큰 방을 빌리겠다고?"라고 말했다. 그러나 나는 수많은 이스라엘 청년들이 큰 미팅 홀에서 예배하는 것을 마음에 그렸다. 그래서 릭에게 "언젠가는 그곳을 빌릴 수 있을 거예요. 이스라엘 각지의 청년들이 여러 대의 버스를 타고 이곳에 와 오랜 시간 동안 예배할 거예요"라고 말했다. 그야말로 꿈같은 이야기였다. 그러나 그 꿈은 결국 실현되었다!

그날 점심에 찾은 식당에는 힌놈의 골짜기가 내려다보이는 커다란 창문이 있었다. 이 골짜기는 폭군 므낫세 왕 시절에 우상 몰렉에게 아이들을 희생 제물로 바친 이후 저주 받았다고 여겨지는 곳이었다. 골짜기의 한 부분을 지칭하는 히브리어 도벳(Topheth)은 드럼(북)이란 뜻으로 몰렉에게 바쳐진 아이들의 비명소리를 감추려 사람들이 크게 북을 울렸기에 그렇게 이름을 붙인 것이었다. 이 골짜기는 예레미야 31장 40절에 예언된 대로 쓰레기 더미가 되었다. 식사 중, 골짜기를 내려다보니 일단의 여인들이 어떤 나무를 둘러싸고 광적으로 춤추는 것이 보였다. 그들이 지금 일종의 우상숭배 행위를 하는 것이 아닐까 하는 의문이 들 정도였다. 이후 우리는 사명감을 갖고 주기적으로 골짜기에 내려가 그와 같은 저주가 끊어지도록 기도했다.

공개 파수 셋째 날에 첫 날 우리와 함께 경배한 사람들 전체가 돌아왔다. 알고 보니 그들은 저명한 설교자가 인도하는 집회에 참석하느라 둘째 날 우리에게 오지 못했다.

이런 일들을 통해 주님은 24/7 기도의 집의 사역은 인간의 모임이 아니라 오직 주님만을 바라보는 거룩한 모임이라는 사실을 알려주셨다. 더불어 힌놈의 골짜기에 대한 대대적인 영적 청소가 필요하다는 것도 알게 되었다.

우리의 지리적 장소를 영적으로 청소하라

힌놈의 골짜기에 관심을 갖기 시작한 이후, 주님은 우리에게 골짜기 아래의 저주를 파하지 않고서는 골짜기 꼭대기까지의 저주가 절대로 깨어지지 않는다는 사실을 알려주셨다. 사실 그 말씀은 조금 부담스러웠다. 왜냐하면 힌놈의 골짜기는 단지 어떤 주술이 실행되는 곳이 아니라, 헬라어로 게헨나(Gehenna), 즉 '지옥'이라 불렸기 때문이었다. 예레미야 7:31~33을 통해 이곳에 저주가 선포되었음을 알 수 있다.

"힌놈의 골짜기에 도벳 사당을 건축하고 그들의 자녀들을 불에 살랐나니 내가 명령하지 아니하였고 내 마음에 생각하지도 아니한 일이니라 그러므로 여호와께서 말씀하시니라 날이 이르면 이곳을 도벳이라 하거나 힌놈의 아들의 골짜기라 말하지 아니하고 죽임의 골짜기라 말하리니 이는 도벳에 자리가 없을 만큼 매장했기 때문이니라 이 백성의 시체가 공중의 새와 땅의 짐승의 밥이 될 것이나 그것을 쫓을 자가 없을 것이라."

전승에 따르면 이 골짜기는 나중에 쓰레기 소각장이 되었다. 선지자 예레미야가 "시체와 재의 모든 골짜기"(렘 31:40)라고 지칭한 바로 그곳이었다. 아무튼 힌놈의 골짜기는 무언가 주술적 영에 사로잡힌 곳이었다. 그러나 우리는 주술의 영이나 사탄의 세력들을 두려워하는 것 대신, 전능하신 하나님을 경외하는 마음으로 이곳에서 무엇인가 할 일이 있음을 깨달았다. 그래서 어떻게 해야 하는지 주님께 여쭤보며 한 발자국씩 움직이기 시작했다.

그 후 몇 개월 간, 우리는 중보자 친구들을 힌놈의 아들 골짜기로 데려가 죽음의 영에 대항해 기도하도록 했다. 어느 날에는 유대인과 이방인이 함께 그곳에 모여 낙태, 즉 현대의 몰렉 제사에 대해 회개했다.(이스라엘의 낙태율은 세계에서 가장 높은 편에 든다.) 우리는 언젠가는 저주의 상징인 이 골짜기에 수천 명의 어린이와 청년들이 모여 하나님께 경배와 찬양을 올려 드릴 것을 믿었다. 우리가 골짜기를 떠날 때, 소녀 한 명이 다가와 "안녕하세요. 내 이름은 테헬라(Tehelah)예요"라고 인사하는 것이 아닌가. 테헬라, 히브리어로 '찬양'이다!

우리는 계속해서 이스라엘의 중보기도 친구들을 힌놈의 골짜기로 데려가 이스라엘에서 자행된 낙태를 회개하고 생명의 주님 되신 '이스라엘의 하나님'을 경배했다. 죽음의 영이 우리의 삶에 어떤 방법으로든 활동하게 허락했던 것을 회개했다. 또한 이스라엘과 미국에서 무수히 자행되고 있는 낙태를 회개했다. 어떤 때엔 골짜기 깊숙이 더 내려가기도 했고, 우리 가운데 누군가의 마음에 평강이 없다면 그 자리에 멈춰 기도했다. 그리고 다시 조금 위로 돌아 올라가 경배와 찬양을 올리면 죽음의 영이 끊어지는 것을 느끼게 되었고 더욱 즐겁게 춤추며 예배하곤 했다.

골짜기를 떠나며 우리가 지나온 한 장소를 거쳐 가는데, 길 한가운데에 초록빛 회색 톤의 말 한마리가 창백하게 죽어 있는 것이 보였다. 조금 끔찍했다. 집에 도착한 후 나는 계시록 6장 8절을 통해 창백한 말이 죽음을 상징한다는 것을 알게 되었다. 그리고 전광석화같이 깨달아졌다. 나는 "죽음의 무언가가 힌놈의 골짜기에서 죽었다!"라고 외쳤다. 그때 나는 '죽음의 죽음'을 선포한 것이었다.

지리적 장소의 청소를 위한 열쇠

나는 패트리샤가 힌놈의 골짜기와 관련해 중보자들과 공유한 예언적 여정 가운데 몇 가지 중요한 원칙을 나누려 한다.

첫째, 우리는 이렇게 심각한 중보기도의 여정에 지원하는 누구나 임의로 데려가지 않았고 그 내용을 다른 어떤 그룹에게도 공개적으로 알리지 않았다. 우리는 먼저 주님의 인도하심을 구했다. 매 중보기도 순간마다 주님은 우리가 어떤 중보자와 함께 가야 하는지를 보여주셨다.

둘째, 이곳에서 자행된 공공의 죄와 관련된 우리 자신의 죄를 먼저 회개함으로 중보기도 사역을 시작했다. 그런 다음에 우리는 현재 살고 있는 사람들의 공적인 죄와 역사 가운데 자행된 공적인 죄를 인정하며 주님께 용서를 구했다. 이때, 이곳에서 일어난 죄를 총체적으로 대표해서 회개할 권위가 있는, 예를 들면 역사적으로 죄를 지은 민족들의 후손들이 공공의 죄를 회개토록 했다. 힌놈의 골짜기의 경우에는 이스라엘 사람들이 대표로 회개했다. 이렇게 하는 것이 아주 중요하다.

셋째, 우리는 완전한 연합을 이루며 행동하려 했다. 앞서 설명한 것처럼 어떻게 골짜기 더 깊숙이 내려가도록 결정했었는지를 주목해 보라. 우리 중 한 명이라도 기도 가운데 평안이 없다면 일단 멈추고 주님께 여쭤보았다. 그럴 때마다 우리는 더 큰 돌파를 경험했다.

넷째, 우리는 끊임없이 경배하고 찬양했다. 주님이 십자가에서 이미 이루신 일을 기억하며 예슈아 하마시아(예수 그리스도)의 보혈이 그 장소에 뿌려졌음을 선포했다.

아래에서의 돌파

소규모 팀들과 돌파를 경험하게 되자 우리는 좀 더 규모가 큰 팀들을 힌놈의 골짜기로 데려가 예배하고 기도하도록 했다. 2001년 9월, 우리는 꽤 큰 그룹과 함께 예배하며 은 나팔 7개로 소리를 내었다. 민수기에 언급된 것처럼 은 나팔들은 성경적 전쟁 무기다.

"또 너희 땅에서 너희가 자기를 압박하는 대적을 치러 나갈 때에는 나팔을 크게 불지니 그리하면 너희 하나님 여호와가 너희를 기억하고 너희를 너희의 대적에게서 구원하시리라"(민 10:9)

우리는 바로 그날, 두 번째 인티파다(Intifada·'봉기', '반란'을 뜻하는 아랍어로 팔레스타인인들의 반 이스라엘 투쟁을 통칭하는 말)가 시작될 것을 알지 못했다. 인티파다로 인해 긴장이 극도로 고조되었다. 우리가 만일 하루만 더 늦었더라도 보안상의 이유로 골짜기에서 나팔을 부는 것이 불가능했을 것이다. 그러나 심지어 그와 같은 불안한 상황 속에서도 고요한 순간들이 있었고, 주님께서는 우리가 계속해서 중보팀을 데려가 기도하며 예배하도록 함으로써 우리로 하여금 이 땅을 장악하는 죽음의 세력이 약화되었음을 믿게 하셨다.

나는 메시아닉 성도들을 골짜기 더 깊은 곳으로 안내했다. 어느 날, 유대인과 아랍인들이 연합해 기도하고 있는데 어떤 사람이 "어머, 저 위를 좀 보세요!"라고 외쳤다. 골짜기에 크고 아름다운 백마가 홀로 서 있는 것이 아닌가. 그 백마는 생명의 기운이 넘쳤고 우리가 기도하는 약 20분 동안 우리(대부분 젊은이들)를 내려다보며 주위를 돌았다.

영적 청소의 중요한 원칙 중 하나는 계속 예배의 힘으로 나아가고 기도 제목과 관련된 말씀으로 예수님의 주권을 선포하는 것이다. 우리가 영적 청소가 이뤄진 공간에서 무언가가 이루어졌음을 예배 가운데 확실히 알게 된 날이 있었다. 다음은 패트리샤의 말이다.

"우리는 뽕나무 아래에서 만나 함께 기도하고 찬양하고 아이들과 춤췄으며 매주 골짜기에서 예배를 드렸어요. 힌놈의 골짜기에서 아랍인 및 유대인 청년들과 함께 많은 놀라운 경험을 했습니다. 아랍과 유대인 청년들은 우리의 찬양에 끌려왔습니다. 우리는 '주의 대적으로 말미암아 어린 아이들과 젖먹이들의 입으로 권능을 세우심이여 이는 원수들과 보복자들을 잠잠하게 하려 하심이니이다'라는 시편 8편 2절이 무엇을 의미하는 지를 목도했습니다. 한 번은 주술의 부적과 비 소리를 내는 막대 악기를 가지고 있는 어떤 남자가 찬양하는 어린이들 주위를 맴돌려 했습니다. 릭이 그에게 무슨 일을 하는 것이냐 묻자 그는 '여기에는 한 종류의 에너지만 있어요. 여기 선과 악의 에너지의 균형을 이뤄야 해요'라고 말했습니다. 그러자 릭은 그에게 '우리에게는 악의 에너지는 필요 없어요!'라고 했습니다. 그때, 어린이들이 할렐루야의 후렴을 부르며 그 사람의 눈을 똑바로 보았습니다. 그러자 그 주술사는 두려움을 느끼며 급히 도망갔습니다."

우리는 주님의 명령으로 힌놈의 골짜기에 저주를 선언한 예언자 예레미야가 동시에 주님의 명령으로 이곳의 미래적 축복을 예언했다는 사실로 인해 격려를 받았다.

"**시체와 재의 모든 골짜기와** 기드론 시내에 이르는 모든 고지 곧 동쪽 마문의 모퉁이에 이르기까지 **여호와의 거룩한 곳이니라** 영원히 다시는 뽑거나 전복하지 못할 것

이니라"(렘 31:40)

우리는 이 골짜기에 저주가 사라지도록 기도할 뿐 아니라, 이곳이 '죽음'이 아니라 '생명'의 골짜기가 될 것이라는 주님의 축복을 거듭 선포했다. 예루살렘에서 펼쳐지는 주요한 영적 전쟁 중 하나가 바로 생명의 문화와 죽음의 문화 간의 싸움이기에 이런 예언적 선포는 너무나 중요하다.

우리는 이 골짜기에서 3년 동안 기도하며 예배했다. 어느 날, 힌놈의 골짜기를 돌아볼 사람을 모집하는 신문 광고를 보았다. 우리는 세속적인 유대인 투어 가이드가 이곳에 대해 어떻게 설명하는지 보러 갔다. 우리를 전혀 몰랐던 그 가이드는 우리가 계곡에 도착했을 때 이렇게 말했다.

"아시다시피 유대인들은 우리 조상들이 이 골짜기에서 우상들에게 어린이들을 희생 제물로 바쳤었기에 이곳이 저주 받았다고 말합니다. 수백 년 동안 새들이 이곳에 오지 않은 것을 보고 우리는 아직도 이곳이 저주를 받고 있다고 여겼습니다. 그런데 무슨 일인지, 한 3개월 전부터 새들이 이곳에 돌아오기 시작했어요. 이 골짜기가 더 이상 저주 아래 있지 않다는 것을 의미하지요!"

우리 부부는 서로를 보며 주님의 확증에 놀라워했다. 그 후, 이 '생명의 골짜기' 위로 새들이 계속 날아왔다. 또한 이곳의 모양 또한 놀랍게 바뀌었다. 예루살렘 시에서 이곳을 깨끗이 청소했고, 우리가 아이들과 찬양하며 기도하던 뽕나무 옆에 쓰레기를 버리는 것도 멈쳤다. 시 당국은 이곳을 아름다운 공원으로 만들었으며, 공원 주위와 골짜기 밑에 아름다운 돌 조각들을 놓았다. 현재 이곳은 예루살렘에서 아랍과 유대인 가족들이 안전하게 아이들을 뛰어놀게 할 수 있는 몇 개의 장소 가운데 하나다.

산 위에 위치한 수캇 할렐의 기도 제목 가운데 하나는 사람들과의 만남에 주님이 초자연적으로 개입해 주시는 것이었다. 주님은 힌놈의 골짜기에서의 공개 찬양을 통해 우리 기도를 부분적으로 응답해 주셨다. 왜냐하면 우리가 야외에서 찬양을 드렸기에 지나가는 사람들이 와서 우리의 찬양과 경배에 동참할 수 있었기 때문이다. 그들은 때때로 우리에게 여러 가지를 물었다. 우리는 기쁨의 예배를 통해 참 생명에 굶주린 사람들에게 복음을 전할 수 있었다.

위로부터의 돌파

힌놈의 골짜기에서 '밑으로부터의 돌파'가 시작됐을 때, 우리는 주님의 말씀대로 '위로부터의 돌파' 또한 경험하기 시작했다. 거실에서 파수를 시작한 몇 달 후, 우리는 패트리샤가 공개 파수 둘째 날에 보았던 성전산 위에 있는 호텔의 큰 방에서 첫 번째 국가적 차원의 청년 집회를 열 수 있게 되었다. 우리 딸 베다니와 안나의 밴드는 다른 밴드들과 연합해 장장 6시간 동안 강력하게 예배를 인도했다. 우리는 2000년부터 2004년 사이에 보통 6~8시간 지속되는 국가적 청년 집회를 3~4번 가졌다. 매 집회마다 이스라엘의 각지에서 약 100명의 청년들이 참여했고 매번 주님이 강력하게 역사하셨다.

그러다 그 호텔이 실망스럽게도 집회 장소를 디스코텍으로 바꾸기로 결정했다. 그곳은 결국 예루살렘에서 가장 어두운 클럽 중 하나가 되었다. 우리는 그 후에도 힌놈의 골짜기에서 기도하고 예배할 때마다 지속적으로 친구들과 함께 디스코텍으로 바뀐 호텔의 행사장을 찾아가 기도하며 시편 말씀을 선포했다.

"악인의 규가 **의인들의 땅에서는** 그 권세를 누리지 못하리니"(시 125:3)

우리는 중보자들을 그 방으로 인도해 함께 손을 들고 언젠가는 이곳이 24/7 예배를 위해 사용되어지기를 기도했다. 사실 호텔의 그 방을 빌리는 비용은 상상을 초월할 만큼 비쌌기에 가끔은 우리가 제정신이 아닌가라는 생각이 들 정도였지만 전능하신 하나님에게 불가능이란 없다는 마음으로 기도를 지속했다. 결국 주님은 너무나 풍성하게 우리의 필요를 채워주셨다. 그같이 비싼 방을 9년 동안 계속해서 예배와 기도를 위해 임대할 수 있으리라고 누가 상상이나 했겠는가?

4년 동안 힌놈의 골짜기에서의 영적 청소를 마감하며 우리는 수캇 할렐의 중보자 중 한 명인 마크 맥코이와 함께 우리 기도의 집에 적합한 시설을 찾아 나섰다. 맥코이는 성전산과 힌놈의 골짜기에 대한 비전을 품고 기도하는 건축가였다. 이미 우리의 공간이 너무나 차고 넘쳐 비록 그동안 기도해 오던 그 호텔의 방이 아닐지라도 급히 더 큰 시설을 임대해야만 했다. 나는 일전에 성전산 꼭대기의 호텔 직원에게 만일 디스코텍으로 변한 그 방을 임대할 수 있으면 연락을 달라며 전화전호를 줬었다. 우리가 한 빌딩의 임대를 위해 막 협상하려 할 때, 그 호텔의 대표로부터 전화가 왔다. "디스코텍이 망해가고 있어서 말인데요, 혹시 아직도 그 방을 임대할 생각이 있으시나요?"

나는 너무나 흥분됐으나 최대한 저렴하게 임대해야 했기에 속마음을 숨기고 통화를 했다. 그러나 어차피 그 방은 너무나 비쌀 것이라고 생각했지만 나도 모르게 그만 "그 방을 임대할 것이며 당장 중도금을 지불하겠다"고 말했다. 당시 상황을 패트리샤는 이렇게 설명한다.

"릭이 이 놀라운 소식을 갖고 집에 돌아 온 뒤, 우리는 기도하기 시작했습니다. 주님이 저희에게 하신 말씀은 정말 놀라웠어요. 우리는 어쩌면 거액의 중도금을 마련해줄 독지가를 찾을 수 있을 것이라는 확신이 들었습니다. 한 명, 한 명 중보자들이 헌금하기 시작했습니다. 몇 분들은 갑자기 유산을 받게 되어 큰 금액을 헌금했습니다. 주님은 레위 족속들을 통해 필요한 돈이 마련되어 우리가 기도의 집을 함께 소유하기를 원하셨습니다."

여러 해가 지난 후, 나는 주님께서 진실로 예레미야서의 말씀을 이루고 계심을 목도하게 되었다.

"시체와 재의 모든 골짜기와 기드론 시내에 이르는 모든 고지 곧 동쪽 마문의 모퉁이

에 이르기까지 여호와의 거룩한 곳이니라 영원히 다시는 뽑거나 전복하지 못할 것
이니라"(렘 31:40)

　　우리는 주님의 때에 이 구절의 성취를 이루는데 참여할 수 있음
을 너무나 영광스럽게 생각한다. 주님은 자신의 말씀을 반드시 실
행하신다. 저주받은 힌놈의 골짜기도 그분이 손을 대시면 거룩하게
된다! 지금 힌놈의 골짜기 위에 24/7 기도의 집인 수캇 할렐이 서 있
다. 우리는 영광의 왕이 우리 안에 거하시도록 그분의 임재를 소망
하며 쉼 없이 기도하고 찬양할 것이다.

4장

세대적 연결

"대대로 주께서 행하시는 일을 크게 찬양하며 주의 능한 일을 선포하리로라"
(시 145:4)

'세대적 연결'은 다윗의 장막의 핵심 원칙임에도 불구하고 기도의 집 사역에서 종종 간과되고 있는 것 가운데 하나다. 나는 3세대라고 할 때, 한 세대가 끝나고 다음 세대가 일어나는 것이 아니라 각 세대가 함께 보폭을 맞춰 걸어감으로써 영적 시너지를 이루는 것이 주님의 마음이라고 믿는다. 이 마음을 깨닫지 못하면 기도의 집 운동의 잠재력은 완전히 발휘될 수 없을 것이다.

> '세대적 연결'은 다윗의 장막의 핵심 원칙임에도 불구하고 기도의 집 사역에서 종종 간과되고 있는 것 가운데 하나다.

한번은 중국 본토에서 온 친구가 자신이 받은 계시를 공유했다. 그것은 힘이 다할 때나 인생의 끝자락에서 다음 사람에게 '바통'을 넘기는 것과 같은 '계승'의 개념이 마치 올림픽 계주 경기에서 주자들이 바통을 다음 주자에게 전해주는, 그리스의 이교도적인 세계관에서 비롯된 것이라는 계시였다. 주님은 그 친구에게 히브리적인 세계관에서 계승은 아브라함과 이삭, 야곱의 삶에서 보여지듯 각 세대가 공존하며 함께 걷는 것이라는 사실을 깨닫게 해주셨다. 사도 요한이 요한일서 2장 12~14절에서 '아비'와 '청년'과 '아이'에게 말했듯이 3세대의 연결은 신약에서도 권장되었다. 다윗의 장막에서 레위 가문의 사역을 통해 이 같은 세대적 연결을 이해할 수 있다.

"다윗이 군대 지휘관들과 더불어 아삽과 헤만과 여두둔의 자손 중에서 구별하여 섬기게 하되 수금과 비파와 제금을 잡아 신령한 노래를 하게 하였으니 그 직무대로 일하는 자의 수효는 이러하니라 아삽의 아들들은 삭굴과 요셉과 느다냐와 아사렐라니 이 아삽의 아들들이 아삽의 지휘 아래 왕의 명령을 따라 신령한 노래를 하며…; **이들이 다 그들의 아버지의 지휘 아래** 제금과 비파와 수금을 잡아 여호와의 전에서 노래하여 하나님의 전을 섬겼으며 아삽과 여두둔과 헤만은 왕의 지휘 아래 있었으니…; **이 무리의 큰 자나 작은 자나 스승이나 제자를 막론하고 다같이 제비 뽑아 직임을 얻었으니**"(대상 25:1~2, 6, 8)

다윗의 장막에서는 경험 많은 아버지들이 예배 사역을 독점하도록 허락되지 않았다. 젊은 예배 인도자들도 주도적으로 참여할 수 있도록 훈련했으며 장려했다. 또한 아비 세대들도 나이가 많다고 멀리 앉아 구경만 하지 않았다. 젊은 예배 인도자들은 기꺼이 노련한 아비 세대들의 지도를 받았다. 이 마지막 때에 기도의 집들은 말라기 4장 5~6절에 기록된 바와 같이 성령의 인도하심을 따라 주님이 다시 오실 길을 준비해야 한다.

"보라 여호와의 크고 두려운 날이 이르기 전에 내가 선지자 엘리야를 너희에게 보내리니 그가 아버지의 마음을 자녀에게로 돌이키게 하고 자녀들의 마음을 그들의 아버지에게로 돌이키게 하리라 돌이키지 아니하면 두렵건대 내가 와서 저주로 그 땅을 칠까 하노라 하시니"

이같이 세대 간의 마음을 돌이키게 하는 것이야말로 세대적으로 연결된 기도의 집들이 충만해질 수 있는 비결이다. 하나님이 제시하신 최선의 방법으로 걷기 위해 아비 세대는 겸손과 희생의 영으로 다음 세대가 활동할 수 있는 공간을 마련해야 한다. 다음 세대는 동일한 겸손과 희생의 영으로 아비 세대를 존중하며 그들로부터 배워야한다.

젊은 세대를 해방시키기

우리 집 거실에서 몇 달간의 파수를 한 후, 우리 딸 안나는 토요일 저녁에 청년들을 위한 파수를 시작하라는 비전을 받고 실행했다. 처음에는 몇 명의 청년만 참석했지만 점차 모임이 커져갔다. 이 모임을 시작으로 어떤 청년은 많은 히브리어 찬양곡을 만들었고, 어떤 청년은 미디어 등의 분야에서 전문가가 되는 등 각자가 영향력 있는 이스라엘의 영적 리더로 성장했다. 우리는 토요일 저녁의 파수 모임이 이 청년들의 인생에 큰 영향을 미쳤다고 믿는다. 어떤 교회의 청년들은 매주 시내 중심에서 만나 멀리 떨어진 수캇 할렐까지 걸어오기도 했다.

몇 달 후, 나는 한 국제 집회에서 강연을 해야 했는데 마음에 감동되는 바가 있어 강연 대신 청년 세대를 위해 집중적으로 기도했다. 그날 하이파에서 온 주다 모리슨과 에루살렘에서 온 안나가 이스라엘 청년을 대표해 기도를 받았다. 온 세계에서 온 수많은 강력한 중보자들이 이스라엘 청년들의 부흥을 위해 마음을 모아 기도했다. 그날 밤 안나가 인도한 이스라엘 청년들의 철야 집회에서 성령이 뜨겁게 부어졌다. 청년들은 4시간 동안 쉼 없이 예배했다. 사실 그들의 예배야말로 그날 모임의 하이라이트였다. 당초 그들은 노래 몇 곡을 부른 후, 밤새 게임을 하며 재미있게 보낼 계획이었다. 그러나 강력한 성령의 부으심으로 모든 청년들이 하나님의 임재를 갈망하게 되었고, 결국 하나님이 그들에게 나타나셨다!

이 세대를 위한 영적 전쟁

만약 말라기서 4장에서와 같이 세대적 연결이 정말 마지막 때 주님 오실 길을 준비하는 데 필수적인 부분이라면, 해산의 고통과 영적 전쟁 없이는 그것을 이룰 수 없음이 당연하다. 어린이들과 청년들, 특히 전적으로 주님을 바라며 사역하는 레위지파의 사명을 가진 다음 세대들에 대한 영적 공격이 강력하리라는 것은 충분히 예상할 수 있다.

기도의 집에서 아비 세대의 중요한 사명 중 하나는 사도 바울과 같이 해산의 고통을 느끼는 간절한 기도로 다음 세대가 자신들의 사명에 합당한 삶을 살 수 있도록 중보하는 것이다.

> 어린이들과 청년들, 특히 전적으로 주님을 바라며 사역하는 레위지파의 사명을 가진 다음 세대들에 대한 영적 공격이 강력하리라는 것은 충분히 예상할 수 있다

"나의 자녀들아 너희 속에 그리스도의 형상을 이루기까지 다시 너희를 위하여 해산하는 수고를 하노니"(갈 4:19)

우리는 가장 전략적인 부르심을 받은 세대를 '해산'할 뿐 아니라 그들을 위해 영적 전쟁을 펼쳐야만 한다. 사탄은 이 세대들의 부르심을 잘 알고 있다. 그래서 사탄은 이 세대를 대적하기 위해 강력한 마귀의 군대를 보냈다. 낙태, 마약 중독, 성적 착취의 영들과 결혼과

해산을 두려워하는 영들까지 보냈다.

모세의 어머니 요게벳이 성령에 이끌려 갈대 상자에 아이를 숨겨 나일 강에 흘러 보낸 것 같이, 또한 요셉이 꿈에서의 경고를 통해 아기 예수를 헤롯왕이 죽을 때까지 이집트로 데려간 것 같이, 우리 역시 이 세대를 지키기 위해 주님으로부터의 전략을 받아야만 한다.

우리는 사탄이 아이나 청년을 악한 세력의 노예로 잡아갈 때, 가만히 바라보고만 있을 수 없다. 피곤함에도 불구하고 아말렉에게 납치된 부녀자들을 그대로 가만 두는 것을 거부했던 다윗 왕처럼 분연히 일어나 행동해야 한다. 사무엘상 30장 3~4절의 사건을 기억하라.

"다윗과 그의 사람들이 성읍에 이르러 본즉 성읍이 불탔고 자기들의 아내와 자녀들이 사로잡혔는지라 다윗과 그와 함께 한 백성이 울 기력이 없도록 소리를 높여 울었더라"

하나님으로부터 힘입기

다윗은 자신과 그의 사람들이 전쟁 후 기력이 소진되었음에도 빼앗긴 가족들을 되찾아오는 일을 결코 포기하지 않았다. 3분의 1에 달하는 탈진한 군사들을 머물게 했지만 나머지 군사들과 함께 추격전을 펼쳤다. 다윗 역시 극도로 피곤했을 것이다. 그럼에도 그는 하나님이 주신 힘으로 다시 일어설 수 있었다.

"다윗은 하나님 여호와를 힘입고 용기를 얻었더라"(삼상 30:6)

사무엘상 30장 17~19절에는 다윗이 기적적으로 아말렉의 진지를 발견하고 모든 것을 되찾는 장면이 나온다.

"다윗이 새벽부터 이튿날 저물 때까지 그들을 치매 낙타를 타고 도망한 소년 사백 명 외에는 피한 사람이 없었더라 다윗이 아말렉 사람들이 빼앗아 갔던 모든 것을 도로 찾고 그의 두 아내를 구원하였고 **그들이 약탈하였던 것 곧 무리의 자녀들이나 빼앗겼던 것은 크고 작은 것을 막론하고 아무것도 잃은 것이 없이 모두 다윗이 도로 찾아왔고**"

우리는 잠시 동안 우리의 젊은이들을 대적들에게 빼앗길 수 있다. 그럼에도 여호와를 힘입어 용기를 얻고 영적 전쟁을 치름으로써 그들을 다시 찾을 수 있다. 주님은 우리가 영적 전쟁을 펼칠 때마다 다음과 같은 강력한 말씀을 주셨다. 우리는 이 말씀을 선포하고, 또 선포했다.

"용사가 빼앗은 것을 어떻게 도로 빼앗으며 승리자에게 사로잡힌 자를 어떻게 건져낼 수 있으랴 여호와가 이같이 말하노라 용사의 포로도 빼앗을 것이요 두려운 자의 빼앗은 것도 건져낼 것이니 이는 내가 너를 대적하는 자를 대적하고 네 자녀를 내가 구원할 것임이라"(사 49:24~25)

어린이와 청년이 사역하도록 놓아주기

기도의 집들은 우리 어린이들과 청년들이 주님 앞에 온전히 서서 사역하도록 부모의 품에서 놓아주는 것을 배워야 한다. 수캇 할렐에서 아이들이나 청년이 예배와 기도 중 어느 부분을 주도적으로 담당할 때 훨씬 열정적으로 참여하는 것을 보았다. 수캇 할렐을 시작한 3년 후, 우리의 가장 어린 딸 에스더가 자신이 청년 파수를 인도해도 될지를 물었다. 몇 년 전에 안나에게 허락했기에 14살인 에스더와 에스더보다 더 어린 꿈나무 예배 사역 리더인 데이비드 세퀸에게 청년 파수를 인도하도록 허락했다.

물론 청년이 파수를 인도하는 것은 위험 부담도 있지만 마땅히 해볼만하다는 것을 그들을 통해 배웠다. 아직 어린 자녀들이 인도하기에 부모 세대는 훨씬 더 열심히 중보기도 했고, 적극적으로 파수에 참여했다. 그들이 예배를 인도하는 중에는 간절히 중보하며 이스라엘에서 놀라운 청년 예배 사역이 그들을 통해 해산되기를 소망했다.

그 당시, 우리의 장녀 베다니는 미국에서 대학을 마치고 리처드 프리덴의 후원으로 이스라엘 청년들을 위한 주간 TV쇼를 제작하기 위해 이스라엘으로 돌아왔다. 그로 인해 '잼'(Jamm)이라 불리는 경배 모임과 콘서트가 열리는 청년사역센터 사역이 시작되었다. 수캇 할렐은 리처드 프리덴의 사역을 위해 자주 기도했다. 이런 청년 사역을 통해 베다니와 남편 아담이 인도하는 청년들에게 음악을 가르치는 뮤직 캠프가 시작되었다.

첫 번째 캠프는 5일 동안 지속되었다. 마지막 날 밤에는 참석한 모든 청년들이 찬양 팀을 구성할 수 있게 되었다. 음악 수업은 피아노와 기타, 드럼 등을 배우는 것으로 초급, 중급, 고급 과정으로 진행되었다. 매일 저녁에는 초대된 찬양 사역 팀이, 마지막 날 밤에는 참석한 모든 청년들이 팀을 조직해 예배를 인도했다.

첫날밤에는 소수의 청년들만 예배에 집중했다. 많은 청년들은 예배에 관심이 없었고 산만했다. 그러나 둘째 날부터는 점점 더 많은 청년들이 집중하기 시작했고 마지막 날에 참석한 청년들이 돌아가며 예배를 인도할 때, 회개의 영이 임했다. 그날 모임은 밤늦게까지 진행되었다. 청년들은 자신들의 죄를 회개하고 울부짖으며 주님께 삶을 드리기로 헌신했다.

이후 그들은 하이파에서 청년 집회를 인도하게 되었다. 베다니와 아담이 새로운 노래를 받기 원하는 청년들은 손을 들라고 했을 때, 약 60명의 청년들이 손을 들었다! 주님의 은혜로 베다니는 이스라엘 청년들이 작곡한 80여 개의 곡이 들어 있는 독창적인 히브리 찬양집을 낼 수 있었다. 여기 실린 노래들은 지금도 이스라엘의 모든 곳에서, 그리고 모든 교단들의 모임에서 불리고 있다.

이렇게 우리는 아이들의 사역이 풀어지는 것을 보았다. 시간이 지난 후에는 우리 손자와 손녀들이 주님을 향한 예배자가 되도록 중보기도하기 시작했다. 그럼으로써 한 세대에서 다음 세대로 영적인 삶과 비전, 영감 등이 계승되게 됐다.

아비 세대들이 다음 세대들을 영적으로 풀어주고 격려하면 그들

의 예배와 기도의 영이 빠르게 확장된
다. 물론 어른들의 지도와 감독이 필요
하지만 우리는 가능하면 더 많은 아이
들과 청년들이 파수의 리더로 세워지
도록 기회를 주고 있다. 이 글을 쓰는
시점에 수캇 할렐에는 6~8세, 9~12세,
십대, 청년들을 위한 파수 시간이 다양
하게 있다.

기도의 집들이 어린 세대들이 예배와 기도를 배우며, 청년들이 상
호 순종함으로 주님을 향한 열정을 나눌 수 있는 공간과 시간, 기회
를 마련해 주기를 간절히 소망한다. 그것이야말로 주님 안에서의 참
된 겸손의 행위가 아닐까 싶다.

5장

영적 보호

육적인 부모와 자녀의 관계처럼 기도의 집을 '해산'하려는 자들 역시 가족의 보호를 위해 전념해야 한다. 나는 여러 시험들을 통해 매일 아내와 자녀들에게 '보호의 울타리'가 펼쳐질 수 있도록 기도하는 것이 절실함을 배웠다.

1983년, 첫째 딸 베다니가 5살일 때에 우리는 영적인 압박감이 강한 벨기에에서 사역하고 있었다. 어느 날, 나는 벨기에의 수도 브뤼셀에서 열린 예수전도단 집회에서 중보기도에 관해 나누고 있었다. 그날 밤, 패트리샤는 집회 장소에서 40분 떨어진 당시 우리가 머물던 숙소에 있었다. 그곳에서 한 벨기에 여성이 헝겊으로 싸인

긴 원기둥 모양의 고전식 다리미로 침대보를 다리고 있었다. 베다니는 옛날식 다리미를 생전 처음 보고 신기해했다. 그러나 그 다리미 철판이 얼마나 뜨거운지 모르고, 패트리샤가 제지할 새도 없이 뜨거운 다리미가 찍어 누르는 침대시트에 손을 올렸다. 베다니는 심한 화상을 입었다. 패트리샤는 황급히 병원으로 아이를 옮겼다. 내가 인도한 브뤼셀 예수전도단 집회에서 성령의 강한 임재로 사람들이 바닥에 엎드려 열방을 위해 울부짖었던 바로 그 시간에 일어난 일이었다.

의사는 베다니의 손의 화상이 너무 심해 산소 텐트 안에서 여러 날 동안 머물러야 하며 손가락이 다시 제대로 움직이도록 하기 위해 상당히 복잡한 수술도 해야 할지도 모른다고 소견을 말했다. 나는 급히 병원으로 달려갔지만 감염 예방을 위해 격리실에 있는 베다니를 만나지 못했다. 우리는 창문 너머로 용감하게도 그림 성경책을 보고 있는 5살의 베다니를 보며 주님의 긍휼을 구하며 기도할 수밖에 없었다.

주님의 개입하심으로 베다니는 기적적으로 치유되어 다음날 바로 퇴원했다! 손가락 수술은 필요 없었다. 요즘도 베다니는 스스로 '기적의 손가락'이라고 부르는 그 손가락으로 기타를 연주한다. 베다니는 손의 흉터 제거 수술을 거부했다. 자신의 흉터야말로 주님의 기적적인 치유를 간증할 수 있는 영광의 흔적이라면서 말이다.

보호의 울타리

물론 이 경험은 해피엔딩으로 끝났다. 그러나 나는 다시는 이와 비슷한 일이 가족들에게 일어나는 것을 원하지 않았다. 내가 이 같은 문제를 주님 앞에 가져왔을 때, 주님은 가족들을 위해 매일 보호의 울타리를 두르는 기도를 하라고 하셨다. 욥기 1장 5절에서 욥은 가족을 위한 영적 제사장의 역할에 대해 설명하고 있다.

"그들이 차례대로 잔치를 끝내면 욥이 그들을 불러다가 성결하게 하되 아침에 일어나서 그들의 명수대로 번제를 드렸으니 이는 욥이 말하기를 혹시 내 아들들이 죄를 범하여 마음으로 하나님을 욕되게 하였을까 함이라 욥의 행위가 항상 이러하였더라."

나중에 주님이 욥을 칭찬하실 때, 고발인 사탄은 이렇게 말한다.

"주께서 그와 그의 집과 그의 모든 소유물을 울타리로 두르심 때문이 아니니이까 주께서 그의 손으로 하는 바를 복되게 하사 그의 소유물이 땅에 넘치게 하셨음이니이다 이제 주의 손을 펴서 그의 모든 소유물을 치소서 그리하시면 틀림없이 주를 향하여 욕하지 않겠나이까"(욥 1:10~11)

하나님은 욥이 단지 축복과 보호를 받기 위해 하나님을 섬긴 것이 아니라는 사실을 증명하기 위해 사탄이 욥의 가족을 공격하는 것을 허락하셨다.

그 후의 이야기는 우리가 알듯이 욥의 일곱 아들들과 세 명의 딸들 모두가 집이 붕괴되어 죽게 된다. 나는 이것이 어떠한 상황에서도 이 땅에는 주님만을 경배하고 섬기는 사람들이 있다는 사실을 사탄에게 분명히 보여주기 위한 사례라고 믿는다. 그러나 나는 우리가 욥기 1장에서 아주 중요한 포인트를 놓치고 있다고 생각한다. 자신의 가족에 대한 사탄의 공격이 성공하지 못하도록, 믿는 아버지는 영적 제사장으로 매일 가족을 위해 보호 울타리를 치는 기도를 하는 것이 당연하다.

이 원리를 깨닫고 나는 매일 아침 육적인 가족을 위한 보호의 울타리를 치는 기도를 하기 시작했다. 그러자 아내와 아이들에게 일어날 수 있는 나쁜 일들이 사라지거나, 일어나더라도 약해지는 것들을 보게 되었다. 나는 육적 가족만이 아니라 우리의 사역에 참여하는 영적 가족들을 위해서도 보호의 울타리를 치는 기도가 필요함을 깨달았다. 패트리샤와 나는 매일 아침 가장 먼저 육적·영적 가족을 위한 보호의 울타리를 치는 기도를 드린다. 기도를 통해 미리 보호를 받는 것이 그저 기다리다가 극심한 영적 전쟁을 치르며 전신갑주를 입는 것보다 훨씬 더 낫다. 내가 매일 드리는 보호의 울타리 기도문

을 공유한다.

주님, 오늘은 물론 매일의 삶이 당신의 한없는 자비와 긍휼로 힘입게 하소서.

주님의 보호의 울타리로 우리 가족을 감싸주시고, 예슈아의 보배로운 피가 우리를 덮어 주시며, 우리가 주님의 완전한 전신갑주로 무장하여 항상 강건하게 하소서.

불의와 죄악, 우상숭배, 거짓 등 모든 죄로부터 우리를 말갛게 씻어주소서.

우리를 공격하는 주술의 영, 저주, 판단, 사탄의 계략, 사냥꾼의 올무 등과 같은 모든 사악한 연장들이 쓸모없게 되게 하소서.

오늘 우리를 혼돈과 괴롭힘, 분리와 분열로부터 보호해 주소서.

우리를 영적·정신적·감정적·육체적 피곤이나 부상, 질병으로부터 보호해 주소서. 또한 허탄하고 악한 세상의 조언이나 악함이 우리를 범하지 못하게 하소서. 우리의 재물과 인간관계 또한 보호해 주소서.

주님의 영과 거룩한 말씀, 천사들을 보내서서 오늘도 믿음, 소망, 사랑, 거룩함, 정의, 지혜, 경외함으로 겸손히 걷게 도와주소서.

아멘.

주술의 영 다루기

기도의 집의 사명이 우리의 도시와 국가의 영적인 기류를 변화시키는 것이라고 진실로 믿는다면, 적들이 주술과 저주를 하는 사람들을 우리에게 보낼 때 놀라지 않아야 한다.

이스라엘에서는 특이한 방식의 주술 행위들이 쉽게 발견된다. 예를 들어 일종의 주술 행위로 수캇 할렐의 정문 계단에 인분을 놓고 간 사람도 있었다. 그럴 때 우리는 영적 지도자들을 급히 모아 다음과 같은 조치를 취한다.

1. 먼저 기도의 집의 영적 청소를 선포한다.
2. 우리가 민수기 23장 23절의 약속에 접붙여졌음을 선포한다. "야곱을 해할 점술이 없고 이스라엘을 해할 복술이 없도다 이때에 야곱과 이스라엘에 대하여 논할진대 하나님께서 행하신 일이 어찌 그리 크냐 하리로다"
3. 갈라디아서 3장 13절의 말씀에 의지해 예슈아의 보혈의 능력이 저주의 힘으로부터 우리를 구하심을 선포한다. "그리스도께서 우리를 위하여 저주를 받은 바 되사 율법의 저주에서 우리를 속량하셨으니 기록된 바 나무에 달린 자마다 저주아래에 있는 자라 하였음이라"
4. 우리의 건물에 예슈아의 피의 경계를 다시 세운다. 때때로 성찬식 후에 포도주와 빵조각을 뿌리는 예언적 행위를 통해 이러한 보호를 시각화하고 강화시킨다.

가끔은 주술을 행하는 자가 우리의 파수 시간에 나타나기도 한
다. 이런 일이 있을 때에는 평소와 다른 차원의 혼란과 방해의 영이
우리가 기도하는 방에 침범해 돌파를 어렵게 한다. 이것이 반드시
주술 때문인지는 확실하지 않지만 만일 조금이라도 그럴 가능성이
있다고 여겨질 때 예슈아의 보혈의 피를 선포하는 노래를 부르는 것
이 중요하다. 우리가 예수님의 보혈의 피를 선포하고 찬양할 때, 주
술을 시행한 것처럼 보이는 사람이 갑자기 자리에서 일어나 떠나는
것을 때때로 본다. 그러면 우리는 다시 기쁨과 평화의 자리로 나아
가게 된다.

　모든 기도의 집의 리더들이 매일 그들의 가족과 기도의 집에 보호
의 울타리를 치는 기도를 드림으로써 악한 세력의 공격에서 벗어나
기를 바란다. 또 모든 기도의 집의 리더들이 예슈아의 보혈의 능력
으로 모든 주술이나 저주를 파쇄하는 능력과 통찰력을 갖기를 소망
한다.

6장

밤을 되찾기

"예루살렘이여 내가 너의 성벽 위에 파수꾼을 세우고 그들로 하여금 주야로 계속 잠

잠하지 않게 하였느니라"(사 62:6)

왜 주님은 야간 파수를 하라고 말씀하실까? 금식 기도의 소명을 받는 것처럼, 야간 파수의 소명을 받는 이들이 있다. 마지막 시대에 예루살렘을 향한 영적 공격이 있을 때, 주님께서 당신의 백성들을 주야로 기도하도록 부르셨다는 사실이 말씀에 분명히 기록되어 있다.

야간 파수의 목적

먼저는 보호를 위해서다. 성경에 도둑은 밤에 온다고 기록되어 있다. 사탄이 바로 도둑이다. (출 22:2; 욥 24:14; 마 24:43; 살전 5:2) 사탄은 밤을 이용해 사람들이 밝은 낮에는 상상도 못할 일을 하게 유혹한다. 지금 주님은 사탄으로부터 과감하게 밤을 빼앗을 세대를 부르고 계신다. 그 하나님의 부르심을 이루는 것이 바로 야간 파수다.

4번째 파수기도 시간(새벽 3시부터 6시까지)은 사탄이 갈릴리 바다에 갑자기 사나운 폭풍을 보내 예수님의 제자들을 죽이려 했던 시간이다. 그러나 제자들을 향한 공격이 시작되었을 때, 예수님은 야간 파수를 하셨다. 야간 파수를 마치신 주님은 물 위를 걷고 죽음의 폭풍을 잠잠케 하시며 힘과 영광을 나타내셨다.

지금 주님은 사탄으로부터 과감하게 밤을 빼앗을 세대를 부르고 계신다. 그 하나님의 부르심을 이루는 것이 바로 야간 파수다.

욥기 38장에서는 새벽 바로 전에 다음 날의 의를 바로 세우고 악함을 흔들어 떨쳐내는 시간이 있다는 사실이 기록되어 있다.

"네가 너의 날에 아침에게 명령하였느냐 새벽에게 그 자리를 일러 주었느냐?"

(욥 38:12)

다음으로는 묵상과 친밀함을 위해서다. 밤의 고요함은 묵상을 통해 주님과의 친밀함으로 인도한다. 다윗의 고백을 들어보시라.

"내가 날이 밝기 전에 부르짖으며 주의 말씀을 바랐사오며 주의 말씀을 조용히 읊조리려고 내가 새벽녘에 눈을 떴나이다"(시 119:147~148)

결혼 생활에서 밤은 방해를 받지 않고 부부가 친밀함을 통해 잉태의 여정으로 들어가게 해준다. 이같이 우리는 밤의 고요함 속에 주님과 더 깊은 친밀함을 경험하며 주님 말씀의 '씨앗'이 우리 마음에 심기게 할 수 있다.

전쟁의 때를 위해 준비된 우박

우리는 수캇 할렐에서 주간 파수가 모두 채워지기도 전에 야간 파수를 추가해야겠다는 마음을 받았다. 우리가 공개 파수를 시작한 지 2년 후, 매주 목요일 밤 리더십 팀이 모두 함께 모여 야간 파수를 해야 한다고 느꼈다. 나(패트리샤)는 처음으로 했던 야간 파수들 중에서 2002년 3월 28일의 아주 특별한 시간을 지금도 생생히 기억한다. 그날 우리는 매주 목요일 저녁마다 파수를 행했던 크라이스트 교회에서 저녁 6시부터 24시간 연속으로 함께 예배하기로 했다. 우리는 파수를 하는 동안, 바로 길 건너편 다윗성에서 이스라엘 총리와 각

료들이 긴급 미팅을 하고 있는 줄을 몰랐다. 그들은 바로 그 시간에 네타냐 시에서 열린 유월절 저녁 축하연 행사에서 일어난 자살 폭탄 테러를 응징하기 위해 '방패 방어 작전'이라 불리는 군사 행동을 펼치기로 결정했다. 훗날 방패 방어 작전은 2차 인티파다를 일으킨 핵심 테러리스트들을 제어하는데 아주 효과적이었던 것으로 평가받았다. 우리는 이 전략적 미팅이 진행되는 다윗성 바로 건너편에서 시편 68편 4절과 이사야서 30장 30~32절을 기초해 만든 노래를 부르고 있었다.

구름을 타시는 분을 높이라

그의 이름은 주시라

오 주님, 일어나시어 당신의 적들을 흩으소서

의의 백성들이 기뻐하며 찬양하도록

주님의 목소리가 들릴 것이며

형형한 진노와 화염과

폭풍과 폭우, 우박으로

그의 팔이 내려와 치는 것을 볼 것이라

소고로 노래하는 소리에 맞춰

주님이 팔을 들어 그들을 치실 것이다

그의 목소리에 앗수르가 낙담할 것이며

그가 몽둥이로 그들을 내려치실 것이라

(2004년, 패트리샤 라이딩스 작사, 작곡)

우리가 이 노래를 부르기 시작하자마자 갑자기 하늘에서 우박이 내리기 시작했다!

자정이 되어 우리는 기혼에 있는 기도실로 옮겨 파수를 계속했다. 다음날 아침, 전날 밤에 무슨 일이 있었는지 모른 채, 파수를 인도하던 한 여성 리더가 욥기 38장 22~23절 말씀을 받았다.

"네가 눈 곳간에 들어갔었느냐 우박 창고를 보았느냐 내가 환난 때와 교전과 전쟁의 날을 위하여 이것을 남겨 두었노라"

그녀가 이 말씀을 선포하자 밖에는 다시 폭풍이 일기 시작했다! 새벽이 지나 아침에 하늘을 우러러 보며 나는 어두운 폭풍의 구름 속에서 주님의 임재를 느꼈다. 순간적으로 이런 생각이 들었다. '그래. 어떤 경우에도 두려워할 필요가 없어. 주님이 이렇게 우리와 가까이 계시잖아.'

오후 파수 시간, 아침에 일어난 일을 알지 못한 어떤 이가 우박과 전쟁에 관한 말씀을 읽었다. 그러자 갑자기 밖에 다시 우박이 내리기 시작했다! 나는 땅에 떨어진 우박을 손에 가득 담으며 우리에게 보여주신 주님의 확증에 신기함과 두려움을 느꼈다. 24시간 동안의 파수를 마쳤을 때, 나는 주님이 우리 기도를 듣고 응답하셨다는 사실을 분명하게 느꼈다. 그리고 얼마 후, 방패 방어 작전에 따른 실제 전투가 우리가 찬양하며 영적 전쟁의 말씀을 선포하던 바로 그 시간에 일어났다는 사실을 뉴스를 통해 들었다.

밤의 파수를 위한 주님의 신실한 공급

리더십 팀은 목요일 야간 파수를 계속했다. 그러나 낮 시간 동안의 바쁜 스케줄로 인해 모두들 점점 지쳐갔다. 그러다 어느 날, 리더십 팀 미팅에서 몇 명이 새벽 3시에 일어났다고 말했다. 파수를 해야 하는 목요일이 아닌 다른 날이어서 이상하다고 생각했다.

리더십 팀의 일원인 스티브와 토냐 한센 부부는 자신들도 새벽 3시에 일어났다면서 "주님께서 우리에게 스케줄을 조정해 매일 밤 파수를 하라고 말씀하시는 것을 느꼈다"고 말했다! 몇 년 동안 그들은 주님이 우리에게 공급해 주신 아파트에서 신실하게 야간 파수를 해냈다.

스티브와 토냐가 아이들의 의료 문제로 미국에 돌아가야 했을 때, 이전에 인턴이었던 린디 하이들러에게 그들의 야간 파수 인도를 넘겼다. 우리는 리더십 팀으로서 그녀의 새로운 역할과 부르심을 위해 기도했다. 그때 우리 모두는 갑자기 예언적 예배로 들어가게 되었다. 패트리샤는 '밤에는 불로, 낮에는 구름으로'라는 노래를 하기 시작했다. 우리는 그 구절을 계속해서 부르며 주님의 축복과 인도하심을 구했다. 그 특별한 시간을 끝마친 후, 패트리샤는 집에 돌아가 다윗의 장막의 영으로 24/7 경배를 회복하는 공동체의 삶을 나타내는 듯한 노랫말을 지었다.

유일하신 하나님, 당신 외에는 아무도 없습니다.

우리는 당신의 임재에 갈급합니다.

순례자인 저희를 이끌어 주세요.

주님, 당신을 따르겠습니다.

밤에는 불로, 낮에는 구름으로

밤에는 불로, 낮에는 구름으로

우리를 성령으로 이끄소서.

당신의 거룩한 산으로 이끄소서.

우리의 어둠을 당신의 불로 삼키소서.

우리의 비전을 당신의 영광으로 채우소서.

더 깊게, 더 높게

우리가 볼 수 있게 높이소서.

이 세계의 묶임으로부터 우리를 자유케 하소서.

겸손케 하소서.

우리의 영을 자유롭게 하소서.

불타는 아름다움의 영광이 가득하신 주님

태초의 지혜가 가득하신 주님

우리는 당신의 영광을 위해 만들어졌습니다.

오직 당신만을 경배하기 위해 지음 받았기에

밤에는 불로, 낮에는 구름으로

밤에는 불로, 낮에는 구름으로

(2004년, 패트리샤 라이딩스 작사, 작곡)

단순한 기도의 집이 아니라 매일 24시간, 일주일 내내 하나님의 임재가 밤에는 불로, 낮에는 구름으로 임하시는 것이 바로 우리가 구한 것이다. 우리가 공동체로 살아가며 주님을 갈망하는 이유가 바로 그것이었다.

헌신된 밤의 파수꾼의 필요

나는 자신의 일상 스케줄을 희생하며 야간 파수를 감당하기로 작정한 밤의 파수꾼 없이 이뤄지는 24/7 기도의 집을 아직 보지 못했다. 우리는 처음 3개월 동안 일주일에 한 번씩 야간 파수를 행하려 했다. 일단 모든 리더들이 야간 파수를 경험하는 것이 중요했다. 그러나 밤의 파수에 부르심이 없었던 리더들은 야간 파수를 하고 나면, 마치 시차적응이 되지 않은 사람들처럼 피곤해했다. 나는 야간 파수에 분명한 부르심이 있는 사람들이 필요하며 그에 따라 스케줄을 조정해야 한다는 것을 깨달았다.

다윗의 장막에서 일어난 일들을 기록한 시편에는 다윗이 밤의 파수꾼들을 선정했다는 사실이 분명하게 기록되어 있다.

"보라 밤에 여호와의 성전에 서 있는 여호와의 모든 종들아 여호와를 송축하라"
(시 134:1)

히브리어로 이 구절은 '**밤과 같이** 섬기는', '**밤이면 밤마다** 주님의
성전에 서있는', '주님의 성전에 **밤에** 선'등의 의미다.

우리는 밤의 파수꾼들이 야간 파수를 잘 감당하도록 낮 시간의 다
른 일들을 면제해 주었다.

"또 찬송하는 자가 있으니 곧 레위 우두머리라 그들은 골방에 거주하면서 주야로 자
기 직분에 전념하므로 다른 일은 하지 아니하였더라"(대상 9:33)

3시간 교대의 중요성

밤의 파수꾼들은 6시간 동안 파수를 하는 얼마간의 기간이 지나
고 나자, 햇볕 부족으로 좀 창백해 보이기 시작했고 감정적으로도
많이 힘들어하는 것 같았다. 그래서 우리는 자정부터 새벽 3시까지
와 새벽 3시부터 6시까지 두 시간대로 나눠 야간 파수를 운영하는
것을 실험해보기로 했다. 어떤 이들은 자신의 파수 시간 전후에 눈
을 붙일 수 있기 때문에, 이 방법이 더 좋다고 했다. 그들은 오후에
밖에 나가 햇볕을 쬐고, 야간 파수를 하지 않는 이들과 교제할 수도
있었다.

우리는 사역자들의 영육간의 건강을 위해 야간 파수 3시간 교대
모델을 권장했지만 특별한 경우에는 예외를 두었다. 어떤 이들은 밤
에 집까지 걸어가는 것보다 밤새 6시간 파수를 하며 기도의 집에 머
물기 원했다. 현재 (자정부터 새벽 6시까지 6시간을 파수하는) 철야

파수꾼과 (자정부터 새벽 3시, 그리고 새벽 3시부터 6시까지 파수하는) 3시간 파수꾼의 조합으로 진행하고 있다.

울부짖는 여인들

수캇 할렐의 야간 파수는 청년들로 시작되었다. 이후 우리가 좀 더 짧은 3시간 간격으로 파수를 교대하기 시작했을 때 주님께서는 나이가 더 많고 울부짖으며 기도하는 특별한 기름부음이 있는 탁월한 중보자 낸시 클라우디오를 보내 주셨다. 그녀가 야간 파수를 인도하기 시작하면서부터 더 많은 '울부짖으며 기도하는 여인들'이 야간 파수에 참여했다. 울부짖는 기도를 통해서 우리는 주님의 마음 깊숙이 있는 것들을 실현시킬 수 있게 된다. 그리고 이 같은 하나님 마음에 있는 것들의 '해산'은 종종 심야기도 시간 중의 개인 기도에서 이뤄진다.

> 울부짖는 기도를 통해서 우리는 주님의 마음 깊숙이 있는 것들을 실현시킬 수 있게 된다.

"만군의 여호와께서 이와 같이 말씀하시되 너희는 잘 생각해 보고 곡하는 부녀를 불러오며 또 사람을 보내 지혜로운 부녀를 불러오되 그들로 빨리 와서 우리를 위하여 애곡하여 우리의 눈에서 눈물이 떨어지게 하며 우리 눈꺼풀에서 물이 쏟아지게 하라 이는 시온에서 통곡하는 소리가 들리기를…"(렘 9:17~19)

주님은 온 땅을 두루 감찰하시며 사탄으로부터 빼앗긴 밤을 되찾아옴으로써 자신들이 거하는 도시와 국가가 거룩함을 회복하고 부흥으로 전환하는데 헌신하기로 작정한 밤의 파수꾼들을 찾으신다.

우리의 때는 그분의 손에 있다

이 글을 쓰는 현재 24/7 기도와 경배의 삶을 15년 지속해왔다. 지금도 우리는 여전히 주님만을 의지하며 그분이 기도와 예배 사역을 위해 필요한 모든 파수꾼들을 보내주실 것을 믿는다. 내(패트리샤)가 파수 스케줄을 정하며 깨달은 한 가지는 주님께서 기도의 집을 위해 우리보다 훨씬 더 신경을 쓰고 계신다는 사실이다! 우리가 그분께 "네!"라고 대답한 이후 24/7 경배와 기도의 불을 지속적으로 피우며 우리 자신을 주님의 단에 제물로 드렸을 때, 그분은 항상 기적적인 방법으로 우리에게 공급하셨다.

특히 야간 파수 시간에 이 같은 주님의 공급하심을 경험했다. 나는 릭에게 "밤의 파수를 계속할 수 있을지 모르겠어요. 정말로 할 수 있을 것 같은 사람이 없어요"라고 셀 수 없이 말했다. 그러나 주님은 너무 신실하신 분이시다. 내가 그렇게 말할 때마다, 갑자기 "예루살렘에 가서 밤에 파수를 하도록 부름 받은 것 같다"고 토로하는 전 세계 중보자들의 메일을 받았다. 그것도 우리가 가장 필요로 할 때 말이다.

노르웨이에서 온 레아 스톨셋의 경우야말로 성령의 속삭이심에 순종한 대표적인 사례다. 주님은 그녀에게 여러 번 '아무도 야간 파수를 감당하지 못하게 될 때'가 우리에게 닥칠 것이라고 말씀하셨다. 그녀는 "**지금** 예루살렘으로 가라"는 성령의 음성을 들으면, 모든 것을 멈추고 바로 출발했다. 믿음의 세계에서 흔히 쓰이는 "주님이 보내시면, 주님이 공급하신다"는 말은 정말로 사실이다!

　　우리는 24/7 주야로 기도를 시작할 때까지 4년을 기다렸지만 일단 시작한 이후 절대 멈추지 않았다. 주님이 다시 오실 때까지 이 기도와 예배의 불을 하루도 빠짐없이 주야로 지피기를 원하시는 마음을 강하게 받았기 때문이다. 우리는 "너희(우리)를 부르시는 이는 미쁘시니 그가 또한 이루시리라"는 말씀을 분명히 기억한다. 훌륭한 사람들을 끊임없이 보내셔서 그들을 주님의 성전에서 주야로 서게 하시고 기적적인 방법으로 공급해 주시는 주님께 모든 영광을 돌린다. 이 글을 읽는 당신이 지금 기도의 집을 인도하고 있다면, 주님이 당신에게도 수캇 할렐과 같이 기적적인 방법으로 필요한 모든 것을 공급해 주시기를 간절히 바란다.

7장

주님의 기도의 집의 기쁨

"주의 앞에는 충만한 기쁨이 있고…"(시 16:11)

우리가 '기도의 집'이란 이름을 받은 이사야서의 말씀에 이방인들
과 함께한 주님의 기도의 집이 샤밧(안식일)의 선물을 이해함으로
누리는 기쁨과 연관되어 있음은 의미심장하다. 선지자 이사야는 이
렇게 기록했다.

"또 여호와와 연합하여 그를 **섬기며** 여호와의 이름을 사랑하며 그의 종이 되며
안식일을 지켜 더럽히지 아니하며 나의 **언약을 굳게 지키는 이방인**마다 내가
곧 그들을 나의 성산으로 인도하여 **기도하는 내 집에서 그들을 기쁘게** 할 것이
며 그들의 번제와 희생을 나의 제단에서 기꺼이 받게 되리니 이는 내 집은 만민
이 기도하는 집이라 일컬음이 될 것임이라"(사 56:6~7)

안식일의 휴식은 우선 할례와 같이 유대인들을 열방으로부터 구분하도록 정해졌다. 그러나 안식일은 유대인들 뿐 아니라 이스라엘에 살도록 부름 받은 이방인들을 비롯해 다양한 세대의 이방인들을 포함한 모든 믿는 자들을 위한 공통의 영적 원리다. 안식은 기도의 집이 기쁨을 지키게 하는 소중한 선물이다.

안식의 원리는 간단하다. 우리가 일주일에 하루는 평소에 하던 일들에서 벗어나 쉼을 경험함으로써 나머지 날들에 신선한 힘, 평화, 기쁨이 들어갈 수 있도록 하는 것이다. 안식일은 무언가를 하는 날이 아니라 거저 받은 선물에 관한 것들을 기억하는 날이다.

안식일은 모세의 율법보다도 더 오래되었다. 이스라엘의 영적 리더로 수캇 할렐의 시작부터 함께한 노마 사비스는 "하나님은 창조 작업을 6일에서 멈추실 수 있었지만 자신을 위해 7번째 안식의

> 안식일은 무언가를 하는 날이 아니라 거저 받은 선물에 관한 것들을 기억하는 날이다.

날을 만드셨다"면서 "따라서 안식일은 하나님의 창조 원리에 따라 성립된 날"이라고 말했다.

이스라엘 사람들은 노예시절 동안에는 매주 7일 내내 일해야 했기에 안식일을 경험할 수 없었다. 성경 말씀에서 처음으로 '거룩'이란 단어가 사용된 것은 안식일을 설명할 때로 안식일을 지킨다는 것은 일주일 가운데 다른 6일과 거룩하게 구별된 하루를 확보한다는 것이다. 안식일은 우리가 상쾌한 마음을 가지고 평상시에 하던 일로

돌아갈 수 있도록 정신적 힘을 새롭게 회복시켜주며 우리가 평소 주의를 기울이지 않은 것들을 새삼 깨닫고 즐길 수 있게 해준다.

　우리는 단거리가 아니라 마라톤 선수들이다. 따라서 충분한 휴식과 여가시간, 어떠한 방해 없이 활짝 웃으며 인생을 즐길 수 있는 시간을 갖는 것은 우리 자신을 위해 절실하다. 적절한 휴식은 우리가 하나님을 끊임없이 찾는 평생의 경주에 잘 참여하도록 해준다. 즉 우리가 주님을 향해 달리다 피곤해 탈진하지 않고 지속적으로 뜨거운 열정으로 타오르도록 하는 것이다. 그래서 우리는 사역자들이 무슨 일이 있어도 일주일에 하루는 꼭 쉬도록 한다. 우리는 주요 사역자들에게 안식일의 원리를 가르치며 사람마다 휴식의 모습과 방법이 다를 수 있음을 강조한다. 그리고 일주일에 하루(우리 부부에게는 금요일 일몰부터 토요일 일몰까지)는 수캇 할렐의 파수 시간이 주님의 임재에 흠뻑 젖는 소킹(soaking)이나 묵상에 집중토록 하고 있다. 물론 종교적, 혹은 규율적이지는 않지만 안식일에는 가능하면 강하고 열정적인 중보기도는 하지 않도록 한다. 일주일에 하루를 충분히 쉼으로써 우리는 나머지 날들을 기쁨으로 달릴 수 있게 되는 것이다. 그리고 이사야서 56장 7절에 기록된 대로 인애하신 주님께서는 그분의 기도하는 집에서 기쁨이 가장 중요한 주제가 되기를 원하신다.

주님의 정하신 시간들

수캇 할렐에서 사역하며 우리는 안식일 외에 성경적 절기를 기억하는 것이 얼마나 소중한 것인지 깨닫게 되었다. 성경의 절기들은 정해진 시간(민수기 23장 참조)을 따라 자신을 더 깊게 알리시는 메시아 예슈아를 향한 사랑을 증거함으로써 우리를 다시 새롭게 한다. 이 절기들은 이 세상에서 영적 시계들을 천국의 시간과 주님의 계절에 맞게 조정, 우리 자신을 그분과 정렬시킬 수 있게 한다.

성경적 절기를 경축하기

이스라엘 백성들이 쫓겨나 열방으로 흩어지게 될 것을 미리 아신 주님은 그들이 유대인의 정체성을 깨닫고 그분의 백성으로 하나가 되게 하시려 안식일과 같은 성경적 절기를 정해 주셨다. 유대인의 절기는 이 땅을 향하신 하나님의 '모 아딤'(히브리어로 '정하신 때')의 계시를 나타낸다.

"이스라엘 자손에게 말하여 이르라 이것이 나의 절기들이니 너희가 성회로 공포할 여호와의 절기들이니라(…) 이것이 너희가 그 정한 때에 성회로 공포할 여호와의 절기들이니라"(레 23:2~4)

이 절기의 시간들이 우리를 위한 하나님의 '정한 때'라는 사실을 기억해야 한다. 이런 이유로 사탄은 사람들이 하나님과의 약속된 시간을 알아차리지 못하도록 노력하고 있다. 다니엘 7장 25절에 "그가 (적그리스도) 장차 지극히 높으신 이를 말로 대적하며 또 지극히 높으신 이의 성도를 괴롭게 할 것이며 그가 또 때와 법을 고치고자 할 것"이라고 기록되어 있다는 사실을 주목하라. '그때'는 히브리어 '즈마님'(zmanim)으로 '정해진 때', 혹은 '법', '법령'이란 뜻이다.

예수님이 모든 말씀을 다 이루시고 다시 이 땅을 통치하러 오신 이후에도 정해진 주님의 절기를 지킬 것이라는 사실은 참으로 기묘하다. (스가랴서 14장에서 예언된 것 같이 수캇(Sukkot), 즉 장막절과 같은 절기를 지키실 것이다.)

성경적 절기를 인정함으로써 우리의 예배와 기도 파수에 신선함을 던져주고 집중력을 강화시킬 수 있다. 예를 들면, 칠칠절과 오순절사이는 오멜(곡물을 재는 단위)을 세는 날들로 알려져 있다. 칠칠절은 예수님이 죽음에서 부활하심으로 이뤄졌고 오순절은 성령이 부어지며 성취되었다. 첫 번째 성령의 부으심으로 추수의 성취가 이뤄지게 된 것이다. 우리의 파수 인도자 중 한 명인 마틴 사비스는 오멜을 세는 것을 기념해 매일 보리 한 알씩을 유리병에 담았다. 우리가 새로운 오순절(이스라엘 땅에 성령이 새롭게 부어짐으로써 일어날 대추수의 실현)을 바라며 기도할 때 보리 알곡의 수가 늘어나는 것을 보도록 하기 위함이었다.

만약 기도의 집에 달력이 필요하다면 주님이 직접 정하심으로 어느 날이 당신의 정하신 시간인지 알게 하신 유대 절기 달력을 구비하라고 권하고 싶다. 그 달력을 보며 하늘에서 기념되는 절기를 우리 또한 이 땅에서 참여하며 기릴 수 있기 때문이다.

신선한 예배와 기도

기쁨과 관련된 또 다른 주요 원리는 기도의 집 사역이 우리의 것이 아님을 인정하고 온전히 주님께 기쁨을 드리는 것이다.

중요한 것은 누구의 것도 아닌 '주님의 기도의 집'이라는 사실이다. 그러므로 우리는 주님의 마음에 기쁨과 행복을 드려야 한다. 우리는 예배와 기도를 우리의 결혼처럼 접근할 필요가 있다. 사랑하는 부부처럼 우리와 주님과의 사랑이 새롭게 되고 항상 푸르도록 우리의 삶을 정돈해야 하는 것이다.

> 기쁨과 관련된 또 다른 주요 원리는 기도의 집 사역이 우리의 것이 아님을 인정하고 온전히 주님께 기쁨을 드리는 것이다.

우리가 주님을 더 깊이 알게 되면 될수록 주님을 향한 우리의 사랑은 더욱 신선하게 유지된다. 그분은 우리가 막 탐험을 시작한 거대한 대지와도 같다. 수캇 할렐에서 14년 동안 함께 동역한 친구 니겔 리디아드는 어떻게 스랍들이 보좌를 에워싸며 지속적으로 "거룩하다 거룩하다 거룩하다 주 하나님 곧 전능하신이여 전에도 계셨고 이제도 계시고 장차 오실이시라"(계 4:8)고 외칠 수 있는지를 묵상했다. 그는 스랍들이 찬양하며 외칠 때, 선포하는 호흡마다 하나님에 관한 새로운 계시를 받고 있으며, 그 새로운 계시가 새로운 선포로 이끌고 있음을 불현듯 깨닫게 되었다.

하나님을 앎

가장 바른 신학은 하나님을 아는 것이다. A. W. 토저의 '하나님을 바로 알자'(The knowledge of the holy)와 같은 책은 참으로 귀하다. 토저는 하나님의 성품에 관해 짧지만 깊은 묵상의 글을 기록했다. 나는 성경 외에 이보다 내 영을 가득 채워준 책을 알지 못한다. 토저에 영감을 받아 한동안 하나님의 성품(거룩, 인애, 공의, 신실함, 통치, 좋으심 등등)에 관한 말씀을 찾아 깊이 묵상했었다. 그 말씀들을 묵상한 후에는 주님께 그분의 성품에 관해 언급하며 러브레터를 썼다.

공동체로 사는 우리는 주님께 더 가까이 가도록 서로 격려하며 영감을 주어야 한다. 리더들은 매사에 모범이 되어야 한다. 또한 새로운 예언적 전략을 세우고 권면해 공동체가 영적으로 계속 자라며 앞으로 나갈 수 있게 해야 한다.

"새 포도주를 낡은 가죽 부대에 넣지 아니하나니 그렇게 하면 부대가 터져 포도주도 쏟아지고 부대도 버리게 됨이라 새 포도주는 새 부대에 넣어야 둘이 다 보전되느니라"(마 9:17)

우리는 항상 주님께 공동체를 위해 새 포도주(성령으로부터 오는 영적 신선함과 계시)와 새 부대(새 포도주를 담을 수 있는 모임의 방식이나 형태의 변화)를 구해야 한다.

얼마나 많은 단체들이 주님으로부터 온 어떤 특정한 계시에 머무르다 주님이 다음을 위해 준비해두신 또 다른 진리를 놓쳤는가? 우리는 드디어 목적지에 '도착'했기에 더이상 주님에 관해 배울 것이 별로 없다는 태도를 조심해야 한다. 나도 한때는 다른 성도들에 비해 영적으로 좀 더 앞서 있다고 교만한 마음을 가졌었다. 그때 주님께서는 나를 꾸짖으며 말씀하셨다.

"릭, 너는 다만 너의 작은 상자를 중간 크기로 바꿨을 뿐이란다. 나는 네가 생각할 수 있는 가장 큰 상자보다도 훨씬 더 크단다. 너는 말씀에 기록된 대로 나를 더욱 붙잡아 내가 너의 이해의 한계를 계속해서 늘려나갈 수 있게 해야 한단다."

나는 그 순간, 하나님이 내가 생각했던 것보다 훨씬 더 위대하신 분임을 깨닫고 감사했다. 나의 전 인생 가운데 역사하시는 크신 하나님의 한계를 설정, 스스로 작은 상자에 머물러 있던 나를 구출해주심도 감사했다.

리더들은 공동체 구성원 모두가 쉼 없이 하나님만을 구하고 영적으로 교만하거나 다른 사람을 정죄하는 마음을 갖지 않도록 도와야 한다. 언제나 주님 임재의 구름에 따라 삶을 살아야 함을 잊지 말아야 한다.

하나님을 향해 참된 열정을 갖고 있는지는 한 번의 영적 경험과 헌신이 아니라 수년 또는 수십 년 동안 변함없이 하나님만을 성실히 구하는 여부에 따라 결정된다. 자신의 인생에 대한 열망이나 자기 연민을 이기며 끝없이 하나님을 알기 위해 고군분투하는 자만이 참으로 주님을 열정적으로 사랑하는 사람이다. 그래서 우리는 정기적으로 주님을 향한 갈망을 새롭게 해달라고 구하며 주님 임재의 자리로 나가야 하는 것이다. 하나님을 향한 영적 굶주림은 우리의 노력으로 생기는 것이 아니다. 우리 마음 안에 그 영적 굶주림이 생기게 해달라고 하나님께 구할 때에만 받을 수 있는 것이다.

> 하나님을 향한 영적 굶주림은 우리의 노력으로 생기는 것이 아니다. 우리 마음 안에 그 영적 굶주림이 생기게 해달라고 하나님께 구할 때에만 받을 수 있는 것이다.

다른 은사와 사역으로 인한 부요함

기도의 집 사역 중 가장 멋진 점은 예배나 찬양을 인도하는 사람들이 우리 사역 팀만이 아니라는 점이다. 다른 사람들이 인도하는 예배에 참여할 때, 다른 사람들을 통해 주님이 우리에게 주시기 원하시는 마음과 영감을 받게 된다. 다른 분들이 인도하는 예배에서 우리는 파수를 인도해야 하는 부담감 없이 오직 주님의 임재 안으로만 나아가도록 집중할 수 있다.

때때로 친밀한 환경을 떠나 다른 기도의 집이나 주님께서 성령을 부으시는 장소들을 방문해야 할 때가 있다. 어떤 이들은 특별한 시간에 주님이 강하게 운행하시는 곳을 방문하러 먼 길을 여행하는 사람들을 비난하곤 한다. 그런 이들은 "집에서도 충분히 같은 은사를 받을 수 있잖아요. 하나님은 여기에도 계셔요!"라고 말한다. 그러나 나는 하나님께서 특별한 곳에서, 또한 특별한 시간 동안에, 특별한 방법으로 각각 자신을 나타내신다고 믿는다. 실제로 나는 '여호와의 선하심을 맛보아 알기 위해' 먼 거리를 마다하지 않고 여행하는 분들을 보았다. 분명 주님이 그런 분들의 주님을 향한 목마름을 기뻐하신다고 믿는다.

한 가지 당부하고 싶은 점은 하나님의 특별한 성령 역사를 단순히 복제하려고 하지 말아야 한다는 것이다. 우리는 특이한 이적을 구하는 것이 아니라 주님을 구해야 한다! 수년 전 이탈리아에서 기도 집회를 인도할 때, 아르헨티나에서 강한 성령의 운행을 통해 하나님을 경험한 형제들이 집회 현장에 도착했다. 그들의 간증을 들은 후, 우리는 그들이 경험한 하나님의 새로운 터치를 경험하게 해달라고 기도했다. 그러자 성령이 아주 강렬하게 임재하셨다. 울거나 몸이 흔들리는 사람들, 거룩한 기쁨을 경험하기 시작한 사람들이 있었다. 그러나 나에게는 아무런 일도 일어나지 않았기 때문에 실망했다. 그 순간, 나는 은사 구하는 것을 멈추고, 대신 은사를 주시는 분을 구해야 한다는 사실을 분명히 깨달았다. 나는 눈을 감고, 선물을 받는 자세로 팔을 내밀며, 주님을 경배하며 방언으로 기도했다. 그때 누군가가 나의 목 뒤쪽 머리카락을 잡아당겨 위를 보도록 하는 것을 느꼈다. 누군지 확인하려 했을 때, 실제 사람이 아님을 깨달았다. 꼭 천사들이 내 팔을 위로 올리고 있는 것 같았다. 나는 눈을 감고 계속 주님을 경배했다. 나는 깊은 회복과 새 힘을 느낄 수 있었다. 이 모든 것을 경험하는 동안, 천사들이 강한 팔로 내 팔을 굳게 붙들고 있음을 실제적으로 느꼈다. 불과 몇 분이 지난 것 같았으나 눈을 떴을 때에 아내만 그 장소에 남아 있었다. 한 시간 넘도록 두 팔을 높이 들고 있었던 것이다. 그곳을 떠날 때에 내 마음 가득 새로운 은혜와 회복이 넘쳤다.

다양한 기름부음으로 인한 신선함

우리와 다른 기름부음들을 경험하면서, 우리의 예배에 생명력을 유지할 수 있다. 특정한 예배 인도자들이나 예배 운동은 예배의 특별한 영역에서 기름부음을 가지고 있는 것을 알게 되었다. 기도의 집의 예배 인도자들도 각자 자신들만의 독특한 기름부음이 있다. 어떤 사람에게는 크고 거룩하신 하나님을 찬양하는 특별한 기름부음이 있는가 하면, 다른 이에게는 즐겁고 어린 아이와 같은 예배의 기름부음이, 또 다른 사람에게는 영적 전쟁이나 예언적·사도적 선포의 기름부음이 있다. 또 어떤 사람은 아주 조용하고 친밀한 신부의 예배를 위한 기름부음이 있다. 서로 비교하지 않는 가운데 주님의 지체 안에 존재하는 다양한 기름부음에 감사하며, 그러한 다양한 기름부음으로 표현되는 하나님의 다양한 성품을 우리의 영이 배울 수 있도록 해야 한다.

특히 예배 인도자들은 익숙하지 않은 다른 스타일의 음악을 경험하는 것이 좋다. 보통은 청소년기에 좋아했던 음악들이나 처음 주님을 만났을 때 자주 들었던 노래들에 정서적으로 끌리게 된다. 대부분의 사람들에게는 변치 않고 마음을 깊게 감동시키는 오랜 노래가 있다. 그러나 그런 노래들이 다른 사람의 마음까지 동일하게 움직이는 것은 아니다. 이러한 이유 때문에 대부분의 구절이 다윗의 장막에서 쓰인 시편에서는 자주 "새 노래로 찬양하라"(시 98:1)고 강조된다.

물론 오래된 노래를 사용하지 말라는 것이 아니다. 사실 오래된 노래와 새 노래를 함께 사용하는 것이 아주 좋다. "이르시되 그러므로 천국의 제자된 서기관마다 마치 새것과 옛것을 그 곳간에서 내오는 집주인과 같으니라"(마 13:52)라고 예수님이 명확히 말씀하신 것을 기억해야 한다. 예배 사역자나 연주자로 부르심을 받은 사람들은 익숙하지 않은 새롭고 다른 스타일의 노래를 배움으로써 무언가 새로운 것을 자신들 안에 탄생시킬 수 있다.

창조성을 풀어 놓기

창조적인 표현들은 기도의 집에 새로운 생명과 기쁨을 가져온다. 태초의 창조자이신 우리 하나님은 지금도 끊임없이 창조를 하고 계신다. 우리는 하나님의 형상대로 지음 받았다. 따라서 모든 일들이 예측범위 안에서만 일어난다면 우리의 영이 만족하지 않는다.

모세의 장막과, 다윗의 장막, 그리고 성전(구약 시대에 하나님께서 지정하신 3가지 경배의 주요 표현)에서는 예술적 표현들이 소중하게 여겨졌다. 출애굽 이후 하나님이 처음으로 백성들에게 집단적인 예배를 준비하라고 하셨을 때, 모세에게 장인 브살렐과 실력 좋은 예술가들에게 정교한 일들을 연구하도록 지시하라 명하셨다.

"내가 유다 지파 훌의 손자요 우리의 아들인 브살렐을 지명하여 부르고 하나님의 영을 그에게 충만하게 하여 지혜와 총명과 지식과 여러 가지 재주로 정교한 일을 연구하여 금과 은과 놋으로 만들게 하며"(출 31:2~4)

기도의 집은 브살렐의 예를 통해 영감을 받을 수 있다. 수캇 할렐의 예배실에는 계시를 가져오고 예배에 영감을 주는 아름다운 그림들이 걸려있다. 우리 주님은 따분한 분이 아니라 창조적인 분이시다. 그런데 왜 우리가 기도하고 예배하는 방들은 딱딱하고 지겹게 보여야 하는가?

주님은 또한 무용 예술과 깃발들을 통해 예배에 돌파와 기름부음이 임하게 해주셨다.

한 영국 출신의 예배 인도자에게 "왜 춤추며 예배하시나요?"라고 물었을 때,

그가 한 말을 잊을 수 없다. 그는 길고 진부한 신학적 설명 대신 단순하게 답했다. "내가 춤으로 예배하는 이유는 하늘을 날 수 없기 때문이죠."

춤으로 드리는 예배에 기름부음이 있는 이들은 청중들이 자신의 무용 기술이나 동작, 몸 등에 관심을 두지 않고 오직 무용의 은사를 주신 위대한 예술가이신 하나님께 집중하도록 한다.

나는 춤추는 것을 터부시하는 교회에서 자랐다. 물론 이와 같은 교회들은 세상의 춤이 표현하는 불건전한 것들과 거리를 두기 위해서 그렇다는 것임을 잘 안다. 그러나 그들이 진정한 예배의 춤에서 오는 순전한 기쁨과 아름다움을 경험하지 못하는 것은 정말 안타깝다. 내가 30여 년 전에 다윗의 장막을 막 공부하기 시작했을 때, 시편이 춤을 강조하고 있다는 사실에 놀랐다. 그때 나는 '아, 이것이 회복돼야 하겠군'이라고 생각했지만, 동시에 주님이 나에게 절대로 안전범위에서 벗어난 춤을 추라고 명하지 않으실 것이라는 사실에 미리 감사했다.

어느 날, 하나님이 내게 "난 억지로 너에게 춤을 추라고 하지 않을 거야. 그러나 춤은 내 말씀에 나타난 예배의 방법이란다. 네가 그와 같은 방법으로 예배를 표현한다면, 그것은 나를 기쁘게 한단다"라고 말씀하셨다. 그때 나는 방문을 잠그고, 창문 블라인드를 내리고, 어설프게 춤추는 동작을 하며 주님께 예배했다. 물론 처음에는 어색했지만 어느 정도 시간이 지난 후, 성령님이 찾아오셨다. 갑자기 나는 노래하며 뱅글뱅글 돌면서 춤추기 시작했고, 예배 안에 기쁨의 영이 풀어짐을 느꼈다. 마치 어떤 사람이 새장을 열어 주어서 내가 창조된 그대로 마침내 날 수 있게 된 것 같았다.

우리가 주님께 즉흥적인 혹은 예언적인 새로운 노래로 기도하고 노래하게 될 때, 창조성은 기도의 집에 새로운 기쁨을 풀어 놓는다. 성경의 가장 기본적인 예배 '노래집'인 시편과 계시록은 둘 다 새 노래로 주님을 찬양하라고 말한다. 나는 경배 사역자로서 새 노래를 배울 때, 그리고 예언적이며 즉흥적인 노래를 주님께 불러 드릴 때, 생명과 기쁨이 부어지는 것을 자주 경험한다.

쉼 없는 믿음의 걸음

믿음으로 걷는 것 또한 기도의 집에 기쁨을 가져온다. 주님께서 위험을 감수해야 하는 상황에서도 믿음으로 걸으라고 말씀하시는 것은 우리가 주님의 신실함을 새로운 방법으로 경험함으로써 모든 상황을 초월해 내면이 기쁨으로 채워지기를 원하시기 때문이다.

수캇 할렐을 세우고 9년 동안 쉼 없이 밤낮으로 예배와 기도를 하던 모임 장소에서 우리는 아주 편안함을 느꼈다. 그런데 갑자기 새로운 곳으로 갈 수 있는 문이 열렸다. 긴 세월 동안 많은 이들과 함께 했던 기도 처소를 옮김으로써 혼란이 야기될 수 있었다. 그렇게 하는 것은 우리에겐 믿음의 걸음을 걷는 것이었다. 이 문제를 놓고 기도할 때, 우리 마음속에 이 장소의 이동은 정부적 이동을 상징하는 것으로 주님께 아주 중요하다는 깨달음이 다가왔다. 기도 후에 우리는 성전산이 바로 보이는 곳으로 이사했다. 그럼으로써 우리는 그곳에서 드리는 예배와 찬양이 다윗의 왕좌를 그의 거룩한 성 위에 세우고 이루는 것임을 계속해서 상기할 수 있었다. 언젠가 예수님께서 열방에 있는 자신의 나라에 평화를 가져오도록 다윗의 아들로서 보좌에 앉으실 것이다. (시편 2:6~8; 이사야서 9:7 참조) 우리가 공동체로서 주님의 구름을 따르기를 추구하며 믿음으로 걸을 때마다 새로운 것들이 풀어진다.

관대함

기쁨을 가져오는 또 다른 중요한 요인은 관대함이다. 우리가 관대함의 걸음을 걷게 될 때, 아주 특별한 일이 일어난다.

주는 것과 받는 것은 얼마나 큰 기쁨인가! 얼마 전 우리 공동체의 나이 지긋한 부부가 자동차가 정말 필요했던 젊은 가족에게 자신들의 차를 주라는 주

> 우리가 관대함의 걸음을 걷게 될 때, 아주 특별한 일이 일어난다.

님의 마음을 받았다고 고백했을 때, 우리는 정말 많은 은혜를 받았다. 그 젊은 가족은 차를 받고 얼마나 기뻐했는지! 관대함이 공동체에 흐르는 성품이 되기 위해 리더들은 각자의 위치에서 솔선수범해 관대함을 보여야 한다.

은혜의 문화 만들기

기쁨 충만한 기도의 집을 살펴볼 때, 공통적으로 그들은 은혜의 문화를 수립하기 위해 노력했다는 사실을 발견하게 된다. '기쁨'을 뜻하는 헬라어 카라(chara)는 사실 '은혜로부터의 기쁨'으로 번역되어야 더 정확하다. 헬라어 카리스(charis)는 '은혜'로 번역된다.

내가 신학생이었을 때, 요양원에서 사역하는 동안 은혜와 기쁨의 관계, 반대로 생각하면, 율법주의와 불행의 관계를 분명하게 알게 되었다. 나는 그곳에서 휠체어를 타고 있는 할머니를 만났다. 그녀는 치아가 없었고 관절염으로 사지가 뒤틀려 있었다. 만약 그녀가 불평하고 우울해했다 하더라도 충분히 이해할 수 있다. 그러나 다른 사람들에게 기쁨을 주는 것이 자신의 사역이라고 하면서, 항상 은혜와 기쁨을 보여주었다. 자기 주변의 분위기와 서비스를 판단하거나 불평하지 않고, 다른 이들을 계속해서 격려하며 감사해했다.

매우 대조적으로 자기 나이에 비해 건강해 보이는 한 남자가 있었다. 그는 그것으로 충분히 기뻐할 수 있었지만, 다른 이들을 판단하고 모든 사람들과 모든 것에 대해 불평했다. 그의 판단하는 태도는 자기 주변에 우울한 분위기를 만들어냈다.

기도의 집 구성원들이 다른 이들의 잘못을 쉽게 찾고 정죄한다면 필연적으로 그 기도의 집에는 무거움과 낙담의 압제적 환경 속에서 율법주의 문화가 흐르게 될 것이다. 그러나 주님의 은혜 안에서 서로 간에 은혜를 주고받으며 표현하는 문화가 퍼지게 되면 그 기도의 집에는 기쁨이 흘러나올 것이다.

출애굽기 34장 6절에서 주님은 모세에게 자신의 성품을 뚜렷하게 정의하셨다.

"자비롭고 **은혜롭고** 노하기를 더디하고 인자와 진실이 많은 하나님이라"

진리이신 우리 주님께서 '은혜로움'이 자신의 가장 중요한 성품이라고 말씀하셨다면 우리 역시 기도의 집에 오는 사람들 누구나 진정한 은혜의 문화를 통해 큰 기쁨을 느낄 수 있도록 해야 한다. 그렇게 되기를 위해 기도하자.

8장

기도의 집을 세우는 핵심 요소들

"이에 유다와 베냐민 족장들과 제사장들과 레위 사람들과 그 마음이 하나님께 감동을 받고 올라가서 예루살렘에 여호와의 성전을 건축하고자 하는 자가 다 일어나니"(스 1:5)

인턴의 역할

우리가 파수를 시작한 2년 후 쯤, 스티브와 토냐 한센이 예루살렘으로 이사와 우리 사역에 참여했다. 그들은 젊은 인턴들이 '성벽의 파수꾼'이 되도록 인도해야 한다는 영적 부담을 갖고 있었다. 우리는 인턴들이 생활할 수 있도록 아름다운 집을 임대하고 아래층 벽을 허물어 기도실로 개조하여, '기혼의 집'(Gihon house)이라고 불렀다.

그해 봄의 인턴 프로그램 기간 중에 인턴들은 배를 타고 러시아로 가서 알리야(Aliyah·전 세계에 흩어진 유대인들이 이스라엘로 이주하는 것)하는 유대인들을 데리고 왔다. 인턴들은 멀고 익숙하지 않은 이스라엘로 이주하기 위해 가족과 친구들을 떠나야 하는 올림(olim, 이민자)들을 위한 선상 공연을 부탁 받아 정성껏 노래와 춤을 준비했다. 인턴 중 한 명은 '주님께 올라가기', 혹은 '예루살렘으로 올라가기'라는 뜻의 알리야를 제목으로 한 아름다운 곡을 만들어 불렀다.

　그 알리야를 위한 배는 우리 인턴들이 이스라엘 내 믿음의 형제자매들과 교제할 수 있는 좋은 도구였다. 인턴들은 매년 색다른 이벤트나 축제가 열리는 이스라엘에서 다양한 경험을 한다.

　몇 년 전부터 우리는 우리 인턴 프로그램을 '일어서기(STAND) 프로그램'이라고 불렀다. 하나님께서는 모든 언어를 사용하는 족속들이 예루살렘으로 올라와 주님 앞에 예배와 기도 가운데 '일어서도록' 부르신다. 또한 예루살렘 성벽에서 파수꾼으로 '일어서기'를 원하시고(사 62:2), 예루살렘의 성문들 안에서도 '일어서기'를 원하신다. 다윗 왕도 이렇게 고백했다.

"사람이 내게 말하기를 여호와의 집에 올라가자 할 때에 내가 기뻐하였도다. 예루살렘아 우리 발이 네 성문 안에 섰도다. 지파들 곧 여호와의 지파들이 여호와의 이름에 감사하려고 이스라엘의 전례대로 그리로 올라가는도다"(시 122:1~4)

우리는 '일어서기'의 영문인 STAND의 각 알파벳을 머리글자로 해서 문장을 만들었다. Standing Together, Announcing the Nation's Destiny(함께 일어서서 나라의 사명을 선포함). STAND 파수는 늦은 밤에 드려지기에 주로 인턴들이 밤중에 서서 지킨다. 3개월의 인턴 기간 동안 그들은 함께 살고, 먹고, 예배하고, 이스라엘을 경험하며 주님이 각 나라의 사명에 대해 어떻게 말씀하시는지 선포한다.

사탄은 사람들이 많은 죄악된 것과 쉽게 타협하는 밤중에 빼앗고, 죽이고, 파괴하려 한다. 그러나 우리 인턴들은 이 중요한 심야 시간을 주님께 드리며 주님의 뜻이 하늘에서 이뤄진 것 같이 이스라엘 땅에서도 이뤄지기를 기도한다.

이스라엘 현지 교인들은 아침 일찍 일어나 출근하기에 자신들 대신 심야에 맑은 정신으로 깨어나 주님 앞에 '일어서는 자들'에게 감사의 마음을 갖고 있다. 인턴들은 잠시 눈을 붙인 후에 오전 10시부터 시작되는 공개 파수에 참여할 수 있다. 심야 시간에 피곤하지 않도록 인턴들은 오전 10시의 공개 파수 이후 점심 식사를 하고 스태프, 혹은 방문 강사들의 강연을 들은 뒤, 쉬거나 낮잠을 자며 에너지를 보충한다.

야간 파수는 하나님께 사랑의 선물을 봉헌하는 것이다. 기도실에 많은 사람들이 오지 않는 이 시간은 인턴들이 방해 없이 악기를 연주하고 경배 인도를 연습하기에 적절한 시간이기도 하다.

인턴십과 훈련

인턴 프로그램은 파수를 경험하고 인도할 사람들을 위해 진행되지만 단기간 또는 장기간 기도의 집에서 헌신할 부르심이 있는 사람들을 위한 것이기도 하다. 지난 16년 동안 전 세계에서 온 수백 명의 크리스천들이 인턴십 프로그램에 참여했다. 우리에게 도움이 간절히 필요로 한 시기에 인턴십을 수료한 사람들이 와서 단기간으로 우리를 위해 파수를 감당해 주었다. 수캇 할렐은 첫 번째 인턴십 이후 16년 동안 변함없이 매 3개월 마다 새로운 인턴을 맞았다.

인턴십 프로그램을 통해 우리는 하나님 나라의 확장을 위해 전 세계 기도와 예배 운동에 씨를 뿌리게 된다. 우리는 중국 본토에서 온 리더들을 위한 인턴십을 진행했었다. 몇 년 후에 나는 중국 집회에서 말씀을 나누게 되었는데 그곳의 리더가 "중국에서 기도의 집을 시작하였거나 기도의 집에 참여하고 있는 사람은 앞으로 나오세요"라고 말했다. 나는 수많은 사람들이 앞으로 나온 모습을 보고 놀라지 않을 수 없었다. 그들이나 그들의 리더들이 수캇 할렐에서 인턴을 했던 것이다.

인턴십 기간이 3개월로 정해진 것은 우리 리더십들과 인턴들이 서로 간에 기도의 집에 대한 부르심이 있는지를 체크할 충분한 시간을 갖게 하기 위함이다. 정해진 기간이 끝날 때 리더십들은 정식 스태프로 지원하는 인턴들을 받아야 하는지 그렇지 않은지 대부분 알게 된다.

주님은 기도의 집의 인턴 프로그램이 목양적인 돌봄이 필요한 '제자 훈련 학교'가 되어서는 안되며, 이미 주님 안에서 개인적 회복과 치유를 경험하고 성품이 계발된 사람들을 위한 심화 과정이 되어야 한다고 알려주셨다. 대적에 맞서 열방을 위해 굳건하게 파수할 영적 전사들을 위한 프로그램이 되어야 한다는 것이었다. 그래서 우리는 인턴십 프로그램에 참석하려는 지원자들로부터 어느 정도의 기본 제자훈련이 되어 있는지를 사전에 파악할 수 있는 신청서를 받고 있다.

좋은 신청서의 가치

만약 하나님께서 어떤 인턴이나 스태프를 당신이 속한 기도의 집에 보내시지 않았는데도 그들이 왔다면 관계적으로 여러 피곤한 일들이 발생해 많은 시간을 낭비할 수도 있다. 그래서 우리는 상세한 원서를 통해 인턴이나 스태프 후보자들을 미리 파악하려 했다. 지원 원서는 우리 웹사이트에서 다운로드 받을 수 있다. 여러 장에 걸친 질문에 답하고, 개인 간증을 쓰고, 친구들과 출석 교회 목회자의 추천을 받아 제출하게 된다.

수년 동안의 경험을 통해 우리는 인턴과 스태프를 받는 것을 아주 세심하게 접근해야 한다는 사실을 알게 되었다. 수캇 할렐을 시작한 이후, 우리는 치열한 영적 전쟁터에 있다는 점을 깨달았다. 따라서 개인적인 치유가 필요한 분들은 최전방의 영적 전쟁터에 오는 것보다 영적 병원 역할의 부르심이 있는 사역에 가는 편이 더 낫다는 판단을 내렸다. 그래서 어떤 인턴 후보에게는 "언젠가 우리에게 오도록 부르심이 있을 수 있지만, 우선은 다른 곳에서 기초적 훈련을 받고 오라"고 권면하기도 한다.

이러한 여러 면을 감안하여 천천히 가더라도 가장 적합한 사람들과 함께 확실하게 기도의 집을 지어가는 것이 더 좋다. 외국에서 온 스태프 가운데 대다수는 우리의 인턴 프로그램을 마쳤거나 단기 봉사자로 우리와 시간을 보낸 사람들이다. 대부분의 이스라엘 출신 스태프들은 수캇 할렐의 파수 봉사자로 여러 해 동안 참여한 사람들이다. 만일 어떤 후보자에 대해 잘 알지 못하거나 궁금한 점이 있다면, 3개월 동안 인턴십 시간을 가지고 함께 사역해 나가는 것이 맞는지, 맞다면 언제 합류하는 것이 좋은지를 결정하게 된다.

더 많은 예배자와 중보자를 위해 그물 던지기

여러 나라와 대륙의 기도의 집들을 방문하고 함께 사역하다보니 많은 기도의 집들이 초기에는 설립자들의 네트워크 관계 안에서 성장하는 것을 보았다. 그러나 어느 순간, 네트워크 관계를 초월하지 못하고 자신들이 인도하는 기도의 집 사역자의 수가 증가하지 않고, 점점 사역의 정체기에 접어드는 것을 보았다.

그렇다면 어떻게 많은 수의 사람들에게 그물을 던져 각자가 속한 기도의 집 사역을 발전시켜 나갈 수 있을까? 주님께서는 생각지 못한 방법으로 이를 이루어 주신다.

크라이스트 교회 성도로 수캇 할렐을 방문한 여성 크리스천이 담임 목사인 마이클 코헨에게 기도의 집 사역을 소개했다. 그녀는 코헨 목사에게 내(패트리샤)가 크라이스트 교회에서 주일 아침마다 예배를 인도할 수 있도록 하면 좋겠다고 말했고 결국 만남이 성사됐다. 코헨 목사는 나에게 크라이스트 교회의 새로운 예배 인도자가 되어 달라고 부탁했다. 유대인들을 대상으로 사역하는 중동의 가장 오래된 개신교 교회에서 예배를 인도해달라는 부탁을 받은 것이다. 이 얼마나 큰 은혜인가!

주일 예배를 인도한 얼마 후부터 우리는 크라이스트 교회에서 목요일 밤마다 수캇 할렐의 파수 예배를 갖게 되었다. 이를 통해 예루살렘 구도시에 살고 있는 수많은 열방의 사람들을 만나게 되었다. 목요일 밤마다 파수를 하던 중 나(릭)는 크라이스트 교회 바닥의 돌로부터 물이 샘솟는 환상을 보았다. 교회 지하로부터 터져 나온 물이 성전산까지 이어져 통곡의 벽에 있는 유대인들과 성전산에 있는 무슬림들에게까지 다다르는 것이었다. 또한 '성령의 불의 혀'를 머리에 얹은 청년들이 크라이스트 교회에서부터 예루살렘 시 중앙의 벤 예후다 거리까지 다니며 죽음의 영을 밀쳐내는 비전을 보았다. 우리는 이 전략적 장소에서 강력한 파수의 능력을 수없이 경험했다. 크라이스트 교회에서의 사역은 특별한 경험이었고 이를 통해 많은 사람들이 수캇 할렐에 대해 알게 되었다.

비전 넓혀가기

우리는 중동의 한 나라에서 하나님을 향한 갈망으로 가득 찬 3명의 현지 젊은이들이 자체적으로 시작한 기도의 집을 도왔다. 자신들의 아파트에서 각자의 인맥을 통한 네트워크로 시작한 파수를 통해 그들은 큰 축복을 경험했다. 그러나 얼마 후, 그들의 인맥 내에서는 더이상 이 비전에 관심을 보이는 청년들을 찾을 수 없었고, 자연스레 그들의 사역은 정체되었다.

그때 나는 그들과 친구들이 다른 사람들을 중점적으로 초청하도록 일주일에 하루 저녁은 '공개' 모임으로 정할 것을 강권해야겠다는 마음을 가졌다. 그래서 그들을 받아들이고 지원할 의향이 있는 국제 교회를 찾았다. 일주일에 한번 모국어로 열린 공개 모임은 그들의 기도의 집이 정체기로부터 탈출하는 확실한 계기가 되었다. 현지 신자들 사이에 이 소문이 확 퍼졌다. 그들은 그 국제 교회로부터 아파트에서 진행하는 파수에 헌신할 새로운 사역 지원자들을 찾을 수 있었다. 그 결과, 중동 지역의 박해와 보안 문제로 비밀리에 운영해야 했던 그들의 기도의 집은 까다롭고 무분별한 사람들을 골라내고 새로운 지원자들을 찾을 수 있게 되었다. 이를 계기로, 그들의 기도의 집은 정체기에서 벗어나 다시 한 번 성장하기 시작했다.

그물을 던지는 또 다른 방법으로는 특별 집회를 개최하는 것이다. 외부에서 설교자와 예배 사역자를 초청해 특별 집회의 시간을 갖는다면, 다양한 성도들을 초대할 수 있게 된다. 이 같은 특별 집회는 당신이 헌신하는 기도의 집에 관해 듣기만 했던 성도들이 마침내 기도의 집을 방문하는 계기가 될 수 있다. 또 이런 특별 모임이나 집회들은 당신의 기도의 집에 이미 참여하고 섬기고 있는 성도들에게 더 많은 훈련의 기회와 신선한 경험을 제공할 수 있다. 동시에 기도의 집 사역에 관심을 가질만한 친구들을 자연스럽게 초대하는 자리가 될 것이다.

인맥을 통한 관계

어떤 나라들에서는 인맥을 통한 관계가 당연하며 광범위하게 이뤄지지만, 또 다른 어떤 나라에서는 드물다. 만약 다양한 네트워크 관계가 존재하는 곳에 산다면, 그곳의 영적 지도자들이 기도 모임에 참여할 수 있도록 시간을 투자해야 하며 그 가치는 충분하다. 가령, 목회자와 사역자의 모임, 중보기도자들의 모임, 여성부와 남성부의 사역 네트워크, 지역적이거나 국가적인 컨퍼런스와 집회, 청년 사역 지도자 모임 등. 이런 여러 네트워크를 통한 모임들은 여러분들이 예배와 중보기도에 헌신할 때에 비슷한 마음과 비전을 품은 다른 성도들을 찾도록 주님이 거룩하게 준비해주신 만남의 장이 된다.

현지의 스태프와 재정적 도움

우리는 중동의 여러 기도의 집들과 긴밀한 관계를 가지고 있다.

그들에게 지역에서 적용할 훈련 세미나를 제공하고, 단기 스태프나 팀을 보내거나 상담해주는 등 그들을 격려하려고 힘쓴다.

더 많은 현지의 성도들이 외국인들이 시작한 기도의 집의 일원이 되는 것이야말로 많은 기도의 집들이 당면한 문제다. 우리 역시 비슷한 어려움이 있었다. 그러나 우리의 사역이 현지 청년들에게 집중되었던 덕에, 최근 몇 년 동안 상당한 진전이 있었다. 우리 경우에는 현지 봉사자들이 일주일에 한두 번 파수를 인도했다. 이는 큰 축복으로 히브리어, 아랍어, 에티오피아어, 러시아어 등 현지 언어로 더 많은 파수를 하는데 도움이 되었다. 어느 정도 시간이 지난 후, 현지 목회자들은 봉사자들이 우리와 함께하며 파수를 섬긴 결과, 자신들이 속한 교회에서 기도나 예배를 더욱 잘 인도하게 되었다고 언급했다.

그러나 몇몇의 현지 스태프들에게서는 부족함이 보였다. 나와 패트리샤는 이 문제를 놓고 오랜 기간 동안 간절히 기도했다. 어느 순간, 주님께서 이 땅의 현지 교회 성도들이 기도의 집 사역자들을 감당하기에 아직 충분히 자라지 않았다고 말씀하시는 듯 했다. 외국인 스태프들은 재정을 개인적으로 모금하기에 언제나 빠듯하지만 믿음을 갖고 현지 청년들이 스태프로 헌신할 수 있도록 어느 정도의 기본 재정을 도와줘야 한다는 점도 보여주셨다.

비슷한 시기에 파수기도 리더 중 한 명인 마이클 코헨이 주님의 품으로 돌아갔다. 그의 아내 프랜은 마이클의 삶을 기념하기 위해 이스라엘 청년들이 수캇 할렐의 스태프로 헌신할 수 있는 재정을 지원하도록 '마이클 기념 펀드'를 만들었다. 우리는 그녀의 사랑과 영적 민감함에 깊은 감명을 받았다. 생전에 마이클은 이스라엘 청년들을 사랑했고, 청년들 역시 그를 사랑했기에 이것은 그를 기념하는 매우 소중한 방식이었다. 프랜은 주님을 섬기는 레위 지파의 부르심으로 이스라엘인 청년들을 파송하는 선구자가 되었다. 동시에 나는 홍콩에서 온 두 명의 중국인들에게 이스라엘 현지 스태프들을 재정적으로 돕는 비전을 공유했다. 그 두 분은 이 목적을 위해 매달 정기적으로 헌금하기로 결단했다.

두 분의 관대한 선물은 우리가 이 영역을 돌파할 수 있도록 힘을 주었다. 열방에서 이 비전을 공유할 때마다 주님께서 많은 분들의 마음을 움직이셔서 이스라엘의 청년 세대가 기도의 집 사역에 참여할 수 있도록 정기적으로 헌금하게 하셨다. 이후에 우리는 이스라엘 현지 스태프 후보자에게 어느 정도의 '기본 사례비'를 제공하지만 나머지 필요 부분은 외국인 스태프들과 마찬가지로 개인적으로 모금해야 한다고 설명한다. 그래도 많은 이들의 헌신으로 마련되는 기본급여가 있기에 이스라엘 현지인들이 우리의 스태프로 좀더 용이하게 지원할 수 있게 되었다. 그럼으로써 더 많은 현지 스태프들이 기도의 집에 참여하게 되었고 수캇 할렐은 이스라엘에 깊이 뿌리내릴 수 있었다. 우리는 이것이 이 나라와 지역들을 위해 기도하는데 있어서 더 많은 권위와 이해를 주게 되었다고 믿는다.

9장

상한 관계 고치기

"서로 용납하여 피차 용서하되 주께서 너희를 용서하신 것 같이 너희도 그리하고"(골 3:13)

기도의 집 내에 은혜의 문화가 형성되도록 모두가 노력하더라도 상한 관계의 문제들과 직면해야 할 때가 있다. 나는 여러 해의 경험을 통해 관계 회복을 위해 필수적인 3단계를 발견했다. 첫째, 하나님께 상한 관계를 가지고 간다. 둘째, 관계의 회복을 위해 영적 전쟁을 벌인다. 셋째, 위 둘의 단계를 마친 후에 (반드시 마친 후에만) 상한 관계가 된 사람에게 다가간다. 이 3가지 영역을 더 자세히 살펴보자.

첫째, 하나님께 상한 관계를 가지고 나간다. 관계의 어려움을 해결한답시고 문제의 당사자를 찾아가기에 앞서 먼저 주님의 뜻을 구하는 것이 필요하다. 내가 이 단계를 무시했을 때, 때때로 나는 감정의 골로 인해 거친 말을 하게 되었고 관계는 더욱 어렵게 되었다.

먼저 주님께 나아가서 이 같은 질문을 해보자. "주님, 이와 비슷한 문제가 제 인생에 있었던가요? 주님, 이 상황에서 뭐라고 말씀하실래요?" 어쩌면 우리 인생에 이와 똑같은 문제가 없었을지 모른다. 그러나 우리는 본질적으로 교만이나 이기심 같은 죄의 뿌리를 지니고 있을 수 있다. 그래서 주님께 "제가 무엇을 잘못했나요? 혹 제가 이런 상황 가운데 해야 할 필요한 일을 간과했나요?"라고 여쭤보아야 한다. 잠언 18장 17절은 "송사에서는 먼저 온 사람의 말이 바른 것 같으나 그의 상대자가 와서 밝히느니라"라고 설명한다. 유일하고 완벽한 재판자이신 주님은 우리가 자신에 관해 평소 보지 못한 점들을 밝혀주신다. 주님만이 우리가 우리 자신의 관점에서 벗어나 다른 사람의 눈으로 발생한 사건들을 바라볼 수 있도록 도와주실 수 있다.

주님께 나가기 전, 우리의 마음을 상하게 한 사람들을 용서하겠다는 결단을 해야 한다. 용서는 그저 기분이 아니라 선택이다. 그러기에 용서할 마음이 생기기 전에, 주님께 순종함으로 용서를 선택하며 결단할 수 있다.

어린 시절에 2차 세계대전 때, 나치 치하의 네덜란드에서 유대인을 돕다 어떤 사람으로부터 배신을 당한 코리 텐 붐의 가족 이야기를 듣고 큰 감동을 받았다. 코리와 아버지, 언니는 배신당해 모두 유대인 수용소로 보내졌다. 끔찍한 수용소에서 코리의 아버지와 언니는 목숨을 잃었다. 그녀는 가스실에서 죽임당하기 불과 며칠 전에 기적과 같이 사무 오류로 석방되었다.

전쟁 후, 코리 텐 붐은 여러 교회들을 다니며 주님께서 어떻게 그 녀로 하여금 원수들을 용서하게 하셨는지를 간증했다. 한 번은 어느 독일 교회에서 간증을 할 때, 어떤 남자가 다가와 자신이 나치의 수 용소 교도관(SS 친위대)이었다고 말했다. 그는 자신이 주님을 만난 후에 회개하고 주님의 용서를 받았다고 했다. 그리고 코리가 자신을 용서했다는 증거로 자기와 악수를 해준다면 정말 큰 의미가 될 것이 라고 말했다.

그가 미처 깨닫지 못한 점이 있었다. 코리가 그가 그녀와 죽은 언 니를 끔찍하게 박해했던 교도관 중 하나였음을 알아보았다는 사실 이다. 당시 코리는 그의 손을 잡고 악수하기는커녕 목을 조르고 싶 은 충동이 있었다고 고백했다. 그러나 그 즉시 우리 모두 주님의 독 생자를 죽게 한 '용서 받지 못할' 중죄를 저질렀음에도 주님이 모두 죄 사함을 받게 하셨음을 기억하게 됐다. 그녀는 여전히 극심한 증 오감이 있었음에도 불구하고, 그 교도관을 용서하기로 했다. 감정을 초월해 용서를 선택한 것이다. 그의 손이 그녀의 손을 맞잡았을 때, 폭포수와 같은 치유가 그녀의 마음의 상처를 덮어주었고 감정적으 로도 그를 용서할 수 있었다고 코리는 언급했다. 이같이 상처 난 관 계를 회복하기 위해서는 상대를 용서하기로 먼저 결단해야 한다.

주님의 마음으로 우리에게 상처를 준 사람을 용서한 이후, 상한 마음의 치료자이신 주님이 부어주시는 치유의 기름을 우리의 심장에 받아야 한다. (사 61:1~3 참조).

그 다음, 우리에게 상처를 준 사람들을 위해 기도하고 축복할 때, 그 사람들을 향한 사랑이 싹트게 된다. 우리는 우리의 적이 된 사람들까지도 축복하며 기도해 줄 수 있도록 노력해야 한다. (마 5:43~45 참조)

우리는 우리의 적이 된 사람들까지도 축복하며 기도해 줄 수 있도록 노력해야 한다.

여러 해 전, 나는 깊게 신뢰했던 사람이 많은 리더들에게 나를 비방해 크게 상처를 입었다. 내 마음을 살피며 그를 용서하기로 결단하고, 어느 정도 마음의 치유를 받은 후에도 그 사람이 나를 비난하는 악몽에 잠에서 깨어나곤 했다. 그때, 꼭 양파 껍질을 벗겨내듯 용서에는 훨씬 더 깊은 단계가 있음을 깨달았다. 주님은 우선 매일 그 사람과 그의 가족을 위한 축복 기도를 드리도록 인도하셨다. 처음에는 오직 순종하기 위해 시작했다. 그러나 조금 후에 감정도 따라왔다. 진심으로 그를 불쌍히 여기며 매일 그에게 치유와 축복이 임하도록 간절히 기도하게 되었다. 결국, 어느 날 밤에 그가 나를 비방하는 악몽 대신, 우리 둘이 친구가 되어 아름다운 숲에서 서로 대화하며 걷는 꿈을 꾸게 되었다.

그 사람은 나에게 한 번도 사과하지 않았다. 결국 그는 거칠고 정죄하는 태도로 인해 자신의 가족과 교회를 모두 잃게 되었다. 그 일이 일어났을 때, '공의로운' 일이 생긴 듯 기쁨이 일어나기는커녕, 주님께서 그의 인생에 준비해 두신 아름다운 계획들을 그가 놓친 것으로 인해 깊은 슬픔을 느꼈다. 그리고 나는 그의 날카로운 언어들로 인해 지속적으로 받은 상처로부터 벗어날 수 있었다.

둘째, 관계를 파괴하는 영적 공격에 맞서야 한다. 주님께서 우리 자신의 마음을 먼저 살펴보시도록 하는 것이 중요한 이유가 있다. 그것은 우리가 쉽게 관계파탄 이유를 다른 사람을 탓하거나 혹은 관계를 파괴하는 마귀의 공격을 탓하는 덫에 빠질 수 있기 때문이다. 우리가 정결해지고 치유를 받게 되면 주님께서 관계를 파괴하는 마귀의 전략을 보여주실 수 있는 보다 객관적인 자리에 나아갈 수 있다. 그럼으로써 모든 것을 우리 자신들이나 상대방의 문제로만 보지 않게 된다. 그때 우리는 에베소서의 말씀을 깨닫게 된다.

"우리의 씨름은 혈과 육을 상대하는 것이 아니요 통치자들과 권세들과 이 어둠의 세상 주관자들과 하늘에 있는 악의 영들을 상대함이라"(엡 6:12)

우리는 영적 전쟁을 통해 우리 관계를 허물어뜨리는 악한 세력들을 예수님의 이름으로 묶을 수 있다. 리모콘으로 TV 채널을 바꾸듯, 우리 생각을 다른 사람들을 정죄하는 부정적인 생각에서 빌립보서 4장에 기록된 대로 수시로 바꿔야 한다.

"무엇에든지 경건하며 무엇에든지 옳으며 무엇에든지 정결하며 무엇에든지 사랑 받을 만하며 무엇에든지 칭찬 받을 만하며 무슨 덕이 있든지 무슨 기림이 있

채널 바꾸기

1980년 쯤 내가 젊은 목사였을 때, 결혼 상담을 위해 어떤 부부가 내 사무실을 방문했다. 당시 나는 결혼한 지 3년밖에 지나지 않았을 때라 그들 부부가 소리를 지르며 서로를 비방하기 시작하자 당황했다. 나는 재빨리 지혜의 말을 달라고 '화살기도'를 드렸다. 주님이 주신 지혜의 말은 "조용히 하세요!"였다. 놀랍게도 그들은 내 말을 듣자 입을 다물었다. 나는 그들에게 펜과 종이를 주고 처음 상대방과 결혼을 결심하게 됐던 5가지 이유를 쓰라고 했다. 그들은 서로 배우자의 좋은 점을 한 가지라도 생각하기 위해 얼굴을 찡그리고 팔짱을 낀 채 매우 방어적인 자세로 앉아 있었다. 그러나 그들은 지금까지의 부정적인 사고로부터 '채널을 바꾸자' 상대방의 좋은 면 5가지를 재빨리 생각해 낼 수 있었다.

나는 또 그들에게 서로에게 상처를 준 말이나 행동 5가지를 쓰라고 주문했다. 그들은 다시 찡그린 얼굴로 팔짱을 끼고 방어적인 자세를 취한 채, 잘못한 점을 하나라도 생각하려고 노력했다. 그러다 자신만이 정당하다고 생각했던 채널에서 상대방 입장의 채널로 바꾸자 서로에게 가했던 아픈 말이나 행동을 빠르게 써 내려갔다.

다음으로 나는 그들이 쓴 것들을 서로에게 읽어주라고 했다. 그들은 흐느끼며 서로에게 용서를 구했고, 주님의 은혜로 화해했다.

결혼 상담 중에 이 같은 놀라운 일이 항상 일어난다고 말할 수 있다면 좋겠다. 그러나 불행히도 어떤 사람들은 한사코 '채널 바꾸기'를 주저하며 상대방에게 좋은 면이 있고, 자신에게 관계를 상하게 만든 나쁜 면이 있다는 사실을 인정하지 않으려 한다.

나는 위의 모든 것을 한 이후에만 관계가 어긋난 상대방에게 직접 말하기를 권한다. 먼저 주님께서 우리의 마음을 바꾸시고 치료하실 수 있게 한 후, 그리고 사탄의 공격과 관계에 관한 거짓 생각들을 갖게 한 대적의 요새들을 파괴한 이후에야 비로소 상대방에게 직접 다가갈 수 있게 된다.

사랑의 다리 짓기

"오직 사랑 안에서 참된 것을 하여 범사에 그에게까지 자랄지라 그는 머리니 곧 그리스도라"(엡 4:15)

에베소서의 이 말씀은 진실의 무게를 감당할 수 있을 만큼 강한 사랑의 다리를 짓는 것을 의미한다. 만일 무거운 진실이 가득 실린 큰 트럭이 아주 연약한 다리 위를 지나간다면 다리가 무너져 진실이 전달되지 않는다.

1980년대, 젊은 목사였던 나에게 이 말씀은 실제적으로 다가왔다. 나는 전임 목회자가 임명한 한 장로를 '상속'받았다. 그 장로는 교회가 나아가는 방향에 불만이 있었다. 그가 교회 사람들에게 가끔

씩 나에 대한 비판의 말을 한다는 이야기를 듣게 됐다. 이 시기에 나는 앞서 공유한 단계들을 막 이해하기 시작했었다. 그래서 내가 이 문제를 두고 주님께 여쭤봤을 때에 주님은 그 장로의 이야기에도 어느 정도 진실이 있다는 사실을 보여주셨다. 나는 주님이 보여주신 점들을 회개했고, 그를 용서했으며, 마음을 치유 받은 후에는 그를 위해 매일 기도하기 시작했다. 그리고 그 장로 안에서 역사하는 분노의 영을 느끼고는 그것을 묶는 기도를 집중적으로 드렸다.

그 장로에게 정면으로 나아가려 기도할 때, 주님은 내게 '사랑의 다리 짓기'가 먼저 필요하다고 말씀하셨다. 이미 내 마음이 더 편해졌기에 주님의 말씀을 지키기는 그리 어렵지 않았다. 나는 패트리샤에게 그를 위한 특별한 요리를 준비해달라고 부탁했다. 나와 장로는 난로 앞에 앉아 커피를 마시고 디저트를 먹었다. 그는 마치 내가 자신에게 정면 대치할 것을 기다리고 있는 듯 얼굴에 긴장감이 역력했다. 나는 대립 대신 그와 그의 부인을 진심으로 축복하는 기도를 드렸다. 다음에 기회를 봐서 정식으로 항의해야겠다고 생각했다. 그런데 다음 날, 그가 전화를 걸어와 그동안 다른 사람들에게 나를 험담했다면서 용서를 구했다. 나는 그 사실을 알고 있었고 이미 그를 용서했다고 말했다. 그는 나에게 분노의 영이 자신의 삶을 뒤덮고 있었다는 사실을 깨달았다며 그 영으로부터 해방되기를 위해 기도해 달라고 부탁했다. 우리의 관계는 회복되었다! 주님이 이뤄주신 관계의 회복이 놀라울 따름이었다. 그 장로는 이후 나의 친구가 되었다.

물론 모든 상황들이 이렇게 훌륭히 마무리 지어질 수 있다면 좋겠지만 그러지 않은 경우도 있다. 그러나 진심으로 앞에 제시된 단계들에 따라 행동한다면 대부분의 상한 관계는 회복될 것이라 믿는다.

그러나 이런 단계를 따른다 하더라도 관계 회복의 돌파가 없다면 어떻게 해야 할까? 그럴 때는 상대방을 주님께 맡겨야 한다. 그리고 우리의 마음이 평정심을 유지하도록 노력하며 상대방을 축복하며 위해서 기도해야 한다. "할 수 있거든 너희로서는 모든 사람과 더불어 화목하라"고 권면한 로마서 12장 18절 말씀을 늘 기억해야 한다.

간증 하나를 더 나누고 싶다. 내가 미국에서 목사로 섬길 때, 한 형제가 나에 대해 아주 부정적으로 이야기하며 교회를 떠났다. 나는 앞서 말한 화해의 단계를 따르려 노력했지만, 그 형제는 우리 관계의 회복에 대한 마음이 전혀 없었다. 나는 마음으로 그를 용서하고, 주님의 손에 맡겼다. 거의 10년 후, 우리가 유럽에 살 때에 나는 이 형제로부터 용서를 구하는 편지를 받았다. 그는 자신이 당시 우리 교회를 떠난 이유는 내게 잘못이 있어서가 아니라 자신의 은밀한 죄를 드러내고 싶지 않았기 때문이었다고 고백했다. 그 죄 때문에 교회 내에서 불편했다고 토로했다. 그는 10년이란 시간이 지나 자신의 죄를 회개하고 주님을 전심으로 따르기로 작정했다고 말했다. 그때 주님이 가장 먼저 그에게 주신 말씀 가운데 하나가 그동안 죄를 가리기 위해 나를 험담했던 것에 대해 용서를 구하는 편지를 쓰라는 것이었다. 이후 내가 그 형제가 살고 있는 도시에서 집회를 인도했을 때, 그는 제일 먼저 달려와 나를 안아주었다. 그는 흐느끼면서 얼마나 나를 고맙게 생각하는지를 말했다. 이처럼 너무나 어려운 상황에 처할지라도 우리 마음을 온전하게 하고 상대방을 주님 손에 맡길 때 반드시 치유가 이뤄진다는 사실을 믿기 바란다.

다문화 역학 관계에 대응하기

어떤 관계의 어려움은 죄나 영적 전쟁으로 인함이 아니라 문화나 언어 차이에서 오는 오해로 발생한다. 예루살렘은 '만민의 문'(겔 26:2)이란 뜻에 걸맞은 도시로 우리 수캇 할렐에도 아주 다양한 민족의 사람들과 문화가 공존한다. 그리고 요즘처럼 해외여행이 보편화 된 때에 대부분의 기도의 집들은 다문화 환경으로부터 오는 다양한 관계를 어느 정도 경험하고 있다. 그러므로 어떤 관계의 어려움은 이와 같은 문화적 배경을 이해해야 해결될 수 있다는 사실을 인지해야 한다. 특히 기도의 집의 리더들은 다문화와 관련된 다양한 서적들을 읽는 것이 필요하다.

예를 들면, 어떤 문화권에서는 체면을 아주 중시해 다른 사람을 직면하는 것을 매우 꺼리는데, 특히 다른 사람 앞에서는 절대 그렇게 하지 않는다. 아주 직선적이며 체면보다 정직을 중시하는 문화권에서 온 사람이 체면 문화에 익숙한 사람을 다른 사람들 앞에서 훈계한다면 큰 상처를 줄 수 있다. 어떤 문화권에서는 실패하지 않는 것을 중시하기에 위험을 감수하는 것을 두려워한다. 진취적이며 위험 부담을 기꺼이 감수하는 반대의 문화권 사람들도 있다. 장기적인 계획과 준비를 중시하는 문화가 있는 반면에 즉흥적이고 임시변통으로 일 처리를 신속히 하는 반대의 문화도 있다. 권위나 단체의 선을 위해 순종하는 것을 강조하는 문화가 있고, 독립적인 사고와 판단을 중시하는 문화도 있다. 먼저 관계를 형성하고 난 후에야 공동의 사역을 논의하는 문화가 있고, 비전과 목표에 동의한 후에만 관계를 형성하는 문화도 있다.

문화적 차이점으로 서로를 판단하지 말고 열린 마음으로 상대방을 품어야 한다. 각자의 문화로부터 파생되는 가치와 삶의 방식이 다르다는 사실을 인정하며 적절하게 대화해야 한다. 대조적인 문화권에서 온 사람들의 커뮤니케이션과 행동을 판단하고 평가하기 전에, 우리는 그들에게 많은 은혜를 베풀어야 한다. 2장의 사도적, 예언적인 권면을 설명한 절에서 예를 하나 들었다. 서로 대조적인 문화권에서 온 부부 사이의 관계적인 문제가 사랑과 신뢰의 분위기 속에서 자신들의 언어적·문화적 오해에 대해 같이 이야기하면서 해결될 수 있었다.

> 대조적인 문화권에서 온 사람들의 커뮤니케이션과 행동을 판단하고 평가하기 전에, 우리는 그들에게 많은 은혜를 베풀어야 한다.

하나님 사랑을 우선시하기

궁극적으로 사랑 없이는 이 책에서 설명한 어떤 것도 실행될 수 없다. 기도의 집의 우선순위는 다음 구절 그대로다.

"네 마음을 다하며 목숨을 다하며 힘을 다하며 뜻을 다하여 주 너의 하나님을 사랑하고 또한 네 이웃을 네 자신 같이 **사랑하라**"(눅 10:27)

어린 시절, 나의 한 멘토는 서로 사랑을 구축하는 것에 관한 귀한 가르침을 주었다. 그는 고린도전서 13장 4~6절 내용 가운데 '사랑'이란 단어를 '나는'이란 단어로 전환시킨 후, 모든 구절을 종이에 써서 냉장고 같이 잘 보이는 곳에 붙여 놓으라고 권했다. 그리고 시간이 날 때마다 자주 큰 소리로 그 구절을 선포하라고 했다.

"주님의 은혜로, 나는 오래 참는다. 나는 온유하다. 나는 시기하지 않는다. 나는 자랑하지 않는다. 나는 교만하지 않는다. 나는 무례히 행치 아니한다. 나는 나의 유익을 구하지 않는다. 나는 성내지 않는다. 나는 악한 것을 생각하지 않는다. 나는 불의를 기뻐하지 않는다. 나는 진리와 함께 기뻐한다."

인생을 돌아보니 이 작은 충고가 내 인생에 큰 영향을 끼쳤다. 내가 사랑이 없는 방식으로 반응하려는 유혹이 들 때마다 종이에 쓰고 자주 소리 내어 선포했던 그 구절들이 마음 깊은 곳으로부터 솟구쳐

오르며 이렇게 말하곤 했다.

"나는 악한 것을 생각하지 않는다. 나는 잘못을 기억하지 않는다."

주님께서 우리에게 은혜를 베푸셔서 우리 안에 있는 모든 것들이 주님을 진심으로 사랑할 수 있기 바란다. 또한 기도의 집에 거하는 모든 이들, 방문하는 모든 이들을 주님의 사랑으로 사랑하기를 바란다.

10장

감사의 힘

"여호와께 감사하라 그는 선하시며 그의 인자하심이 영원함이로다"(시 118:1)

감사는 우리를 영광의 영역으로 이끈다

솔로몬의 성전 봉헌식에서 연주자들과 예배자들은 하나가 되어 여호와의 선하심과 인자하심을 아름다운 노래로 찬양하며 감사드렸다. 솔로몬은 이때 하나님의 영광이 그 자리에 임하는 것을 보는 축복을 받았다. 감사를 드리기 위해서는 겸손과 은혜가 필요하다. 형제자매들과 한마음이 되어

형제자매들과 한마음이 되어 감사를 드릴 때, 주님의 은혜와 영광이 우리에게 임한다.

감사를 드릴 때, 주님의 은혜와 영광이 우리에게 임한다.

"나팔 부는 자와 노래하는 자들이 일제히 소리를 내어 여호와를 찬송하며 **감사하는데** 나팔 불고 제금 치고 모든 악기를 울리며 소리를 높여 여호와를 찬송하여 이르되 선하시도다 그의 자비하심이 영원히 있도다 하매 그 때에 여호와의 전에 구름이 가득한지라. 제사장들이 그 구름으로 말미암아 능히 서서 섬기지 못하였으니 이는 여호와의 영광이 하나님의 전에 가득함이었더라."(대하 5:13~14)

전 세계에 있는 기도의 집에 주님의 영광이 가득 임하기를 바란다. 형제자매가 하나로 연합하여 주님께 감사하고 찬양하며 주님의 선하심을 선포할 때 주님의 영광이 임한다. 그러나 주님께 감사하며 경배드리는 것이 언제나 쉬운 것은 아니다.

2016년 1월, 당시 26세였던 막내 딸 에스더가 전화로 끔찍한 소식을 우리에게 알렸다. 당시 에스더는 남편과 어린 아들과 함께 영국에 살고 있었다. 그녀는 지금 막 의사들로부터 말기 유방암 진단을 받았다고 전화를 했다. 의사는 생존할 가망성이 희박하다고 했다. 이런 악성 유방암은 젊은 여자들에게 특히 치명적이어서 6개월 정도의 시한만 남은 것으로 예상됐다고 전했다. 우리 부부의 가슴은 무너졌다. 다음날 기도하며 주님께 에스더에 관해 여쭤보았다. 주님은 많은 말을 하셨지만, 내(패트리샤)가 기억하는 것은 간단한 4개의 구절이었다.

"나는 에스더를 사랑한다."

"나는 에스더를 회복시키고 싶구나."

"그녀를 치유시키고 싶다."

"이런 상황 속에서도 나를 찬양할 수 있겠니?"

주님은 내 앞에 어려운 시험을 두셨다. 이런 끔찍한 뉴스를 접한 후에도, 의사들로부터 미래에 대한 어떠한 희망의 메시지도 받지 못했음에도 불구하고 주님은 내가 주님이 에스더를 치유하시고 회복시키실 것을 믿고 찬양하기를 원하셨다. 그런데 부모로서 어떻게 시한부 선고를 받은 딸이 회복되고 치유된 것을 보기 전에 주님을 찬양할 수 있겠는가? 이 뉴스를 접하기 불과 18개월 전, 나는 에스더의 첫아들 갈렙이 다운증후군 진단을 받았다는 너무나 힘든 소식을 접해야 했다. 도대체 얼마나 더한 고통을 이 젊은 여인과 그녀의 남편, 또 우리 모든 가족이 받으며 견뎌야만 하는가?

그럼에도 주님의 말씀에 순종했다. 그 시간 이후, 우리는 매일 감사의 제사를 드렸고 놀라운 감사의 힘을 경험했다. 나는 지난 4년 동안 우리의 특별한 손자 갈렙을 돌보며 많은 시간을 보냈다. 갈렙의 특별한 점 중 하나는 그가 노래하는 것을 너무나 좋아하는 사실이다. 에스더가 암 진단을 받기 전, 나는 갈렙에게 많은 어린이 찬양과 율동을 가르쳐 주었다. '넘치네'란 노래도 그 중 하나다.

넘치네, 넘치네.

내 잔이 가득 차고 넘치네.

주님께서 나를 구원하셨음에

많은 사람들이 갈렙에게 여러 다른 노래들을 가르쳐 주었지만 이 '넘치네'는 갈렙이 가장 좋아하는 'Savta'(히브리어로 할머니)노래가 되었다. 나는 갈렙을 돌볼 때마다, 내 손을 잡고 이 노래의 율동을 하게 했다. 갈렙의 율동은 에스더의 고통스런 암 투병을 지켜보며 울부짖고 싶은 나를 억지로 찬양하게 만들었다.

처음에는 의무감으로 노래하기 시작했다. 그러나 점점 가사가 나를 위로하기 시작했다. 이후 나는 갈렙과 함께 신령과 진정으로 노래하기 시작했다. 나는 이 땅에서 마주한 상황과 무관하게 "주님께서 나를 구원하셨음에 나는 더이상 행복할 수 없네!"라는 가사의 의미를 천천히 깨닫게 되었다.

천국에는 암이 없다! 나는 영원한 삶과 짧은 이 땅에서의 삶에 관해 생각하게 되었다. 세상에서 잘되고 행복한 삶을 산다고 해서 인생의 참 기쁨을 누린다고 할 수 없다. 오직 주님을 앎으로써만 참 기쁨을 누릴 수 있다.

어느 날, 아주 힘든 시기를 보낸 내 친구가 이런 메시지를 보냈다. "하나님을 아는 것이 '왜'에 대한 이유를 아는 것보다 낫다." 예배야말로 길고 힘겨운 날들을 견디게 하는 힘이었고 그 경험은 우리 가족을 주님과 더욱 가까워지게 했

> 진정한 기쁨은 세상에서 일이 잘 된다고 오는 것이 아니라 오직 주님을 앎으로써 온다.

다. 우리가 주님을 예배할 때, 더 높은 곳의 기쁨과 평안, 즉 세상이 줄 수도 없고 빼앗아 갈 수도 없는 평화의 세계로 들어가게 된다.

암 진단을 받은 지 2년 8개월 후, 우리 딸 에스더는 주님의 집으로 돌아갔다. 그리고 나는 그때는 물론 지금도 진실로 "네 주님, 당신은 좋으시고 언제나 좋으십니다"라고 고백할 수 있다. 내 생각으로는 무슨 일이 일어나고 있는 것인지 이해되지 않을 때에도, 내 영이 벌떡 일어나 "하나님, 당신은 좋으십니다"라고 외친다. 우리가 병상에 둘러서서 에스더의 임종을 지켜볼 때, 그녀는 "호두 엘 아도나이 키 토브"(Hodu l'Adonai ki tov)라는 마지막 말을 남겼다. "여호와께 감사하라 그는 선하시며"(시 106:1)라는 히브리어 성경 말씀이었다. 에스더는 확신에 가득 찬 눈으로 나와 릭, 그녀의 남편과 의사를 쳐다보며 이 말씀을 여러 번 되풀이했다. 극심한 고통 속에서도 에스더가 주님의 선하심을 감사하고, 우리에게도 그 감사를 전해 주게 인도하신 좋으신 하나님을 찬양한다.

아무리 눈앞에 보이는 시험이 어려울지라도, 우리는 언제나 자신에게 "여호와께 감사하라. 그는 선하시며 그의 인자는 영원할지라"라고 말할 수 있다. 모든 것은 주님이 통제하고 계시며 그분은 언제나 선하시기에 이 말씀은 언제나 진실이다. 에스더가 주님께 돌아가기 전, 이 말씀이 그녀에게 살아 역사했다. 동일하게 이 말씀이 우리 안에서도 매일 살아 운행하기를 기도한다.

가끔 우리는 주님께 감사하는 것을 잊어버린다. 그럼에도 다시금 감사하는 것은 감사를 통해 쓴뿌리와 불만을 사라지게 하며 사탄의 모든 거짓말을 이겨내고 새날을 맞을 힘을 찾을 수 있기 때문이다. 감사는 우리의 관점을 긍정적으로 변화시키고 마음을 부드럽게 한다. 또한 사랑과 기쁨, 평화로 우리를 채운다. 우리의 시선을 천국으로 향하게 한다.

다윗의 장막에서, 레위 지파는 매일 아침저녁으로 주님께 감사로 찬양드리도록 특별히 지정되었다.(대상 23:30 참조) 더 나아가 그중 특별히 사람들을 감사로 인도하도록 지정된 사역자가 있었다.

"또 아삽의 증손 삽디의 손자 미가의 아들 맛다냐이니 그는 기도할 때에 감사하는 말씀을 인도하는 자가 되었고"(느 11:17)

맛다냐의 직업은 사람들을 기도와 감사의 말씀으로 인도하는 것이었다. 4세대가 지나 맛다냐의 후손 야하시엘은 선조의 길을 따랐다. 그도 맛다냐처럼 감사의 힘을 이해했다. 그래서 그는 여호사밧 왕에게 예배자를 세워 이스라엘을 보호하고 적을 무찌를 수 있는 강력한 감사의 노래를 인도하게 하도록 영감을 주었다.

감사와 찬양은 적을 무너뜨린다

역대하는 아름다운 감사의 이야기로 가득 차 있다. 여호사밧 왕은 많은 적들을 상대해야 했을 때, 온 유다 백성들에게 주님의 도우심을 구하게 했다. 그는 "우리가 대적할 능력이 없고 어떻게 할 줄도 알지 못하옵고 오직 주만 바라보나이다"(대하 20:12)라고 기도했다. 여호와의 영이 회중 가운데에서 레위 사람 야하시엘에게 임했다. 그는 맛다냐의 후손으로 감사기도 인도 책임자였다. 야하시엘은 왕이 군사적 위기를 현명히 대처하도록 다음과 같이 예언적 전략을 전달했다.

"여호와의 영이 회중 가운데에서 레위 사람 야하시엘에게 임하셨으니 그는 아삽 자손 맛다냐의 현손이요 여이엘의 증손이요 브나야의 손자요 스가랴의 아들이더라 야하시엘이 이르되 온 유다와 예루살렘 주민과 여호사밧 왕이여 들을지어다 여호와께서 이같이 너희에게 말씀하시기를 너희는 이 큰 무리로 말미암아 두려워하거나 놀라지 말라 이 전쟁은 너희에게 속한 것이 아니요 하나님께 속한 것이니라 내일 너희는 그들에게로 내려가라 그들이 시스 고개로 올라올 때에 너희가 골짜기 어귀 여루엘 들 앞에서 그들을 만나려니와 이 전쟁에는 너희가 싸울 것이 없나니 대열을 이루고 서서 너희와 함께 한 여호와가 구원하는 것을 보라…

이에 백성들이 아침에 일찍이 일어나서 드고아 들로 나가니라 나갈 때에 여호사밧이 서서 이르되 유다와 예루살렘 주민들아 내 말을 들을 지어다 너희는 너희 하나님 여호와를 신뢰하라 그리하면 견고히 서리라 그의 선지자들을 신뢰하라 그리하면 형통하리라 하고 백성과 더불어 의논하고 노래하는 자들을 택하여 거룩한 예복을 입히고 군대 앞에서 행진하며 여호와를 찬송하여 이르기를 **여호와께 감사하세 그의 인자하심이 영원하도다** 하게 하였더니 그 노래와 찬송이 시작될 때에 여호와께서 복병을 두어 유다를 치러 온 암몬 자손과 모압과 세일 산 주민들을 치게 하시므로 그들이 패하였으니 곧 암몬과 모압 자손이 일어나 세일 산 주민들을 쳐서 진멸하고 세일 주민들을 멸한 후에는 그들이 서로 쳐 죽였더라 유다 사람이 들 망대에 이르러 그 무리를 본즉 땅에 엎드러진 시체들뿐이요 한 사람도 피한 자가 없는지라 여호사밧과 그의 백성이 가서 적군의 물건을 탈취할 새 본즉 그 가운데에 재물과 의복과 보물이 많이 있으므로 각기 탈취하는데 그 물건이 너무 많아 능히 가져갈 수 없을 만큼 많으므로 사흘 동안에 거두어들이고 넷째 날에 무리가 브라가 골짜기에 모여서 거기서 여호와를 송축한지라… 유다와 예루살렘 모든 사람이 다시 여호사밧을 선두로 하여 즐겁게 예루살렘으로 돌아왔으니 이는 여호와께서 그들이 그 적군을 이김으로써 즐거워하게 하셨음이라 그들이 비파와 수금과 나팔을 합주하고 예루살렘에 이르러 여호와의 전에 나아가니라 이방 모든 나라가 여호와께서 이스라엘의 적군을 치셨다 함을 듣고 하나님을 두려워하므로 여호사밧의 나라가 태평하였으니 이는 그의 하나님이 사방에서 그들에게 평강을 주셨음이더라"(대하 20:14~30)

감사는 주님을 높인다

"감사로 제사를 드리는 자가 나를 영화롭게 하나니 그의 행위를 옳게 하는 자에게 내가 하나님의 구원을 보이리라"(시 50:23)

감사로 제사를 드리기 위해서는 희생이 필요하다. 여호사밧 왕의 때에 예배자가 되는 것은 결코 쉽지 않았을 것이다! 죽일 듯 달려오는 적군 앞에 서서 감사의 찬양을 부르는 것은 전혀 이성적으로 보이지 않는다. 물론 적들에게 무섭게 보일 리 만무하다. 그러나 감사는 우리의 영혼의 적이 상상도 못할 정도로 그들에게 치명적인 것이다.

감사는 우리의 영혼의 적이 상상도 못할 정도로 그들에게 치명적인 것이다.

감사 앞에서는 사탄의 어떤 전략도 성공될 수 없다. 자기연민, 쓴뿌리, 의심과 불신 모두 감사의 마음 앞에서는 도망가야만 한다. 인생길 살다보면 우리 모두 어려운 일들을 겪게 되고, 마음이 무너질 때가 있다. 그럼에도 우리는 주님을 찬양하도록 지음 받았다. 그래서 우리가 매일 예배 파수의 시간을 갖고 기꺼이 감사를 위한 희생을 할 때, 사탄이 침투할 어떠한 공간도 허락하지 않게 된다.

내가 가장 좋아하는 성경 구절 중 하나는 '감사의 시'라고 할 수 있는 시편 100편이다.

"온 땅이여 여호와께 즐거운 찬송을 부를지어다

기쁨으로 여호와를 섬기며 노래하면서 그의 앞에 나아갈지어다

여호와가 우리 하나님이신 줄 너희는 알지어다

그는 우리를 지으신 이요 우리는 그의 것이니

그의 백성이요 그의 기르시는 양이로다

감사함으로 그의 문에 들어가며

찬송함으로 그의 궁정에 들어가서

그에게 감사하며 그의 이름을 송축할지어다

여호와는 선하시며 그의 인자하심이 영원하고

그의 성실하심이 대대에 이르리로다"

초등학교 2학년 때 담임선생님께서 이 시편을 외우게 하셨다. 그 때문인지 그 선생님에 대해 너무나 좋은 기억을 갖고 있다. 어릴 때 외운 것은 어른이 되어 외운 것보다 훨씬 뇌리에 잘 남는다. 나는 반 전체 학생들에게 이 시편을 암송하도록 하신 선생님께 평생 감사한다. 이 경험으로 인해 나는 어린이들이 성경을 암송하도록 하는 것을 더욱 갈망하게 됐다. 55년이 지난 지금도 나는 이 시편 100편이 내 삶 속에서 이뤄지도록 노력하고 있다. 또한 다른 이들의 삶에서도 역시 이 시편의 말씀이 이뤄지도록 돕는 것을 내 소명으로 삼고 있다. 히브리어로 '찬양의 장막'인 수캇 할렐은 24/7 기도의 집의 이름으로 아주 적합하다. 나는 주님을 찬양하기 위해 지음 받았다. 주님께서 매주 7일, 하루 24시간 내내 예배와 찬양을 받으실 곳, 곧 그분이 거하실 처소를 짓도록 우리에게 허락하심을 진심으로 감사드린다.

시편 100편 4절은 "감사함으로 그의 문에 들어가며 찬송함으로 그의 궁정에 들어가서 그에게 감사하며 그의 이름을 송축할지어다"라고 기록되어 있다. '주님의 문에 들어가는 것'은 무엇을 뜻할까? 주님의 문은 주님의 임재로 가는 정문이다. 그렇다면 어떻게 주님의 임재를 느낄 수 있을까? 답은 '주님께 감사함으로써'다.

감사의 마음으로 예배 파수를 시작하며 감사와 찬양의 노래를 부르기 시작할 때, 나는 주님의 호의를 느끼며 주님의 임재 가운데 움직인다. 그때, 주님의 성령의 바람이 시간이 존재하지 않는(영원한 천국의 기쁨만 존재하는) 영원의 차원으로 나를 옮겨주시기에 시간이 날아가듯 지나간다. 이런 예배를 인도한 후엔 전혀 피곤하지 않고 기쁨으로 가득 찬다. '감사'야말로 15년 넘게 수캇 할렐 공동체가 한 번의 탈진도 없이 매일 24시간씩, 쉬지 않고 예배와 기도를 드릴 수 있었던 비밀 병기였다.

감사는 왕을 존귀하게 올려드리며 무엇보다 그분을 먼저 위하는 행위다. 에스더는 여러 번 "어떻게 하면 왕을 기쁘게 하실 수 있습니까?"라는 질문을 했다. 그녀는 왕에게 끌렸고, 그녀의 겸손함과 왕을 기쁘게 하기 원하는 마음 덕분에 왕비로 택함을 받았다. 그녀는 매사에 자기중심이 아니라 왕 중심이었다. 이 자세가 왕의 눈에 아름답게 보였다. 이와 같이 우리가 왕을 기쁘게 하기 원한다면, "의인들아, 야훼께 감사하며 기뻐 뛰어라. 옳은 사람의 찬양이라야 기뻐 받으신다"라는 시편 33편 1절 말씀을 기억해야 한다.

우리를 변화시키는 감사

주님의 뜰은 찬양으로 가득하기에 의심, 불신과 용서하지 못하는 마음은 문 밖에 버려진다. 부정적인 생각과 감정을 가지고는 진실로 감사할 수 없기 때문이다. 감사함은 우리를 다른 차원, 즉 성령의 차원으로 들어 올린다. 감사를 드릴 때, 우리 인생에 사랑, 희락, 화평, 오래 참음, 자비, 양선, 충성, 온유, 절제(갈 5:22)가 가득 차게 된다. 이 아름다운 성령의 열매들은 간단히 "감사해요"라고 말함으로써 영이 새롭게 될 때 우리에게로 밀려들어온다, 우리의 영이 고양되며 우리의 몸이 치료된다. 그러므로 찬양은 우리에게 너무나 유익하다. 이 말씀을 기억하라.

"주의 이름을 찬양하고 아침마다 주의 인자하심을 알리며"(시 92:1)

나는 거의 매일 "그에게 감사하며 그의 이름을 송축할지어다"라는 시편 100편 4절 말씀이 이스라엘에서 성취되는 것을 본다. 히브리어로 "바룩 하솀"은 "그의 이름을 송축할지어다"란 뜻이다. 이스라엘인들은 "오늘 어때요?"라는 인사에 "바룩 하솀"이라고 답한다. 이것은 나에게도 좋은 적용이 되었다. 나는 어떤 힘든 일을 겪을 때에라도 그의 이름을 송축하려 한다. "오늘 어때요?"라는 인사에 "바룩 하솀"이라고 답하는 것이 문화가 된 땅에 사는 것이 얼마나 기쁜지 모른다.

감사는 사랑을 낳고

우리는 다른 이들이나 그들의 행동이 우리에게 끼치는 영향을 충분히 이해하지 못할 때가 있지만, 주님은 우리가 주님이 하시는 일을 감사하며 상대방에 관한 태도를 바르게 정렬하기를 원하신다. 우리가 주님께 상대방으로 인해 감사하고 주님이 모든 일과 모든 사람들을 그의 주권 안에 두신다는 사실을 신뢰할 때, 사랑으로 기도할 수 있게 되며 상대방의 장점을 발견하게 된다.

감사는 축복을 낳고

감사는 우리 안에서 폭발하는 폭탄과 같다. 그것은 적들의 거짓을 날려버리고 저주를 끊어버린다. 저주를 받아 어두움과 무거움 속에 있는 것들이 감사함으로 저주가 풀어져 모든 것이 밝아지며 새로 살아나는 모습은 꼭 영화 속 한 장면과 같다.

나는 우리 안에 어두움으로 가려진 세상이 있음을 본다. 감사는 이 어두운 마음 속 세상에 불을 밝힌다. 그럼으로써 어두움에서 빛으로, 슬픔에서 기쁨으로, 절망에서 희망으로, 고난에서 평화로, 묶임에서 자유로, 지겨움에서 즐거움으로, 죽음에서 생명으로 우리를 옮겨낸다. 감사를 통해 우리의 세상이 다시 살아난다. 계시를 받게 되고 기도가 응답된다.

우리의 파수 중보기도 사역자인 스티븐슨 심플리스는 일전에 감사에 관한 계시를 받았다. 그는 많은 성도들의 기도가 하늘 위에서 구름과 같이 모아지는 것을 보았다. 그러나 감사를 드리지 않는 사람들에게 축복의 비는 내리지 않았다. 감사를 드리는 사람들에게는 축복과 기도 응답의 비가 내렸다. 주님께 감사를 드리는 사람들은 감사가 없어 기도 응답을 받지 못하는 사람들의 중보의 축복까지도 받게 된다. 그래서 나는 주님께 이렇게 기도를 드린다.

　　"오 주님, 저희가 주님께 감사하는 것을 잊어버릴 때, 부디 용서해주세요. 저희가 다른 이들이 감사할 수 있도록 그들을 격려하게 도와주십시오, 우리가 한 마음과 한 목소리로 주님께 감사할 때, 당신의 영광으로 우리를 휘감아주세요."

11장

찬양, 예배, 기도의 예언적 흐름

"각각 거문고와 향이 가득한 금 대접을 가졌으니 이 향은 성도의 기도들이라 그들이 새 노래를 불러 이르되"(계 5:8-9)

이 땅에서의 '첫 번째 기도의 집'(다윗의 장막과 성전 예배)에서 다윗과 음악가들은 예언적인 부분에 우선순위를 두었고, 파수를 할 때 예언적인 영적 공간을 준비했다. 다윗은 계획되지 않은 것들을 위한 공간을 만들며 준비했다. 그는 즉흥적인 예언이 흘러나올 수 있도록 음악가들을 훈련하고 감독하였다.

"다윗이 군대 지휘관들과 더불어 아삽과 헤만과 여두둔의 자손 중에서 구별하여 섬기게 하되 수금과 비파와 제금을 잡아 신령한 노래를 하게 하였으니 그 직무대로 일하는 자의 수효는 이러하니라 아삽의 아들들은 삭굴과 요셉과 느다냐와 아사렐라니

이 아삽의 아들들이 아삽의 지휘 아래 왕의 명령을 따라 신령한 노래를 하며 여두둔에게 이르러서는 그의 아들들 그달리야와 스리와 여사야와 시므이와 사하뱌와 맛디디야 여섯 사람이니 그의 아버지 여두둔의 지휘 아래 수금을 잡아 신령한 노래를 하며 여호와께 감사하며 찬양하며"(대상 25:1~3)

시편에는 거의 대부분 다윗의 장막에서 일어난 일들이 기록되어 있다. 다윗 왕은 특정한 레위 사람들을 임명해 그곳에서 일어난 일들을 기록하게 했다. 어떤 시편 구절을 이해하기 위해서는 그것들이 찬양, 예배, 중보의 파수 시간에 일어난 일들이 기록되었다는 사실을 인식해야 한다. 예를 들어 시편 95편을 보면 1~5절은 기쁨의 찬양시간이, 6~7절은 주님께 엎드려 무릎 꿇는 경배의 시간이, 8~11절은 주님께서 그의 백성들에게 예언을 통해 말씀하시는 시간이 기록되어 있다는 것을 알 수 있다.

1 오라 우리가 여호와께 노래하며 우리 구원의 반석을 향하여 즐거이 부르자

2 우리가 감사함으로 그 앞에 나아가며 시로 그를 향하여 즐거이 부르자

3 대저 여호와는 크신 하나님이시요 모든 신 위에 크신 왕이시로다

4 땅의 깊은 곳이 그 위에 있으며 산들의 높은 것도 그의 것이로다

5 바다가 그의 것이라 그가 만드셨고 육지도 그의 손이 지으셨도다

6 오라 우리가 굽혀 경배하며 우리를 지으신 여호와 앞에 무릎을 꿇자

7 대저 저는 우리 하나님이시요 우리는 그의 기르시는 백성이며 그 손

의 양이라 너희가 오늘날 그 음성 듣기를 원하노라

8 이르시기를 너희는 므리바에서와 같이 또 광야 맛사의 날과 같이 너희 마음을 강퍅하게 말찌어다

9 그 때에 너희 열조가 나를 시험하며 나를 탐지하고 나의 행사를 보았도다

10 내가 사십년을 그 세대로 인하여 근심하여 이르기를 저희는 마음이 미혹된 백성이라 내 도를 알지 못한다 하였도다

11 그러므로 내가 노하여 맹세하기를 저희는 내 안식에 들어오지 못하리라 하였도다

예언적인 것들을 위한 공간 준비하기

우리는 파수를 할 때 예언적인 흐름을 위한 공간을 만드는 것이 중요하다고 생각한다. 그것은 주님께서 그 시간에 말씀하시는 것을 듣고 그것을 기반으로 기도하고 선포하게 한다.

하나님의 보좌 앞에서 시작

우리는 파수를 할 때에 우리의 기도 제목과 목적을 갖고 나가는 것이 아니라 먼저 모든 것이 주님의 보좌에서 시작되어야 한다는 사실을 기억해야 한다.

세상에서도 왕에게 접근하기 위해서는 왕의 앞으로 나아가는 데 정해진 규칙을 지켜야 한다. 만왕의 왕이신 주님께서도 우리가 자신에게 나아가기 위해 따라야 하는 규칙을 정해 두셨다. 그것은 시편 100편 4절에 나온 그대로다.

파수기도를 할 때에 우리의 기도 제목과 목적을 갖고 나가는 것이 아니라 먼저 모든 것이 주님의 보좌에서 시작되어야 한다는 사실을 기억해야 한다.

"감사함으로 그의 문에 들어가며 찬송함으로 그의 궁정에 들어가서 그에게 감사하며 그의 이름을 송축할지어다"

위에 언급된 시편 95편에서도 기도와 예배의 시간이 감사와 찬양으로 시작된다는 사실이 기록되어 있다. 찬양은 단순히 빠른 박자로 이뤄진 특별한 장르의 노래가 아니라 하나님이 행하신 위대한 일들과 그분의 완전한 성품을 인정하며 드러내는 것이다.

찬양은 예배로 흘러간다

찬양은 자연스럽게 예배로 흘러간다. 예배는 우리가 경외감으로 주님 앞에 엎드리며, 그분의 존귀하심을 고백함으로써 주님의 마음에 반응하면서, 우리의 사랑을 주님께 부어드리는 것이다. 다윗은 예배에 임하는 자신의 마음을 이렇게 표현했다.

"내가 여호와께 바라는 한 가지 일 그것을 구하리니 곧 내가 내 평생에 여호와의 집에 살면서 여호와의 아름다움을 바라보며 그의 성전에서 사모하는 그것이라" (시 27:4)

주님을 사모한다는 것은 주님을 갈망한다는 의미다. 젊은 남자가 한 여인을 신부로 맞이하기를 갈망할 때, 그것은 단지 그녀에 대해 말하는 것이 아니라, 그녀의 이야기를 듣고, 그녀의 마음을, 그녀의 모습 그대로를 알기를 갈망하는 것이다.

깊은 친밀감의 자리에서 우리는 주님이 속삭이시는 소리를 듣게 되며 주님이 느끼시는 그대로 느끼게 된다.

우리는 예언적 예배를 통해 주님의 마음을 더욱 느끼며 그분과 더 깊은 친밀감을 갖게 된다. 그런 깊은 친밀감의 자리에서 우리는 주님이 속삭이시는 소리를 듣게 되며 주님이 느끼시는 그대로 느끼게 된다.

종종 연주자가 정해진 음악이 아닌 즉흥적인 연주를 할 때, 우리는 주님이 느끼시는 것을 느끼게 된다. 예언적인 음악은 예언적인 노래를 부르거나, 음악으로 연주되고 있는 것을 해석하여 즉흥적으로 예언적인 선포를 하게 만든다.

그러나 모든 즉흥적인 행위가 예언적이지는 않다. 찬양과 예배의 시간에 음악적인 방해 혹은 '전파 방해'도 있다. 이것도 큰 축복이 될 수는 있지만, 그렇다고 예언적인 것은 아니다. 개인적 생각으로는 어떤 행위든 주님과 소통하며 그분의 생각과 감정을 풀어낼 때라야 예언적이라 할 수 있다고 본다. 아내의 음행을 통해 이스라엘의 음행을 바라보시는 주님의 고통스러운 마음을 느낀 호세아의 경우가 예언의 좋은 사례다.

예배는 성령의 계시를 이끈다

다윗 왕은 역사상 가장 대단한 군대 지휘관 중 한 명으로 여겨진다. 그러나 그의 주요 군사 전략 중 하나는 오늘날의 군 지휘관들에게는 멍청하게 보일 것이다. 역대상 25:1~3에 나온 것처럼 그는 예언적인 음악가들을 세워 성령께서 예언적인 계시를 보이실 때까지 연주하도록 했다.

물론 뉴스에 반응하거나 우리의 이성으로 상황을 이해하면서 기도하는 것도 잘못된 것은 아니다. 그러나 주님께서는 점점 우리가 셋째 하늘로 이끌려 올라가(고후 12:2~4) 주님의 시각으로 모든 것을 바라보며 기도할 수 있도록 우리에게 기름을 부으신다. 이 세상에는 우리의 자연적인 생각으로는 절대 이해할 수 없는 일들이 나타날 때가 있다. 이렇게 우리에게 영감을 부어주시는 순간에 우리는 정부적 중보 기도를 필요로 하는 계시를 포함하는 계시를 받게 된다. 이것은 지난 뉴스에 대한 반응이 아니라 오히려 세상의 주인이신 주님과 함께 미래 뉴스의 헤드라인을 창조하는 것이다.

예언적 계시는 군사적 승리를 이끈다

열왕기하 3장에는 각종 예언적 은사와 셋째 하늘에서 보고 들은 것들이 포함되어 있는 예언적 음악에 대해 기록되어 있다. 여호사밧 왕은 이스라엘과 에돔 왕과 연합해 반역적인 모압 왕을 공격했다. 그러나 그들의 연합 군대는 7일 동안 혼란 가운데 헤매며 자신들은 물론 가축에 먹일 물마저 없는 곳을 맴돌았다. 패배가 확실해 보였다. 그때, 여호사밧 왕은 예언적 전략을 받으러 엘리사를 찾아 갔다. 그에게는 보이는 상황을 기반으로 하는 기도 이상의 것이 필요했다.

엘리사는 여호사밧 왕을 보자마자 예언을 시작하지 않았다. 이것이 중요하다. 그는 그가 예언적 찬양을 통해 '셋째 하늘'의 영역으로 들어가야 함을 인식했다. 그래서 그는 "이제 내게로 거문고(하프) 탈 사람을 불러오소서"(왕하 3:15)라고 말했다. 그의 말에 따라 기름 부음을 받은 예배자인 거문고 타는 음악가가 왔다.

"**거문고 타는 자가 거문고를 탈 때에 여호와의 손이 엘리사 위에 있더니** 그가 이르되 **여호와의 말씀이 이 골짜기에 개천을 많이 파라 하셨나이다** 여호와께서 이르시기를 너희가 바람도 보지 못하고 비도 보지 못하되 이 골짜기에 물이 가득하여 너희와 너희 가축과 짐승이 마시리라 하셨나이다 이것은 여호와께서 보시기에 작은 일이라 여호와께서 모압 사람도 당신의 손에 넘기시리니 당신들이 모든 견고한 성읍과 모든 아름다운 성읍을 치고 모든 좋은 나무를 베고 모든 샘을 메우고 돌로 모든 좋은 밭을 헐리이다 하더니 아침이 되어 소제 드릴

때에 물이 에돔 쪽에서부터 흘러와 그 땅에 가득하였더라"(왕하 3:15~20)

기름부음 받은 예배자가 연주할 때, 엘리사는 여호사밧 왕과 그와 연합한 자들에게 승리를 안겨줄 뚜렷한 군사적 전략과 하나님의 기적적인 개입을 보고 들었다.

현대의 예

주님의 은혜로 수캇 할렐에서도 예배 파수 중 종종 예언적 계시를 받았다. 그 가운데 한 가지 환상을 나누고 싶다.

2009년 3월 24일, 파수 가운데 갑자기 이스라엘 지도가 신선한 고기 스테이크처럼 되는 환상을 보았다. 그리고 마녀와 주술사들이 이스라엘의 북, 동, 남쪽 경계를 둘러싸며 모이는 것을 보았다. 다음으로 북쪽 산악지역과 동쪽 이스라엘에 늑대들이 모이는 것을 보았다. 늑대들은 주로 러시아와 이란에서 오고 있었다. 그들은 이빨을 드러내며 짖고 있었는데 이스라엘을 먹어 삼키려 준비하는 듯 했다.

그 후에 흑해로부터 상어들이 헤엄쳐 와서 이스라엘과 가자지구의 서쪽 해안선을 에워쌌다. 상어들은 이빨을 드러내며 이스라엘을 공격할 준비를 했다. 나는 그때 이스라엘의 남쪽 경계선(이집트와의 경계)에는 북, 동, 서쪽 경계선에서 보이는 것과 같은 수위의 긴장이 없다는 사실을 인식했다. 나는 이전엔 이스라엘의 해안선을 위한 보호 기도가 필요하다는 생각을 해본 적이 없음을 깨달았다.

환상 속에서 중보자들이 주님께 "이스라엘을 보호해주소서"라고 소리쳐 구했다. 그때, 천사들이 어린 양의 피를 담은 쇼파르(양각나팔)를 가지고 날아와 이스라엘의 모든 경계선에 보혈의 피를 부었다. 그 후, 마녀들과 주술사들은 이스라엘에 주술과 마법을 쓰며 저주를 퍼부었으나 그 모든 저주들이 피로 적신 벽에 닿아 미끄러져 내려가 하나도 벽을 뚫고 이스라엘 땅으로 나오지 못한 것을 보았다. 그리고 시계가 자정 5분 전을 나타내고 있는 것을 보았는데 갑자기 시계 바늘이 자정 10분 전으로 거꾸로 돌아갔다.

다음 날인 3월 25일, 전날 밤의 기도 모임에 참석하며 내가 환상을 설명하는 것을 들은 메시아닉 유대인 목사가 잔뜩 흥분한 목소리로 전화를 주셨다. "오늘 아침 뉴스에 30마리의 상어가 아슈돗 연안의 바닷가에서 잡혔다는 소식이 나왔어요. 내 평생에 이스라엘 바다에서 한 마리 이상의 상어가 잡혔다는 소식을 들어본 적이 없어요. 그런데 무려 30마리의 상어 떼가 해안가에서 헤엄을 치고 있었다네요. 하지만 모두 잡혀서 바닷가가 다시 안전해졌답니다."

나는 그가 전한 이 뉴스를 전날 본 환상을 자연 세계를 통해 확증해 주시는 것으로 이해했다. 그러면서 주님께서 그 환상을 통해 우리에게 말씀하시고 싶으신 것이 더 있다고 느꼈다.

3월 26일, 나는 2번째 단계의 환상을 보았다. 중보자들이 이스라엘을 보호해달라며 간구할 때, 많은 천사들이 이스라엘의 경계선 위에 서서 바깥을 바라보며 은색 나팔을 부는 것을 보았다. 늑대들은 그 나팔소리에 두려워하며 러시아와 이란을 향해 달리기 시작했다.

상어들도 대서양쪽으로 달아났다. 그때, 시계 바늘이 자정 15분 전으로 거꾸로 돌아가는 것을 보았다.

이 계시를 더 많은 분들에게 전한 후에 이스라엘 보안 계통의 고위 인사인 친구에게도 말했다. 그 친구는 예언적 계시를 믿는 기도의 사람이었다. 그는 내게 이렇게 말했다. "나는 내가 아는 모든 기밀 사항을 지금 네게 말할 순 없어. 그러나 그 환상은 하나님으로부터 온 것이야. 그러니 보여진 것에 따라 계속 기도할 필요가 있어." 나중에 그 친구는 말했다. "이제 나는 네가 본 상어 환상에 대해 더 자세히 설명할 수 있게 됐어. 그 정보의 기밀이 해제되어 대중에게 공개됐거든. 우리가 알기로 북한이 현존하는 기술로는 물속에서 찾기 불가능에 가까운 새로운 작은 잠수정을 만들었지. 이 잠수정으로 남한의 해군 선박 측면에 어뢰를 쏴 놀라게 할 수 있었던 것이야. 그런데 북한의 잠수정 이름이 바로 '상어'였어! 네가 이스라엘의 해안선과 관련된 환상을 보았을 때, 우리는 북한이 상어란 이름의 잠수정을 이란과 시리아에 판매했다는 믿을만한 정보를 갖고 있었지."[2]

이 환상을 본 이후에 우리는 이스라엘 육지의 경계선 방어를 위해 이제껏 기도했던 것처럼 해안선의 안전을 위해서도 기도하기 시작했다. 기름부음이 있는 예언적 예배의 장소에서 우리에게 자연적인 생각으로는 절대로 알 수 없는 기도와 선포의 제목들을 주시는 하나

---

2. 관심이 있다면, 일반 대중에게 공개된 다음의 기사를 찾아보라: "잠수함: 북한이 상어의 성능을 개선했다(Submarines:North Korea Builds a Better Shark)" 2013년 4월 16일 기사. https://www.strategypage.com/htmw/htsub/20130416.aspx (accessed April 20, 2013).

님을 찬양한다!

예언적 선포

　주님은 가끔 우리를 정부적 차원의 예언적 선포로 이끄신다. 주님을 경배하고 기다리며 셋째 하늘의 계시를 받을 때, 우리는 주님께 요청하는 기도가 아니라 선포의 기도를 해야 한다. 2013년 12월 수캇 할렐에서 우리의 청년 리더들이 예배 파수를 했을 때 있었던 일이다. 그들은 기도 가운데 예루살렘의 인근 동네인 아부 토르에서 위험한 테러가 발생할 것을 알리는 주님의 경고를 느꼈다. 그들은 주님이 우리의 이웃 동네에서 시도될 어떠한 테러 계획도 끊어주실 것을 선포했다. 12월 25일, 이스라엘의 정보기관이 3명의 테러리스트들을 구속했는데 그중 한 명이 아부 토르에 살고 있었다. 그들은 알카에다 소속으로 아부 토르의 유대인 아파트 건물과 예루살렘 국제무역센터, 당시 텔아비브에 있던 미국 대사관 등을 폭파하려는 작전을 펼치려던 중이었다.

　14장 '왕관과 보좌의 패러다임'에서 선포기도에 관해 더 자세히 설명하겠지만 여기서는 파수 가운데 예언적 흐름의 한 부분으로서 그것을 소개하려 한다.

높은 차원의 찬양으로 선포한 것을 지켜내기

성령께서는 우리가 선포한 것을 위해 영적 전쟁을 펼칠 수 있도록 우리에게 높은 차원의 강력한, 어떤 면에서는 거칠고 사나운 찬양을 하게 하실 때가 있다. 이런 흐름은 성경적이다. 시편 149편에서 보이듯, 다윗의 장막에서는 보편적으로 나타나던 것이었다.

1 할렐루야 새 노래로 여호와께 노래하며 성도의 모임 가운데에서 찬양할지어다

2 이스라엘은 자기를 지으신 이로 말미암아 즐거워하며 시온의 주민은 그들의 왕으로 말미암아 즐거워할지어다

3 춤추며 그의 이름을 찬양하며 소고와 수금으로 그를 찬양할지어다

4 여호와께서는 자기 백성을 기뻐하시며 겸손한 자를 구원으로 아름답게 하심이로다

5 성도들은 영광 중에 즐거워하며 그들의 침상에서 기쁨으로 노래할지어다

6 그들의 입에는 하나님에 대한 찬양(high praise-높은 찬양)이 있고 그들의 손에는 두 날 가진 칼이 있도다

7 이것으로 뭇 나라에 보수하며 민족들을 벌하며

8 그들의 왕들은 사슬로, 그들의 귀인은 철고랑으로 결박하고

9 기록한 판결대로 그들에게 시행할지로다 이런 영광은 그의 모든 성도에게 있도다 할렐루야

시편 149편에서 '높은 찬양'(high praise)은 다음과 같은 특징이 있다. 즉흥적인 새 노래(1절), 하나님으로 인한 깊은 자신감과 신뢰를 바탕으로 한 기쁨(2절), 소고와 수금과 같은 타악기와 춤을 포함한 육체적 표현(3절).

시편 149편에서 '높은 찬양'(high praise)의 결과는 다음과 같다.

첫째, 주님께서 우리를 기뻐하시고 그의 '겸손한 자'들을 구원하신다.(4절)

둘째, 주님의 영광(임재의 나타나심)과 기쁨이 우리 위에 부어진다.(5절)

셋째, 이같이 우리 입으로 '높은 찬양'(high praise)을 드리고, 우리 손에 두 날 가진 칼(말씀)이 들렸기에, 우리는 7~9절에서 보는 것처럼 열방과 정부 리더들(자연적, 그리고 영적 차원 모두)에게 주님의 심판을 선포한다. 주님께서 이미 선포하신 심판만을 우리가 집행할 수 있지만 이 같은 주님의 심판을 집행함으로써 효과적으로 열방을 변화시킬 수 있다. 이는 우리에게 크나큰 영광이 아닐 수 없다.

주님 중심으로 살기

우리는 예배 파수를 주님을 중심에 두고 끝맺는다. 주님의 은혜로 우리가 마귀의 권능과 전략을 효과적으로 다루었다 하더라도, 우리는 높은 찬양, 영적 전쟁의 기도, 예언이 아니라 하나님 그분을 중심에 두어야 한다.

"이는 만물이 주에게서 나오고 주로 말미암고 주에게로 돌아감이라"(롬 11:36)

　우리는 절대로 사탄의 능력에 놀라지 말고, 주님의 위대하심에만 매료되어야 한다. 그래서 예언적 예배는 우리의 눈과 마음을 주님께 집중하면서 종료되어야 한다.

　너무나 많은 이들이 복음서에 나타난 예수님은 알지만, 계시록의 예수님은 알지 못한다. 계시록에서 예수님은 전쟁의 용사, 유다의 사자, 열방을 힘으로 통치하시는 분이시다. 그러면서 주님은 하늘 보좌 중심에 서신 어린양이시다. (계 5:6)

> 너무나 많은 이들이 복음서에 나타난 예수님은 알지만, 계시록의 예수님은 알지 못한다.

　그러므로 우리는 주님의 보좌에서 시작해서 주님의 보좌로 마무리해야 한다!

2부

—

열방을
지키는 사명

12장

사명은 당신의 정체성을 결정한다

"너는 이 묵시를 기록하여 판에 명백히 새기되 달려가면서도 읽을 수 있게 하라"
(합 2:2)

우리의 거실을 공공의 예배 장소로 공개했을 때, 주님께서 얼마나 신속히 예배 인도자들을 우리에게 보내주셨는지 놀라지 않을 수 없었다. 주님께서 우리에게 보내주신 모든 사역자들은 24/7 경배 사역에 대한 순전한 부르심과 불타는 소망을 품고 왔다. 우리는 이들과 동역하며 우리와 다른 성향과 방법의 예배를 소중히 여기며 존중하기를 배워야 했다. 이를 통해 주님의 몸 된 공동체가 얼마나 아름다우며 서로가 얼마나 필요로 하는지를 빠른 시간에 배울 수 있었다. 물론 우리는 각자 조금씩 다른 방식의 예배를 대표하는 사람들이었다. 그럼에도 우리 모두는 주님의 음성을 듣고, 성령의 이끄심을 소중하게 여기며, 쉬지 않고 기도하고, 예배 받기에 합당하신 그분만을 위해 모든 방법으로 예배하는 것을 공동의 사명으로 삼았기에 아름답게 연합할 수 있었다. 그러나 우리가 예배할 때에 각자의 방식을 어느 정도 활용하며 연합해야 하는지, 아니면 모두가 한 가지 방식을 따라야 하는지에 대해서는 확신이 서지 않았다.

주님께서는 '영적 아비와 어미'된 나와 패트리샤에게 수캇 할렐에서는 많은 다른 형태와 문화적 방법으로 예배 파수를 해야 한다고 말씀하셨다. 우리는 주님의 말씀을 정확히 들은 것인지를 분별하기 위해 열심히 간구했다. 2004년 12월에 국제기도의집(IHOP)이 있는 미국 캔자스시티를 방문했을 때, 주님께서 이 문제에 대해 응답해 주셨다. 그곳에서 지금은 이 땅을 떠났지만 생전에 예언적 기름부음이 강력했던 우리의 친구 질 오스틴을 만났다. 당시 그녀는 IHOP의 스태프로 있었다. 질은 나와 딸 에스더에게 커피를 대접했다. 우리가 커피를 마시는 동안, 질의 예언적 기름부음이 임했고 나는 그녀가 한 말을 녹음할 수 있었다. 다음은 질이 했던 예언의 일부다. 나는 그 예언의 제목을 '요셉의 채색 옷'이라고 지었다.

요셉의 채색 옷

"이곳 캔자스시티에서 우리는 신부가 되었어요. 신부와 신랑의 친밀함은 정말로 중요하답니다. 당신들은 세계의 심장부인 예루살렘에 계시기 때문에 다양한 기도의 운동을 펼치는 여러 부류의 사람들과 연결이 됩니다. 그래서 루 잉글과 같이 전략적이며 군사적으로 영적 전쟁을 펼치는 분과 연결되어 있지만, 다른 한편으로는 국가적 차원의 중보 운동을 펼치는 더치 시츠와 척 피어스와 같은 이들과도 연결되어 있으며, 신부의 사역에 정통한 마이크 비클과도 연결되어 있습니다. 각각의 사람들은 퍼즐의 조각들입니다. 이 땅에는 많은 퍼즐 조각들이 있지요.

여러분은 이 같은 다양한 퍼즐 조각들이 약동하는 생명체가 될 것입니다. 그것은 주님의 심장에 살아있는 동맥과도 같은 부분으로 뭐라 정확히 정의할 수 없습니다. 사실 주님께서는 당신들이 그것들을 정의하도록 허락하시지 않을 것입니다. 이는 이러한 사역에 독창적인 면이 있기 때문입니다. 여러분은 성령의 바람을 원하시죠? 그래요. 주님의 숨결이 이 바람에 임합니다. 이 바람이 여러분을 주님께 의존하게 하며 겸손하게 합니다. 이 바람이 주님의 주권을 향해 여러분을 지킵니다. 여러분에게 주님의 주권이 필요합니다. 물론 기적도 필요하지만 사람들의 지식은 여러분에게 기적을 가져다 줄 수 없습니다. 주님은 여러분들이 그분의 짝이 되어 성령의 바람을 통해 실질적으로 생명을 살릴 수 있도록 허락하셨습니다. 주님은 여러분들을 전쟁의 최전선에 부르셨습니다. 수캇 할렐에 IHOP의 경우와 마찬가지로 아름다운 일들이 펼쳐질 것입니다. 여러 사람들이 와서 '이것은 이렇고, 이렇게 하면 되요'라고 말할 것입니다. 수캇 할렐에 오는 모든 사람들이 여러분들에게 일종의 패턴을 씌우려 할 것입니다. 물론 자신들은 그럴 의향이 없었다고 말하겠지만요. 그러나 주님은 여러분들을 또 다른 마이크 비클이나 척 피어스, 혹은 다른 누구로 부르신 것이 아닙니다. 요셉의 채색 옷과 같은 여러 색으로 어우러진 사역의 DNA가 여러분에게 있습니다. 성령께서 그 땅의 여러 상황에 걸맞게, 그리고 그분의 필요대로 각각의 색들을 사용하실 것입니다. 이것이 바로 주님이 여러분을 그 땅에 부르신 이유입니다."

은혜의 주님은 질을 통해 우리의 질문에 대답하셨다. 그녀의 예언을 통해 왜 주님께서 우리에게 그토록 다양한 배경과 성향의 리더들을 보내셨는지 더 잘 이해할 수 있게 되었다. 어떤 방식으로 함께 일해야 할지 알아나가는 것은 어렵지만 무엇보다 주님께서 우리 모두를 '함께' 이끄셨다고 강하게 느꼈다. 그리고 이제 우리를 요셉의 채색 옷과 같이 함께 엮으시는 그림도 볼 수 있게 되었다.

내가 기도한 대로 주님은 각각의 리더들이 다른 스타일과 기름부음에 따라 자유롭게 모임을 이끌도록 격려하셨다. 캔자스시티 IHOP의 영향을 받은 젊은 사역자들은 그들 특유의 '하프 앤 보울'(Harp & Bowl·계 5:8에 나온 찬양과 중보기도의 상징)과 '신부적 패러다임'에 대한 은사들이 있었다. 척 피어스에게 훈련 받은 다른 사역자는 특별한 예언적 기름부음이 있었다. 패트리샤와 나는 도시를 위한 기도 콘서트와 다른 모임들 안에 부어주셨던 정부적 차원의 기름부음이 있었다.

다양성의 아름다움

수캇 할렐로 주님이 부르신 다양한 민족의 사람들 또한 다양한 기름부음을 전달한다. 예배와 기도를 하러 수캇 할렐에 오는 많은 나라의 그룹들을 통해 각 민족들에게 있는 다양한 은사들의 아름다움을 볼 수 있다.

중국 그룹들은 거의 매번 울부짖는 산파와 같은 기도의 기름부음을 가지고 온다. 그들은 예술적이며 심미적인 예배를 사모한다. 그리고 많은 경우 아름다운 그림이나 비단 등을 주님께 드리기 위해 가져온다. 신랑 되신 주님을 위해

> 수캇 할렐로 주님이 부르신 다양한 민족의 사람들 또한 다양한 기름부음을 전달한다.

경배와 춤과 함께 큰 꽃들을 올려드린다. 그동안 내가 본 바로는 그렇게 하는 유일한 그룹이다.

아프리카 그룹들은 거의 모든 경우 북을 치고 기쁨의 춤을 추며 아름다운 하모니가 동반된 높은 찬양을 드린다. 이들의 예배는 예루살렘에 만연한 무거우면서도 종교적인 분위기를 돌파한다.

한국인들에게는 돌파기도에 대한 기름부음이 있다. 그들은 보통 모든 교파를 초월해 한꺼번에 큰 소리를 내며 방언으로 기도한다. 나는 즐겨 그것을 '기관총 기도'라고 부른다.

한 번은 우리의 청년 집회인 '엘라브'(ELAV)에 오기 원하는 베들레헴과 라말라의 팔레스타인 청년들에게 허가증이 필요했다. 보통

은 큰 어려움 없이 쉽게 허가를 받았는데 마침 그해에는 우리를 돕던 이스라엘 공무원이 휴가로 자리를 비웠다. 나는 수캇 할렐에서 파수를 하던 한국인 그룹에게 돌파를 위한 중보기도를 부탁했다. 그들은 아주 큰 소리로 방언으로 기도하기 시작했다. 그러다 갑자기 한꺼번에 기도를 멈추고는 "다 되었다"고 말했다. 나는 다음 날 팔레스타인 청년들이 한국의 중보자들이 "다 되었다"고 말한 바로 그 시간에 기적적으로 허가증을 받았다는 소식을 들었다. 휴가를 갔던 이스라엘 공무원이 우리의 친구인 팔레스타인 목사님께 전화를 해서 "지금 저는 휴가 중이지만 왠지 혹시 제 도움이 필요하신 것이 없는지 여쭤봐야 할 것 같은 마음이 들어 연락드리게 됐습니다"라고 말했다는 것이다. 우리 친구인 팔레스타인 목사는 상황을 설명하면서 모처럼 받은 휴가를 방해하기 원하지 않는다고도 덧붙였다. 통화한 지 불과 몇 분 후, 그 이스라엘 공무원이 다시 전화를 걸어와 팔레스타인 청년들의 허가증이 나왔다고 알려줬다!

프랑스 그룹은 신랑 되신 주님께 아름다운 사랑의 노래를 부르며 자신들의 예배와 기도가 주님께 향수같이 퍼지도록 간구한다. 프랑스에서 기도의 집은 대개 '향수의 집'이라고 불린다.

지면만 있다면 다른 그룹들의 특성을 더 자세히 설명할 수 있다. 위의 사례로도 충분히 각각의 민족들이 어떻게 각양각색의 은사와 기름부음으로 예배와 기

각각의 민족들은 각양각색의 은사와 기름부음으로 예배와 기도를 주께 올려드린다.

도를 주께 올려드리는지 이해할 것이라 믿는다.

수캇 할렐의 정체성을 정의하는 8개의 사명

사명 1) 다윗의 장막의 회복: 아모스 9장 11절과 사도행전 15장 16~18절에서 예언된 다윗의 장막의 회복을 위해 기도하고 헌신한다. 이스라엘을 넘어 다른 중동의 나라에도 24/7 경배와 기도를 위한 모임이 세워지도록 돕는다. 이는 다윗의 보좌가 예루살렘 내 거룩한 산 위에 회복되고 설립됨을 믿으며 성전산을 향해 기도한다는 것을 의미한다.

사명 2) 이스라엘 청년 세대의 부흥(욜 2:28): 이를 위해 청년들을 사랑으로 섬긴다. 열방의 기도의 집에 청년들을 보내는 비전을 갖고 있다. 우리의 기도의 집 운동이 이스라엘은 물론 열방에 기도의 큰 운동으로 확산되기를 믿는다.

사명 3) 주님의 몸 된 교회의 화해(엡 2:14~15): 이스라엘 내 메시아닉 유대인과 아랍인, 그리고 외국인 그리스도인들 간의 화합을 격려하며 기도한다. 우리는 유대인과 이방인들이 함께 '한 새사람'을 이루고 한 몸으로 일하도록 주님이 우리를 격려하시고 부르셨다는 사실을 강하게 느낀다.

사명 4) 이사야서 19장에 나온 '왕의 대로'와 그 지역에 기도의 집이 배가되는 것(사 19장 23~25절): 이사야서 19장에 거론된 중동의 대부분과 이스라엘, 이집트를 포함한 지역에 경배와 화해의 대로가 열리기를 위해 기도한다.

사명 5) 그의 백성 이스라엘을 위로하고 주님 오실 길을 준비한다: 이사야 40장에 나온 대로 유대인을 향한 주님의 마음을 받아 시온을 위로하고 이스라엘을 위해 기도한다.

사명 6) 시온산, 성전산, 다윗성, 힌놈의 골짜기 등 구체적인 지리적 영역을 위해 기도하기(렘 31:38~40): 물론 다른 사람들이 이 지역들을 지킬 수 없는 것은 아니지만, 주님께서 주권적으로 우리를 이곳에 세우셨다. 따라서 우리는 강한 책임감으로 예루살렘 각 지역들을 지켜보며 기도해야 한다.

사명 7) 예언과 치유를 통해 성령께서 운행하실 자리 만들기: 마가의 다락방과 시온산을 바라보며 성령의 새로운 바람으로 예언적 사역이 펼쳐지기를 갈망한다. 우리는 사도행전 10장 38절을 모델로 예루살렘에서 예수님의 치유 사역의 우물이 다시 열리기를 간구하도록 부름 받았다. 주님께서 이스라엘과 중동에 치유의 기적이 쏟아지기를 소망하신다고 믿는다.

사명 8) 정부와 사회의 높은 산들을 위한 중보: 우리는 특별한 방법으로 주로 정부적 차원의 파수기도를 하도록 부름 받았다. 그럼에도 동시에 미디어, 예술과 엔터테인먼트, 교육, 비즈니스, 가정, 종교와 같은 다른 분야들을 위해서도 파수를 해야 한다는 강한 부담을 갖고 기도한다.

기도의 집에 대한 부르심 파악하기

주님이 세우신 다른 종류의 기도의 집 사역을 인지함으로써 여러분이 담당하는 기도의 집의 부르심을 확인할 수 있다. 한 가족 내의 아이들이라도 각각 성향이 다르듯, 기도의 집마다 다른 성향과 목적을 지니고 있다. 그러므로 기도의 집을 해산하는 단계에서 주님께서 당신을 통해 어떤 형태의 기도의 집을 세우기 원하시는지를 듣는 것이 무엇보다 중요하다. 그동안 우리가 지켜본 몇몇의 기도의 집의 형태는 다음과 같다.

24/7 기도의 집

다윗의 장막을 나타내는 말씀 구절에 기초한 24/7 예배와 중보의 전형적 모델이다. 역대상 16장 37절에서 다윗은 "아삽과 그의 형제를 여호와의 언약궤 앞에 있게 하며 항상 그 궤 앞에서 섬기게 하되 날마다 그 일대로 하게 하였고"라고 말한다.

모세의 장막에 있는 제단의 불이 "**끊임이 없이** 제단 위에 피워 꺼지지 않게 할지니라"(레 6:13)에서 '끊임이 없이'의 히브리어는 '항상'을 의미하는 히브리어와 같다. 다윗의 장막에서 정말로 주 7일, 매일 24시간 동안 경배와 기도가 끊임없이 이어졌다는 것은 역대상 23장 5절에 다윗의 장막에서 사역한 레위 지파 음악가들의 수가 무려 4000명에 달했다고 기록된 것만 봐도 충분히 짐작할 수 있다.

주님은 처음 우리를 기도의 집 사역으로 부르셨을 때부터 이사야서 62장 6~7절을 주시며 이 구절대로 수캇 할렐은 24/7 예배와 기도의 처소가 되리라고 말씀하셨다.

"예루살렘이여 내가 너의 성벽 위에 파수꾼을 세우고 그들로 하여금 주야로 계속 잠잠하지 않게 하였느니라 너희 여호와로 기억하시게 하는 자들아 너희는 쉬지 말며 또 여호와께서 예루살렘을 세워 세상에서 찬송을 받게 하시기까지 그로 쉬지 못하시게 하라"(사 62:6~7)

그러나 많은 경우에 24/7 예배와 기도는 현실적으로 불가능하고, 설사 가능하다 하더라도 이 비전이 주님으로부터 온 것이 아닐 경우 무거운 멍에가 될 수 있다. 우리의 경험을 통해 말할 수 있는 것은 주님께서 당신을 24/7 예배와 기도로 부르셨다면, 주님께서 친히 그 부르심을 성취하는데 필요한 파수꾼들을 일으켜 보내주실 것이라는 사실이다.

> 주님이 당신을 24/7 예배와 기도로 부르셨다면, 주님께서 친히 그 부르심을 성취하는데 필요한 파수꾼들을 보내주실 것이다.

도시 수준의 초교파적 기도의 집

단지 한 교회나 한 공동체만의 '기도실', 혹은 '기도 사역'으로 정의되도록 부르심 받지 않은 기도의 집도 있다. 어떤 기도의 집은 자연스레 도시 내의 경배자들과 중보자들로부터 그 지역의 기도 중심 센터로 여겨지기도 한다. 수캇 할렐은 이 같은 부르심이 있기에 예루살렘 내 다른 공동체의 경배자, 중보자, 청년 사역자들을 일으키며 지원했다. 그들은 자신들이 속한 공동체를 축복하고자 하는 우리의 마음을 알고 있기에 그들의 교인들을 수캇 할렐의 예배와 기도에 참여하도록 권하는데 아무런 거부감이 없었다. 오히려 많은 경우에 그들의 교인들이 수캇 할렐에서 경험한 것이 자신들의 공동체에 더 큰 축복이 되었다고 말했다.

지역 교회의 기도실이나 기도의 집

한 교회나 공동체에 속한 기도실이나 기도의 집(물론 다른 공동체 일원들의 참여도 가능하지만)을 주로 인도하도록 부름 받은 사람들도 있다. 물론 이런 기도의 집의 주된 사명은 그들이 소속된 지역 교회를 위해 중보하는 것이다. 우리의 경험상 대개의 경우 이런 형태로 기도의 집을 세우는 것이 더 어렵다. 거의 모든 지역 공동체들에게는 매일 24시간, 주 7일 내내 경배와 기도를 인도할만한 인적 자원이 없다. 그러나 인도네시아 같이 특별한 부흥을 경험한 몇 나라에서는 지역 교회 성도들이 24/7 예배와 기도를 감당하기도 한다. 거듭 말하지만 기도의 집 사역에서 가장 중요한 것은 그것이 확실히 주님이 하라고 한 것인지를 확증하는 것이다.

공동체 생활형 기도의 집

1987년 우리가 예루살렘에 오기 전, 우리 친구인 톰 헤스는 열방을 위한 예루살렘 기도의 집을 감람산에 세우도록 이끌렀다. 그는 영광의 왕이 감람산으로 돌아오시도록 준비하기 위해 이스라엘과 열방을 위한 24/7 기도의 집을 설립하는 것이 자신의 사명임을 인식했다. 핵심적인 기도와 예배는 그의 공동체에서 함께 생활하는 열방에서 온 스태프들이 인도했고 이스라엘 전역과 세계 각지에서 온 방문자들이 참여했다. 이후 그들은 이스라엘의 최남단인 엘리앗과 북쪽 헐몬산 골란 지역의 2개 장소에 하프와 보울[3] 형태의 24/7 기도의 집을 더 개척했다.

2006년에 주님은 공동체 생활형인 다윗성 기도의 집을 수캇 할렐과 연계해 세우도록 인도하셨다. 존과 우나 기어는 우리가 수캇 할렐을 시작할 때쯤 다윗성으로 이사했다. 우리의 첫 번째 공개 파수에 참여했던 그들은 얼마 후엔 우리 공동체 리더십의 일원이 되었다. 2006년, 주님은 우리의 첫 번째 인턴 프로그램의 리더인 스티브와 토냐 한센의 마음을 움직이셔서 그들이 다윗성 내의 주택을 임대해 이사하도록 했다. 얼마 후, 그들은 건물주에게 주택 내의 큰 방을 기도의 방으로 임대해도 될지 믿음으로 물어봐야겠다는 마음을 가졌다. 그러다 조금 지난 후, 한센 커플은 미국으로 돌아가야 했지만,

---

3. 영어 용어 사전 참고

존과 우나 부부가 여러 해 동안 신실하게 그 공동체와 기도의 방을 이끌었다. 중보자들은 이 기도의 집에 함께 살며 본래의 다윗의 장막이 있었을 가능성이 높은 전략적 장소인 성전산 바로 밑에서 예배와 중보의 불을 지속적으로 지펴왔다.

게스트 하우스(민박형) 기도의 집

민박형 기도의 집 모델은 어떤 도시나 나라에서도 실현 가능하다. 그들은 언제나 중보자들과 예배자들을 받을 수 있다. '마지막 때의 주의 종'이란 영적 운동의 창립자인 그웬 쇼는 우리가 예루살렘에 오기 전에 이 같은 사역 모델을 만들었다. 주님께서 적절한 장소를 허락하시기 전 3년 동안 우리는 고맙게도 일주일에 여러 번 그들의 시설에서 파수를 할 수 있었다. 그들의 게스트하우스인 '평화의 집'은 그들의 사역 네트워크를 통해 이스라엘과 예루살렘을 위해 기도하러 오는 열방의 중보자들을 받고 있다. 그들의 사명 가운데 한 가지는 중보자들이 이스라엘 전역에서 '예언적 현장 기도 임무'를 일으키도록 돕는 것이다. 그들은 적어도 일주일에 한 번씩 '평화의 집'에서 기도 모임을 갖는다. 수캇 할렐도 얼마 동안 여리고에서 게스트 하우스를 운영했었다. 열방의 방문자들은 하루 혹은 여러 날 동안 거기에 머물며 기도하곤 했었다.

도피성 기도의 집

우리는 열방을 방문하며 '도피성'을 준비하는 것이 주요 사명인 기도의 집들을 접하게 되었다. 이집트에 있는 이런 형태의 기도의 집은 한 이집트 영적 리더의 비전을 통해 2011년 소위 '아랍의 봄'으로 중동 내의 변혁 움직임이 확산되기 훨씬 이전부터 시작되었다. 그들은 사막의 오아시스에 작은 농장과 주택을 지어 고된 박해의 시간에 신자들을 돌볼 수 있도록 준비했다. 패트리샤와 나는 메시아닉 유대인 리더들과 몇몇의 이집트인 친구들과 함께 이 도피성의 주춧돌을 놓는 영광을 누렸다. 2011년 아랍을 강타한 큰 영적 흔들림 이후 이 제단에는 많은 이집트인들이 주께 돌아올 것이 예언된 이사야서 19장의 말씀이 펼쳐진 성경이 놓여졌다. 그 후 얼마 지나지 않아서 이집트는 첫 번째 진동의 파도를 경험하기 시작하였고, 이러한 도피성 기도의 집이 필요하다는 것을 확인할 수 있었다.

나는 유대인 인구가 많은 몇 나라에서 장차 반유대적인 거센 위험이 도래할 때를 대비, 도피성 기도의 집을 설립하도록 부름받은 많은 분들을 만났다. 이들은 주님이 많은 이들을 같은 비전으로 부르셨다는 사실을 전혀 인지하지 못하고 있었다. 이제 그들은 비전을 공유한 분들과 만나 예레미야서의 말씀을 따라 유대인들을 위해 기도하고 있다.

"여호와의 말씀이니라 보라 내가 많은 어부를 불러다가 그들을 낚게 하며 그 후에 많은 포수를 불러다가 그들을 모든 산과 모든 언덕과 바위틈에서 사냥하게 하리니"

(렘 16:16)

이 그룹의 중보자들은 유대인들이 재산과 가족들과 함께 안전하게 돌아올 수 있는 '어부의 시간'에 이스라엘로 돌아오라는 주님의 음성을 듣도록 기도한다. 이와 같은 '도피성' 중보자들은 '포수의 시간'(매우 폭력적인 반유대적인 시간)에 유대인들을 숨겨서 이스라엘로 데려올 수 있도록 '지하 철도 조직'(역주 - 미국 남북전쟁 전에 노예들의 탈출을 도운 비밀 조직)과 같은 형태의 조직을 결성하고 장소들도 준비하고 있다.

사도적 허브 기도의 집

이 같은 형태의 기도의 집은 각 나라와 지역들에 현지에 맞는 기도의 집을 설립하도록 사람들을 훈련하고 파견하는 센터의 역할을 한다. 보편적으로 이런 24/7 기도의 집들에게는 주님이 세우신 강건한 핵심 리더십들이 있다. 미국 캔자스시티에 있는 국제 기도의 집(IHOP)이 좋은 예다.

우리는 이 같은 사도적 허브 기도의 집이 중동 지역에 여러 개 일어나는 환상을 보았다. 회전문과 같이 많은 사람들이 훈련을 받으러 왔다가 일정 기간이 지난 후엔 다른 지역으로 파견되어 새로운 기도의 집을 해산하는 형태다.

융합된 모델

융합 모델과 관련해선 아마도 '다른 형태의 기도의 집들을 조합해도 될까'라는 질문이 나올 것이다. 나는 충분히 가능하다고 믿는다. 우리는 주님이 24/7 기도의 집으로 부르셨다는 사실을 분명히 인식했기에 15년 넘게 이 사역을 지속하고 있다. 또한 수캇 할렐이 도시와 교단을 초월하는 기도의 집이며 주변 국가에 팀을 파송하는 사도적 허브의 부르심이 있다는 사실도 알고 있다. 중요한 것은 각각의 기도의 집마다 구체적 부르심과 주님이 주신 정체성이 있다는 사실이다. 부디 그 부르심과 정체성을 넉넉히 인식하기를, 그리고 우리모두가 주님의 몸 된 지체의 다양성을 인정하고, 사랑하며, 서로 감사할 수 있기를 소망하며 기도한다.

13장

정부적 중보의 열쇠들

"그 정사와 평강의 더함이 무궁하며 또 다윗의 왕좌와 그의 나라에 군림하여"

(사 9:7)

영적 무기는 입에서 발사된다

하나님의 나라와 어둠의 나라 사이의 전쟁이 진행될 때, 우리가 살고 있는 도시와 나라에 일어나는 많은 영적 전쟁은 진리와 거짓의 싸움으로 둘 다 입을 통해 선포된다. 말은 선하거나 악하게 영향을 미친다. 우리의 적은 전파의 힘을 잘 알기에 쉬지 않고 거짓을 내뿜는다. 이는 계시록 16장 13~14절에 잘 묘사되어 있다.

180
기도의 **집**으로 열방을 변혁하라

"또 내가 보매 개구리 같은 세 더러운 영이 용의 입과 짐승의 입과 거짓 선지자의 입에서 나오니 그들은 귀신의 영이라 이적을 행하여 온 천하 왕들에게 가서 하나님 곧 전능하신 이의 큰 날에 있을 전쟁을 위하여 그들을 모으더라"

우리는 20년 가까이 예루살렘에서 생활하며 이것을 아주 실제적으로 경험했다. 우리 집 부근의 5개 회교 사원은 뾰족탑에서 '기도 시간'을 알린다. 그들의 기도 시간 알림의 어조가 더 크고 공격적으로 들릴 때마다 얼마 지나지 않아 이슬람교도들에 의한 과격한 폭력적 행동들이 발생하는 것을 보았다. 우리 지역에 사는 다른 믿는 자들도 같은 경험을 했다고 말했다.

우리는 노래나 말로 들리도록 선포된 진리의 힘을 깨달아야만 한다. 우리가 '높은 찬양'을 드릴 때에 거의 전쟁을 치르는 듯한 전투적인 찬양을 하는 경우가 있다. 이는 시편 149편 5~9절에 기록된 바와 같이 다윗의 장막에서는 아주 평범한 일이었다.

"성도들은 영광중에 즐거워하며 그들의 침상에서 기쁨으로 노래할지어다 그들의 **입에는** 하나님에 대한 찬양이 있고 그들의 손에는 두 날 가진 칼이 있도다 이것으로 뭇 나라에 보수하며 민족들을 벌하며 그들의 왕들은 사슬로, 그들의 귀인은 철고랑으로 결박하고 기록한 판결대로 그들에게 시행할지로다 이런 영광은 그의 모든 성도에게 있도다 할렐루야"

'높은 찬양'이 우리의 입에 임하고 '좌우의 날선 검'(히 4:12)이 우리의 손에 쥐어져 있을 때, 우리는 주님의 판결을 열방의 정부 리더들에게 영적이면서 동시에 실제적으로 집행하게 된다. 물론 우리는 주님께서 이미 공표하신 심판만을 실행할 수 있다. 그럼에도 우리가 주님의 판결을 집행하는 것은 국가의 변혁에 아주 효과적인 것으로 우리에게 큰 영예가 아닐 수 없다.

진리가 우리의 마음과 생각 뿐 아니라 우리의 입에서 발사되는 것이 왜 중요할까? 나는 사탄과 악한 세력들은 전지전능하지 않으며 하나님처럼 우리의 생각을 읽을 수 없기 때문이라고 생각한다. 그들은 듣는 대로 응답한다. 우리의 도시와 국가를 덮고 있는 영적 분위기는 우리의 입을 통해 선포된 것에 반응한다.

> 우리 도시와 국가를 덮고 있는 영적 분위기는 입에서 선포된 것에 반응한다.

"성읍은 정직한 자의 축복으로 인하여 진흥하고 악한 자의 입으로 말미암아 무너지느니라"(잠 11:11)

어린 아이들도 입으로 주님을 찬양하고 주의 날을 선포함으로써 도시의 분위기를 바꿀 수 있다.

"주의 대적으로 말미암아 어린 아이들과 젖먹이들의 입으로 권능을 세우심이여 이

는 원수들과 보복자들을 **잠잠하게 하려** 하심이니이다"(시 8:2)

　믿는 자들이 입으로 내는 찬양의 소리가 악한 자들이 내뿜는 거짓의 소리를 실제로 잠잠하게 만든다. 나는 이 같은 진리와 거짓의 싸움에서 우리의 대적들이 초라한 스커드 미사일만 쏘고 있다고 생각한다. 그러나 만일 우리가 적절히 대응하지 않는다면 그들은 많은 피해를 끼칠 수 있다. 그러나 우리가 입으로 '높은 찬양'을 부르며 주의 진리를 선포하는 것은 적들의 진영에 주님이 고안해 주신 하이테크 미사일을 발사하는 것과 같다. 이스라엘의 아이언돔과 같이, 우리가 입으로 뿜어내는 미사일은 하늘의 영역으로 높이 날아 올라가 적들이 발사하는 낙후된 미사일을 파괴할 수 있다.

"우리가 육신으로 행하나 육신에 따라 싸우지 아니하노니 우리의 싸우는 무기는 육신에 속한 것이 아니요 오직 어떤 견고한 진도 무너뜨리는 하나님의 능력이라 모든 이론을 무너뜨리며 하나님 아는 것을 대적하여 높아진 것을 다 무너뜨리고 모든 생각을 사로잡아 그리스도에게 복종하게 하니"(고후 10:3-5)

도시와 국가의 죄를 고백하는 것은 기본이다

　선지자 다니엘은 성경의 인물 가운데 정부적 중보자의 가장 이상적인 예일 것이다. 망명한 지 수십 년이 지나서도 그는 예루살렘을 향한 마음의 부담을 가졌다. 그는 자신의 선조들이 도시에서 지은 죄를 회개하는 것만이 황폐한 예루살렘의 영적 분위기를 변화시킬 수 있다는 사실을 깨달았다. 그래서 그는 금식하며 특정한 장소를 놓고 구체적으로 기도했다. (단 9:4~9, 9:17~19)

"내 하나님 여호와께 기도하며 자복하여 이르기를 크시고 두려워할 주 하나님, 주를 사랑하고 주의 계명을 지키는 자를 위하여 언약을 지키시고 그에게 인자를 베푸시는 이시여 우리는 이미 범죄하여 패역하며 행악하며 반역하여 주의 법도와 규례를 떠났사오며 우리가 또 주의 종 선지자들이 주의 이름으로 우리의 왕들과 우리의 고관과 조상들과 온 국민에게 말씀한 것을 듣지 아니하였나이다 주여 공의는 주께로 돌아가고 수치는 우리 얼굴로 돌아옴이 오늘과 같아서 유다 사람들과 예루살렘 거민들과 이스라엘이 가까운 곳에 있는 자들이나 먼 곳에 있는 자들이 다 주께서 쫓아내신 각국에서 수치를 당하였사오니 이는 그들이 주께 죄를 범하였음이니이다 주여 수치가 우리에게 돌아오고 우리의 왕들과 우리의 고관과 조상들에게 돌아온 것은 우리가 주께 범죄하였음이니이다 마는 주 우리 하나님께는 긍휼과 용서하심이 있사오니 이는 우리가 주께 패역하였음이오며 ... 그러하온즉 우리 하나님이여 지금 주의 종의 기도와 간구를 들으시고 주를 위하여 주의 얼굴 빛을 주의 황폐한 성소에 비추시옵소서 나의 하나님이여 귀를 기울여 들으시며 눈을 떠서 우리의 황폐한 상황과 주의 이름으로 일컫는 성을 보옵소서 우리가 주 앞에 간구하옵는 것은 우리의 공의를 의지하여 하는 것이 아니요 주의 큰 긍휼을 의지하여 함이니이다 주여 들으소서 주여 용서하소서 주여 귀를 기울이시고 행하소서 지체하지 마옵소서 나의 하이 구절을 자세히 읽어보면 다니엘이 거만하게 정죄하는 투로 "그들이 죄를 지었습니다"라고 기도하지 않았다는 사실을 알 수 있다. 대신 그는 "우리가 죄를 지었습니다"라며 선조들과 도시, 국가의 죄를 자신이 한 것처럼 고백했다. 그의 중보는 이스라엘 난민들의 본토 귀환과 예루살렘 재건에 결정적 역할을 했다.

3장의 '주님의 거처 준비하기'에서 나는 예루살렘 힌놈의 골짜기에서 여러 해 동안 중보를 한 결과, 주님의 은혜로 그 골짜기가 영적으로, 그리고 눈에 보이도록 물리적으로 탈바꿈되었다는 사실을 간증했다.

다니엘과 같이 선조나 국가의 죄를 자신의 것으로 동일시하며 회개 기도할 때, 놀라운 능력이 나타나는 하나의 사례가 잠비아에서 여러 사람들이 국가의 죄를 공동으로 고백했을 때, 메뚜기 재앙이 멈춘 일이다.

나(릭)는 1996년, 중앙아프리카의 빈국인 잠비아에서 열린 기도 집회에서 말씀을 전한 적이 있다. 당시 집회를 주최한 목사는 당면한 가장 큰 위기는 잠비아를 향해 날아오는 엄청난 메뚜기 떼라고 말했다. 그는 지난 번 메뚜기 떼로 인한 재앙으로 수많은 사람들이 기근으로 죽었다고 설명했다. 그의 말을 들은 후, 나는 "예배를 드리며 주님의 보좌 앞에서 시작해보지요. 그리고 주님께서 어떻게 기도하도록 이끄시는지 봅시다"라고 말했다.

강력한 예배의 시간을 가진 후, 집회 장소에 성령의 기름부음이 흘러 넘쳤고 잠비아 목회자들과 중보자들이 국가의 죄를 자신들의 죄와 동일시하며 회개했다. 그들은 다니엘과 같이 잠비아를 대표해 국가와 민족의 죄를 고백하고 흐느껴 울며 회개했다. 주권적으로 죄를 고백하는 시간이 끝난 후에 나는 "여기 모여 기도하는 자들이 메뚜기 떼가 잠비아에 들어오지 말라고 명할 수 있는 권한을 받았다"고 말씀하시는 성령의 음성을 감지했다. 나는 집회를 주관한 친구 목사에게 느낀 점을 나눴다. 그도 내 말에 동의했다. 그래서 우리는 모든 참석자들에게 일어나서 다음과 같이 선포하도록 했다.

"예수 그리스도의 이름과 피로 명하노니 메뚜기 떼의 재앙아, 너는 이 나라의 경계선에 멈춰 잠비아에 들어오지 못할 지어다!"

집에 도착한 지 얼마 후에 친구 목사는 1996년 5월 22일자 잠비아 타임즈의 1면 헤드라인을 팩스로 내게 보내줬다. 거기에는 '메뚜기 떼 재앙, 기적적으로 잠비아를 피해가다'라고 쓰여 있었다. 그는 방송에 나온 유엔 파견 전문가의 말도 전해줬다. 그 전문가는 "오랜 기간 동안 연구해 왔지만 메뚜기 떼가 국가 경계선에 도달하자마자 다른 방향으로 돌아간 것은 한 번도 보지도, 듣지도 못한 기적과 같은 일"이라고 언급했다!

연합과 영적 보호는 필수적이다

14장 '왕관과 보좌의 패러다임'에서 나는 이스라엘 정부의 부패를 드러내기 위해 우리가 어떻게 '영적 지진'을 선포했는지를 자세히 설명할 것이다. 이렇게 과격한 내용을 선포하기에 앞서, 나는 그 시간 파수의 리더인 가이 컴프에게 먼저 알려서 그 선포가 단순히 나의 정치적 견해가 아니라는 점을 확인받았다. 일종의 영적 안전장치를 한 것이었다. 내가 '영적 지진'을 선포한 지 20분 후에 실제로 지진이 일어났고 나머지 선포된 예언들도 서서히 이뤄졌다.

정부적 차원의 기도를 하는 많은 사람들은 자신이 지닌 정치적 견해를 기도 가운데 표출하기도 한다. 그것들은 하나님으로부터 들은 것이 아니다. 주님은 종종 내 견해를 소리내어 기도하는 것을 멈추게 하신다. 그럼으로써 그것들이 주님으로부터 나온 것이 아니라는 것을 깨닫게 하신다. 하나님은 고단수 체스 플레이어처럼 상대방보다 훨씬 앞서 생각하신다. 최후 승리를 위한 뛰어난 전략의 일환으로 체스 말의 하나를 잃어버리기도 하신다.

그러면 우리는 어떻게 개인의 정치적 견해를 주님의 음성으로 혼동하며 기도하지 않을 수 있을까? 나는 이를 해결하기 위한 중요한 열쇠는 다른 성숙한 중보자들과의 상호 복종이라고 믿는다. 도시나 국가에 당면한 큰 문제들을 해결하기 위한 영적전쟁에는 성숙한 중보자들과 그 지역 주민들, 도시, 지역, 나라의 영적 장로들이라고 간주될 수 있는 목사들 혹은 사역 리더들이 서로 머리를 맞대고 연합

다윗의 장막의 회복의 한 부분은 중보와 예배 사역에서 하나님의 질서가 회복되는 것이다.

해야 한다. 연합해야만 안전하다. "너는 전략으로 싸우라 승리는 지략이 많음에 있느니라"는 잠언 24장 6절의 말씀을 명심해야 한다.

다윗의 장막의 회복의 한 부분은 중보와 예배 사역에서 하나님의 질서가 회복되는 것이다. 역대상 25장 1~3절에서 다윗은 군사 지휘관들과 더불어 음악가인 아삽, 헤만, 여두둔을 세워 악기를 연주하며 예언 사역을 하게 했다. 그들의 아버지의 지도 아래, 이 세 예배 인도자들의 아들들은 돌아가며 예언했다.

우리가 세대적으로 연합하여 사역할 때, 하나님의 영적 질서 아래 억압이나 조종이 아닌, 겸손한 영적 아비와 어미의 자세를 갖고 나아가는 것이 중요하다. 거기에 영적 보호와 지혜가 있다.

우리는 수캇 할렐의 정부적 파수에는 특정 리더들을 세워 전 과정을 감독하도록 한다. 사람들은 마이크를 잡고 기도하기 전에 그 리더들에게 자신이 무슨 기도를 할지 간단히 공유하며 허락을 받는다. 매주 우리는 다양한 국가에서 온 잘 알지 못하는 중보자들과 함께 기도를 하기에 미리 이렇게 확인 과정을 거치는 것이 아주 중요하다.

도시와 나라의 문을 지키는 장로와 통치자들의 역할을 하는 사람들과 함께 서는 이 원칙은 14장 '왕관과 보좌의 패러다임'에서 보다 깊이 논의하였다. 다음은 그러한 사례이다.

도시의 문을 지키는 원로들이 악한 문들을 닫다

2006년에 예루살렘에서 10만 명이 넘는 동성애자들이 모여 일주일간 자신들 나름의 축제를 즐기는 세계적 행사가 계획되었다. 이전까지 동성애자들의 이 행사는 전 세계에서 단 한 도시, 로마에서만 열렸다. 우리는 물론 죄인들을 사랑하지만, 죄를 사랑하지는 않는다. 그러기에 우리의 도시에 더 큰 악의 문이 열리는 것을 보고만 있을 수 없었다. 그래서 목회자들과 사역 리더들이 매주 한 번씩 모여 이 행사를 놓고 기도하기 시작했다.

예루살렘의 정통 유대인 랍비들은 이 행사가 '거룩한 도시'로 불리는 예루살렘에 어울리지 않다며 고등법원에 행사를 금지해달라는 가처분신청서를 냈다. 우리는 고등법원이 그들의 가처분신청서를 받아드리기를 위해 기도했다. 그러나 고등법원은 이스라엘이 서방 국가들처럼 근대적이며 다원적인 나라이기에 그 같은 행사를 막을 수는 없다고 답했다. 행사 개최 2주 전에 우리는 무엇을 해야 할지를 놓고 기도하고 있었다. 이미 예루살렘 내 모든 호텔은 이 행사로 인해 예약이 꽉 찼다.

기도 가운데 나는 주님께서 "구할 때가 있고 명령할 때가 있다. 지금은 '성문 밖 원로들'처럼 이 행사의 문이 닫히도록 명령할 때다"라고 말씀하시는 것을 느꼈다. 나는 이를 다른 목회자와 리더들과 공유했다. 우리는 모두 함께 일어나 창문을 통해 도시를 바라보며 선포했다.

"예슈아의 이름과 피로 명하노니, 예루살렘의 성문들아 이 행사의 문을 닫을지어다!"

2주 정도 후, 행사 개최를 불과 며칠 앞두고 반이스라엘 테러 조직인 헤즈볼라가 레바논 남쪽에서 이스라엘 북쪽 지역으로 미사일을 발사하기 시작했다. 큰 피해를 입지는 않았지만 상당히 많은 양의 미사일이 이스라엘 땅으로 날아왔다. 그때, 이스라엘 군이 언론을 통해 이렇게 선포했다. "우리 군의 많은 병력이 전쟁을 준비하기 위해 북쪽 경계선에 배치되어야 하기에 시민들의 행사에까지 안전조치를 취할 여력이 없다. 따라서 1000명 이상의 모든 민간 행사는 추후 통보가 있을 때까지 취소된다."

주님은 우리가 감히 상상하지 못한 창의적인 방법으로 일하셨다. 우리가 주님이 시키신 대로 닫은 예루살렘의 모든 성문을 지켜주신 것이다. 결국 그 동성애 행사 주최자들은 많은 돈을 잃게 되었다. 그들은 너무나 화가 난 나머지 자신들의 웹사이트에 이렇게 썼다.

"다시는 예루살렘에서의 행사를 기획하지 않을 것이다."

그것을 보고 우리는 "아멘"으로 화답했다.

14장

왕관과 보좌의 패러다임

"그의 아버지 하나님을 위하여 우리를 나라와 제사장으로 삼으신 그에게 영광과 능력이 세세토록 있기를 원하노라"(계 1:6)

기도 후 지진이 나라를 흔들다

2008년 2월 11일, 여러 명이 수캇 할렐에 모여 이스라엘 정부를 위해 기도하는 파수를 하고 있었다. 우리가 예배하고 기도하고 있을 때, 나는 각 정당의 부패를 드러내고 에후드 올메르트 총리가 권좌에서 내려오도록 이스라엘의 정부의 기초를 뒤흔드는 영적 지진을 선포하라고 성령님께서 말씀하시는 것을 느꼈다. 나는 내가 선포해야 하는 사안의 중대성에 놀랐지만 그것을 파수 시간 담당 리더인

2부 골방을 지키는 사명

가이 컴프와 공유했다. 가이는 이스라엘에 오기 전 미국 중보자들 모임의 책임 이사로 9년 동안 섬기는 등 정부적 차원의 기도에 기름 부음이 있었다. 가이는 내가 선포하려는 말씀을 들었고 우리는 그것이 나의 개인적 정치 견해가 아니라는 것을 확인했다.

그래서 우리는 한 목소리로 선포했다. "이스라엘의 정부의 토대에 지진이 일어나 모든 정당의 부패가 밝혀질지어다. 그리고 올메르트 총리는 그 자리에서 물러날지어다."

20분 정도가 지난 후, 예루살렘에 리히터 지진계로 진도 5.3의 강진이 발생해 전 도시가 흔들렸다. 더 놀랍게도, 이후 몇 달 동안 한 부패 스캔들로 야기된 폭로가 또 다른 폭로로 연이어 이어졌고 마침내 올메르트 총리는 어쩔 수 없이 2008년 7월 30일에 사표를 제출해야 했다. 오랜 법정 공방을 거친 후, 2014년 5월 31일 올메르트 전 총리에게 뇌물 수수 등 부패혐의로 징역형이 선고됐다. 당시 예루살렘포스트는 '우레 같은 선고가 나라를 뒤흔들다'란 헤드라인으로 관련 내용을 대서특필했다. 2008년의 파수기도 시간에 "이스라엘 정치 영역에 '지진'을 선포하라"는 성령의 음성대로 행했던 우리는 이스라엘 유력 언론이 '흔들다'는 단어로 상황을 설명했다는 사실에 매우 놀랐다.

우리는 각자의 정치적 견해를 관철시키기 위해 기도해선 안 된다. 나 또한 그렇게 기도해 보았고, 실망도 해 보았다. 성경이 "주의 명령이 아니면 누가 이것을 능히 말하여 이루게 할 수 있으랴"(애 3:37)라고 명확하게 말하고 있다는 사실을 기억해야 한다. 지금까지 설명한 것은 내가 '왕관과 보좌의 중보와 예배'라고 부르는 정부적 중보와 예배의 좋은 사례이다.

왕관과 보좌의 패러다임

수캇 할렐의 지난 20년은 함께 예배와 기도를 하면서 충만한 기쁨을 누리는 시간이었다. 그것은 곧 '거문고와 금대접', 영어로는 하프(Harp)와 보울(Bowl)에 대한 계시의 시간이었다.

"그 두루마리를 취하시매 네 생물과 이십사 장로들이 그 어린 양 앞에 엎드려 각각 거문고와 향이 가득한 금 대접(하프와 보울)을 가졌으니 이 향은 성도의 기도들이라"(계 5:8)

그러나 하프와 보울은 계시록의 장로들이 가진 유일한 물건이 아니었다. 그들은 또한 '왕관과 보좌'도 갖고 있었다. (주님이 기다려 주신다면) 나는 다음 20년 동안에는 '왕관과 보좌'와 관련된 계시가 많이 나오리라 믿는다.

(주님이 기다려 주신다면) 나는 다음 20년 동안에는 '왕관과 보좌'와 관련된 계시가 많이 나오리라 믿는다.

"내가 곧 성령에 감동되었더니 보라 하늘에 보좌를 베풀었고 그 보좌 위에 앉으신 이가 있는데 앉으신 이의 모양이 벽옥과 홍보석 같고 또 무지개가 있어 보좌에 둘렸는데 그 모양이 녹보석 같더라 또 보좌에 둘려 이십사 보좌들이 있고 그 보좌들 위에 이십사 장로들이 흰 옷을 입고 머리에 금관을 쓰고 앉았더라"(계 4:2~4)

우리에게 지난 20년의 기도의 집 사역은 제사장으로서의 우리의 역할을 재발견하는 시간이었다. 우리는 주님과 친밀하게 교제하며 제사장적인 사명감으로 도시와 국가, 민족들을 위해 중보하는 기쁨을 누렸다.

기도 운동의 진전

이제 곧 다가오는 계절에 대한 성령님의 초점은 도시와 나라의 문에 앉아 만왕의 왕의 심판을 집행하고 감독하는 왕으로서의 우리의 역할을 재발견하는 것이라고 믿는다. 제사장으로서 우리는 주님을 향하는 사역으로 부르심을 받았다. 왕으로서 우리는 '주님으로부터 오는' 사역으로 부르심을 받았다. 이 시대에 다윗의 장막의 온전한 회복을 위해서는 제사장적이며 왕적인 기름부음이 모두 실현되어야 한다. '왕관과 보좌'란 용어는 함께 정부적 중보와 예배를 섬기는 나의 친구 돈 크럼이 처음으로 알려 주었다.

내가 이 용어를 또 다른 친구인 욘 해밀에게 전했는데, 당시 그는 3개의 다른 '흐름'을 상징하는 3개의 비행기에 대한 환상을 보았다고 말했다. 그것은 기도 운동의 3가지 흐름으로 1) 영토를 차지하는 전략적 기도의 흐름, 2) 영토를 점령하고 소유하기 위해 주님을 향하여 섬기는 기도의 집 혹은 사역의 흐름, 3) 영토에 대한 하나님 나라의 통치를 집행하는 '왕관과 보좌'의 기도 혹은 정부적 중보의 흐름이다. 이 3가지 기도의 유형은 사단의 보좌를 무너뜨리고 특정한 지정학적 장소에 주님의 보좌를 세우기 위해 필요하다. 우리는 하나님의 정부가 주님이 우리를 부르신 자리에 세워지기 위해서는 각각의 기도 흐름의 강조점과 강점이 모두 필요하다는 사실을 배우고 인정해야 한다.

정부적인 심기와 뽑기

예레미야 선지자는 예언적·정부적 중보를 위해 모태에서부터 부르심을 받았고, 청년의 때에 그 부르심의 자리에 배치되었다! 그의 사명은 성경에 자세히 설명되어 있다.

"여호와의 말씀이 내게 임하니라 이르시되 내가 너를 모태에 짓기 전에 너를 알았고 네가 배에서 나오기 전에 너를 성별하였고 너를 여러 나라의 선지자로 세웠노라 하시기로 내가 이르되 슬프도소이다 주 여호와여 보소서 나는 아이라 말할 줄을 알지 못하나이다 하니 여호와께서 내게 이르시되 너는 아이라 말하지 말고 내가 너를 누구에게 보내든지 너는 가며 내가 네게 무엇을 명령하든지 너는 말할지니라 너는 그들 때문에 두려워하지 말라 내가 너와 함께하여 너를 구원하리라 나 여호와의 말이니라 하시고 여호와께서 그의 손을 내밀어 내 입에 대시며 여호와께서 내게 이르시되 보라 내가 내 말을 네 입에 두었노라 **보라 내가 오늘 너를 여러 나라와 여러 왕국 위에 세워 네가 그것들을 뽑고 파괴하며 파멸하고 넘어뜨리며 건설하고 심게 하였느니라 하시니라**"(렘 1:4~10)

주님은 우리 시대에도 예언적 중보자들을 일으키신다. 이때, 다음과 같은 점들을 깨달아야 한다.

1) 어떤 중보자들은 특별한 방식의 기도를 위해 부름 받았다.

2) 그들은 주님이 '그의 말을 그들의 입에 두심'을 경험할 것이다. 그들이 받은 말들은 '뿌리 뽑고', '건설하고' 등 긍정적, 혹은 부정적일 수 있다.

3) 그들이 주님께서 주신 말씀을 선포할 때엔 국가적 차원의 엄청난 영향을 일으킬 수 있다.

왕들과 제사장들

'왕관과 보좌'의 기도가 기도의 집에서 일상적으로 기능하게 하려면 우리는 패러다임 전환을 해야 한다.

'왕관과 보좌'의 기도가 기도의 집에서 일상적으로 기능하게 하려면 우리는 패러다임 전환을 해야 한다. 에스더처럼 주님은 우리가 가지고 있는 '왕권'의 정체성을 진정으로 깨닫게 되도록 초청하신다. 따라서 우리는 이러한 기도에 들어가는 담대함을 가질 수 있다.

우리는 단순히 공동체의 일원이나 교회 회중으로 부름받은 것 뿐 아니라 주님의 법을 특정 지역에 공포하는 '의회'로서의 에클레시아로 부르심을 받았다는 사실을 깨달아야 한다. 고대에 도시의 장로들은 성문에 앉아 어떤 물건이나 어떤 사람이 성 안으로 들어올 수 있는지를 결정하는 역할을 담당했다.

"이 성읍들 중의 하나에 도피하는 자는 그 성읍에 들어가는 문 어귀에 서서 그 성읍의 장로들의 귀에 자기의 사건을 말할 것이요 그들은 그를 성읍에 받아들여 한 곳을 주어 자기들 중에 거주하게 하고"(수 20:4)

예수님도 같은 개념을 말씀하신다.

"또 내가 네게 이르노니 너는 베드로라 내가 이 반석 위에 내 교회를 세우리니 음부의 권세가 이기지 못하리라 내가 천국 열쇠를 네게 주리니 네가 땅에서 무엇이든지 매면 하늘에서도 매일 것이요 네가 땅에서 무엇이든지 풀면 하늘에서도 풀리리라 하시고"(마 16:18~19)

이 구절의 '교회'는 헬라어로 '에클레시아'다. 우리는 교회를 성도들의 모임 정도로 생각하는 경향이 있다. 물론 그것도 맞지만 더 큰 의미도 있다. 에클레시아는 원로들이 지속적으로 회동해 도시의 중요한 결정과 법령을 만드는 입법 기관의 모임을 지칭하기도 한다.

예수님은 교회라는 단어를 사용하실 때, 대적들이 도시를 침입하는데도 자신들의 공동체 안에서 안온한 삶을 즐기려는 유약한 공동체를 말씀하지 않으셨다. 주님은 사람들이 거하는 도시와 국가에 변혁을 일으킬 입법적 모임으로서 에클레시아를 언급하신 것이다.

주님께서 '음부의 문'(지옥)에 대해 말씀하실 때, 군사적 용어를 쓰셨다는 사실을 명심해야 한다. 우리는 적군을 공격할 때에 그들의 계획을 좌절시킬 수 있도록 적군의 문까지 나아가야 한다. '음부의 문'은 보통 집의 작은 대문들이 아니라 고대의 요새나 도시들을 지키는 거대하고 커다란 성문들을 가리킨다. 이 약속은 아브라함의 씨에게 처음으로 주어졌다.

"내가 네게 큰 복을 주고 네 씨가 크게 번성하여 하늘의 별과 같고 바닷가의 모래와 같게 하리니 네 씨가 그 대적의 성문을 차지하리라"(창 22:17)

우리는 하나님의 선택을 받은 히브리 백성에게 접붙여졌다. (롬 11:17,24 참조) 따라서 우리 모두는 아브라함의 영적 후예들로 대적들의 성문을 차지할 사명이 있다.

우리 대적들의 '성문을 차지하는 것'은 무엇을 의미하며, 어떻게 우리 도시와 국가의 성문들을 차지할 수 있을까? 히브리어로 '차지하다'라는 말은 '이전 세입자를 몰아내고 그들의 장소를 소유하는 것, 점령하고 상속받고 추방하고 빈곤하게 함, 적의 공급의 줄을 끊어버림으로 적을 굶주리게 함, 파괴함 혹은 몰수함' 등의 의미가 내

포되어 있다.[4]

그러면 우리는 이를 위해 어떻게 해야 하는가?

선포기도는 하나님의 뜻을 집행하게 한다

주님께서 주신 강력한 무기 창고를 완전히 가동시키려면 '선포기도'를 해야 한다. 성경 구절에 근거하여 표현하는 선포기도는 주님이 우리에게 주신 특정한 사명의 장소에 주님의 뜻이 집행되도록 한다.

이를 이해하기 위해서는 고대의 법 구조와 각 왕국에서 어떻게 법이 시행되었는지를 살펴보아야 한다. 왕이 자신의 왕국에 새로운 법령을 공포할 때에는 정해진 절차가 있다. 왕의 전령이 각 도시에 도착, 나팔을 불어 사람들을 모집하고 큰 소리로 왕의 법령을 선포할 때까지 그 새 법령의 효력은 발생하지 않는다. 이러한 절차는 다니엘서에서도 보인다.

"**선포하는 자가 크게 외쳐 이르되** 백성들과 나라들과 각 언어로 말하는 자들아 왕이 너희 무리에게 명하시나니 너희는 나팔과 피리와 수금과 삼현금과 양금과 생황과 및 모든 악기 소리를 들을 때에 엎드리어 느부갓네살 왕이 세운 금 신상에게 절하라

---

4. 제임스 스트롱(James Strong), 성경에 나오는 수많은 일치(Strong's Exhaustive Concordance of the Bible), Nashville, TN: Thomas Nelson, 1992)

누구든지 엎드려 절하지 아니하는 자는 즉시 맹렬히 타는 풀무불에 던져 넣으리라 하였더라 모든 백성과 나라들과 각 언어를 말하는 자들이 나팔과 피리와 수금과 삼현금과 양금과 및 모든 악기 소리를 듣자 곧 느부갓네살 왕이 세운 금 신상에게 엎드려 절하니라 그 때에 어떤 갈대아 사람들이 나아와 유다 사람들을 참소하니라 그들이 느부갓네살 왕에게 이르되 왕이여 만수무강 하옵소서 **왕이여 왕이 명령을 내리사** 모든 사람이 나팔과 피리와 수금과 삼현금과 양금과 생황과 및 모든 악기 소리를 듣거든 엎드려 금 신상에게 절할 것이라 누구든지 엎드려 절하지 아니하는 자는 맹렬히 타는 풀무불 가운데에 던져 넣음을 당하리라 하지 아니하셨나이까"(단 3:4-11)

나(릭)는 예레미야가 몸종인 바룩의 동생 스라야를 바벨론으로 보내 하나님이 자신에게 주신 다음과 같은 예언을 선포하게 하심을 보여주는 구절을 통해 성령이 이끄시는 선포기도가 성경적이라는 사실을 깨닫고 큰 격려를 받았다.

"유다의 시드기야 왕 제사년에 마세야의 손자 네리야의 아들 스라야가 그 왕과 함께 바벨론으로 갈 때에 선지자 예레미야가 그에게 말씀을 명령하니 스라야는 병참감이더라 예레미야가 바벨론에 닥칠 모든 재난 곧 바벨론에 대하여 기록한 이 모든 말씀을 한 책에 기록하고 스라야에게 말하기를 너는 바벨론에 이르거든 삼가 이 모든 말씀을 읽고 말하기를 여호와여 주께서 이곳에 대하여 말씀하시기를 이 땅을 멸하여 사람이나 짐승이 거기에 살지 못하게 하고 영원한 폐허가 되리라 하셨나이다하라 하니라 너는 이 책 읽기를 다한 후에 책에 돌을 매어 유브라데 강 속에 던지며 말하기를 바벨론이 나의 재난 때문에 이같이 몰락하여 다시 일어서지 못하리니 그들이

피폐하리라 하라 하니라 예레미야의 말이 이에 끝나니라"(렘 51:59-64)

오늘날에도 이런 선포기도의 능력은 발휘되고 있다. 2004년 2월
11일, 예루살렘에서 주목할 만한 영향력을 발휘한 선포가 있었다.
당시 우리는 예루살렘의 성전산과 관련, 오랫동안 기도하고 선포하
는 시간을 갖고 있었다. 우리가 예배하는 동안 갑자기 시편 99편을
즉시 선포하라는 긴박한 성령의 감동을 받았다. 시편 99편은 "여호
와께서 다스리시니 만민이 떨 것이요 여호와께서 그룹 사이에 좌정
하시니 땅이 흔들릴 것이로다"(1절)로 시작되어 성전산을 언급하는
9절로 마친다.

"너희는 여호와 우리 하나님을 높이고 그 성산에서 예배할지어다 여호와 우리 하나
님은 거룩하심이로다"

내가 영어로 된 시편 99편의 마지막 단어인 '거룩'을 선포한 바로
그 시점에 리히터 규모 5.0이 넘는 강진이 예루살렘을 강타, 천장의
전등이 흔들리더니 방 전체가 흔들리기 시작했다! 내가 시편 99편
1절로 선포한 바와 같이 땅이 흔들렸다! 지진이 진정되자 우리 중
보자 중 한 명인 우나 기어는 내가 시편 99편을 선포하러 일어났을
때, 자신이 계시록 11장의 예루살렘 지진에 관한 말씀을 받았다고
말했다.

다음 날, 현지 신문들은 놀랍게도 그처럼 큰 지진에도 성전산 위

의 황금 돔 사원의 지붕이 크게 금 간 것을 제외하고는 별 피해가 없었다고 보도했다!

이스라엘로 이어지는 지중해의 성문 취하기

2010년 6월, 나는 지중해에 위치한 텔아비브에서 메시아닉 유대인 목회자 아비 미즈라치가 이끄는 작은 중보자 모임에 참석했다. 그와 나는 소금(언약을 상징)과 기름(성령의 일하심을 상징)을 지중해에 붓고, 함께 선포했다. "이 물들에서 죽음 대신 생명이 나올지어다. 우리 주 예슈아 하마시아(히브리어로 예수 그리스도)의 이름으로 선포한다!" 이 예언적 행동은 열왕기하 2장 19~22절의 예언자 엘리사의 이야기에 기초한 것이었다.

"그 성읍 사람들이 엘리사에게 말하되 우리 주인께서 보시는 바와 같이 이 성읍의 위치는 좋으나 물이 나쁘므로 토산이 익지 못하고 떨어지나이다 엘리사가 이르되 새 그릇에 소금을 담아 내게로 가져오라 하매 곧 가져온지라 엘리사가 물 근원으로 나아가서 소금을 그 가운데에 던지며 이르되 여호와의 말씀이 내가 이 물을 고쳤으니 이로부터 다시는 죽음이나 열매 맺지 못함이 없을지니라 하셨느니라 하니"

예배 가운데 받은 예언적 계시에 기초해 행했던 이 같은 선포는 아주 현실적이며 시의적절했던 것으로 밝혀졌다. 2011년 1월, 나는 수캇 할렐에서 '상어 비전'(11장에서 언급)을 다시 나눠야 한다는 마음이 들었다. 지중해에서 다가오는 군사적 위협으로부터 보호를 받기 위해 새로운 방식으로 기도하라는 성령의 인도하심을 느꼈다.

2011년 1월 25일, 이집트에서 혁명이 일어나 수백만 명의 사람들이 길거리로 나아가 호스니 무바라크 대통령의 하야를 요구했다. 2월 2일 유튜브를 통해 나는 내가 받은 계시를 공유했다. "만약 무바라크 정권이 무너진다면 이란의 함선이 수에즈 운하를 통해 지중해로 들어올 것을 예상해야 합니다." 나는 이 비전을 이스라엘 안보 담당 고위 공무원과 나눴다. 미국 국방부 소속의 한 신자는 내게 그런 일은 불가능에 가깝다고 말했다. 그러나 결국 2월 11일 무바라크 대통령은 대통령직을 내려놓게 됐고 2월 22일, 2척의 이란 선적이 수에즈 운하를 통해 지중해로 항해했다!

내가 이 예언적 계시를 이스라엘의 고위 안보 담당 공무원과 공유했기 때문인지는 모르겠지만, 이스라엘 정보기관은 조심스럽게 2척의 이란 소속 배를 추적했다. 그 배들은 시리아에서 선적된 화물을 다른 배로 옮겨 실었다. 그 배가 가자지구와 이집트의 해안선을 따라 운항할 때, 이스라엘 공무원들이 조사를 위해 탑승했다. 그 배의 선장은 단지 면과 렌틸콩을 옮기는 중이라고 주장했다. 이스라엘 공무원들은 조사를 강행했고 결국 면과 렌틸콩 더미 밑에 숨겨진 50톤 이상의 무기와 한 방이면 배를 함몰시킬 수 있는 미사일 6기를 발견했다.

우리는 예언적 예배 중 받은 계시를 통해 많은 생명들을 지킬 수 있었다고 믿는다.

2011년 7월, 50여 명의 수캇 할렐 스태프와 가족들은 배를 타고 이스라엘과 레바논 사이의 지중해를 항해했다. 우리는 다시 지중해에 소금을 붓고 선포했다. "우리 주 예슈아 하마시아의 이름으로 명하노니 이 물로부터 죽음 대신 생명이 나올지어다!"

결국 지중해 물로부터 죽음이 발생하는 것이 멈추어졌을 뿐 아니라, 이 물에서 생명을 주는 것이 나왔다. 2010년 12월과 2012년 6월, 거대한 천연가스 층이 이스라엘의 해안 영토를 따라 매립되어 있는 것이 발견된 것이다. 이 발견 전에 이스라엘은 대부분의 천연가스를 이집트에서 수입해야 했다. 종종 이슬람 테러리스트들로 인해 이집트와 연결된 천연가스 파이프라인들이 파괴되곤 했었다. 그러나 이 천연가스의 발굴로 이스라엘은 더이상 이집트로부터 천연가스를 수입하지 않아도 되었다. 이제 이스라엘은 유럽에 천연가스를 가장 많이 수출하는 나라가 되었다. 이 물에서 죽음 대신 생명이 나온 것이다. 할렐루야!

이란의 핵 개발 프로그램을 멈추게 한 예언적 계시

2011년 11월 8일, 수캇 할렐의 강력한 예언적 예배 중, 나(릭)는 이란과 관련된 환상을 보게 되었다. 중동의 기도의 집들로부터 정결케 하는 파도가 일어나며, 그것이 중동을 가로질러 주님 오실 길을 예비하는 것이었다. 그리고 바벨탑이 이란에 있는 것을 보았는데,

이는 주님을 거역하는 여러 나라들이 연합해 일어나는 것을 상징했다. 나는 그들이 핵무기 프로그램을 진행시키는 것이라 감지했다. 그런데 그들이 바벨탑 맨 위에 놓을 마지막 돌들을 가지고 올 때, 천국에서 번개가 쳐서 제일 윗부분의 돌들이 떨어져 나감으로써 그들의 핵무기 개발에 차질이 생겼다. 그리고 나서 중동의 기도의 집들에서 나오는 예배의 물결이 이란의 모래들을 씻어 없애버림으로써 감춰진 것들이 드러나게 되었다.

같은 시기에 패트리샤는 자신이 2명의 과학자와 엘리베이터를 타고 아주 특별한 파랑색 타일 장식이 있는 깊은 산 속 밑으로 들어가는 꿈을 꿨다. 꿈에서 그 엘리베이터는 다시 산 밖으로 올라오지 못했다. 그녀가 나중에 구글을 통해 이란의 타일 장식을 검색했는데 꿈에서 본 것과 정확히 일치하는 타일을 찾을 수 있었다.

이란의 핵개발 프로그램에 제지가 있을 것이라는 환상을 받은 4일 후, 한 군사정보 기관의 웹사이트(2011년 11월 12일, Debka.com)에 이런 제목의 리포트가 실렸다. '이란, 핵탄두 샤하브-3 탄도 미사일의 탄도 장치 결함으로 인한 폭발로 최고의 미사일 전문가를 잃다.' 리포트에 따르면 테헤란 서쪽 46km 부근에서 일어난 폭발은 테헤란의 주택 창문을 깨트리고 상점에 피해를 입힐 정도로 강력했다. 내가 잘 아는 익명의 이스라엘 고위 안보 공무원은 나에게 이 리포트가 사실이라고 확인해 주었다.

그로부터 1년이 조금 지난 후, 또 다른 큰 폭발이 이란의 포르도 핵 개발 시설에서 일어났다. 2013년 1월 24일 월드넷데일리의 기사는 다음과 같다. '포르도를 수호하는 보안부대의 소식통에 따르면, 테헤란 시간으로 월요일 오전 11시 30분에 폭발이 일어나 공중 폭격이나 지하 파괴 폭탄에도 견딜 수 있도록 산 아래 깊이 감춰진 이 시설들을 파괴했다고 이슬람정보보안부서에서 일했던 하미드레자 자케리가 발표했다.'

폭발 후 이틀 후에도 소방대원들은 시설 안에 갇힌 사람들을 구조하지 못했다. 산 밑 300피트 지점에 위치한 이 공장에는 2개의 엘리베이터가 있었지만, 이 글을 쓰는 시점에는 무용지물이 되어버렸다. 엘리베이터 한 개는 240피트를 내려가 공장의 심장부에 닿을 수 있는 것이었다. 또 다른 한 개는 무거운 장비나 육불화우라늄을 이동할 수 있도록 바닥까지 내려갈 수 있는 것이었다. 한 개의 비상계단은 지하 바닥까지 내려갈 수 있으나 다른 하나는 그렇지 못했다. 소식통은 이 장소의 남서쪽 비상구에는 접근할 수 없게 되었다고 전했다.[5]

패트리샤의 꿈에서 산으로 나오는 터널들이 막혀있었던 점을 생각할 때, 이 일은 상당히 놀라웠다. 다니엘처럼 하나님을 찬양하자.

"다니엘이 말하여 이르되 영원부터 영원까지 하나님의 이름을 찬송할 것은 지혜와 능력이 그에게 있음이로다 그는 때와 계절을 바꾸시며 왕들을 폐하시고 왕들을 세우시며 지혜자에게 지혜를 주시고 총명한 자에게 지식을 주시는도다

---

5. https://www.wnd.com/2013/01/sabotage-key-iranian-nuclear-facility-hit/#qvyj8duvrCPgV1OF

그는 깊고 은밀한 일을 나타내시고 어두운 데에 있는 것을 아시며 또 빛이 그와 함께 있도다" (단 2:20~22)

선포기도를 위한 적절한 순간을 분별하기

13장의 잠비아로 밀려오는 메뚜기 떼를 막은 이야기에서, 우리가 국가적인 죄악을 함께 회개한 이후에서야 메뚜기떼가 국경을 넘어오지 못하도록 명령할 수 있도록 '인가'를 받았다고 느꼈다는 점을 주목할 필요가 있다.

'권한'과 '인가'는 차이가 있다. 믿는 자들로서 우리는 주 예수 그리스도의 이름과 피로 인한 '권한'이 있다. 그러나 '인가'는 천군 천사장이 "지금 쏘아라!"고 말씀하실 때 주어진다. 좋은 군사는 지휘관의 '인가'를 기다린다.

하나님이 우리 입에 말씀을 정말 넣어주셨는지를 분별하는 능력이 자람과 같이, 그 말씀이 우리 입을 통해서 언제 나가야 하는지에 대한 분별력도 자라야한다.

앞서 말한 예레미야 1장 9~10절에서 주님은 예레미야에게 열방에 관한 말씀을 선포할 능력을 주셨다고 말씀하셨다. 그러나 예레미야는 주님께서 이 말씀을 선포하라고 말씀하실 때까지 기다린다.

"가서 예루살렘의 귀에 외칠지라 여호와께서 이와 같이 말씀하시기를…"(렘 2:2)

선포를 거시적으로 보기

소리 내어 선포기도를 했다고 해서 가시적인 결과가 나오는 것은 아니다. 예레미야 1장 4~10절에 나온 대로 주님께서 그의 말씀을 우리 입에 넣어주셔야만 한다.

"주의 명령이 아니면 누가 이것을 능히 말하여 이루게 할 수 있으랴?"(애 3:37)

> 소리 내어 선포기도를 했다고 해서 가시적인 결과가 나오는 것은 아니다. 주님께서 그의 말씀을 우리 입에 넣어주셔야만 한다.

주변의 성숙한 중보자들에게 자신이 들은 바에 대한 확증을 받는 것이 중요한 이유가 여기에 있다. 물론 우리는 주님이 다시 오시기 전까지는 하늘의 나라가 땅에 온전히 임하고, 모든 상황이 바뀌는 것을 목도할 수 없다. 우리는 주님께서 천상에서 열도록 선포하신 문들만 이 땅에서 열 수 있고, 닫으라 명하신 문들만 이 땅에서 닫을 수 있다. 우리 모두 주님께서 확실한 말씀을 주실 때까지 인내하고, 자신이 들은 바를 다른 성숙한 중보자들을 통해 확인한 후에, 도시와 국가를 변혁시킬 선포를 할 수 있기 바란다.

15장

이스라엘과 함께 서기

"내가 노하여 너를 쳤으나 이제는 나의 은혜로 너를 불쌍히 여겼은즉 이방인들이 네 성벽을 쌓을 것이요 그들의 왕들이 너를 섬길 것이며"(사 60:10)

나는 이스라엘을 향한 하나님의 마음을 가족이나 교회를 통해 받지 않았다. 물론 가족이 반이스라엘적인 것은 아니었지만 우리 가족은 3대에 걸쳐 이집트에 헌신하며 사역해 왔다. 가족의 구성원으로 자연스레 나의 마음은 이집트에 향했다.

그러나 하나님을 갈망하며, 그분과 그의 마음을 사모할수록 이스라엘과 유대인을 향한 그분의 깊은 마음을 표현한 성경 말씀이 보이기 시작했다. 그리고 그 말씀들에 표현된 진리가 중동 사람들을 포함한 모든 이방인들을 향한 그분의 무한한 사랑을 감소시키는 것이 절대로 아님을 깨닫게 되었다. 대신, 이스라엘이 주님의 '장자'됨과 하나님과의 특별한 언약으로 인해 열방 가운데 주어진 특별한 부르심이 있음을 이해하게 되었다. 주님은 모세에게 이렇게 말씀하시며 이스라엘에 대한 자신의 마음을 표현하셨다.

"너는 바로에게 이르기를 여호와의 말씀에 이스라엘은 내 아들 내 장자라. 내가 네게 이르기를 내 아들을 보내 주어 나를 섬기게 하라 하여도 네가 보내 주기를 거절하니 내가 네 아들 네 장자를 죽이리라 하셨다 하라 하시니라"(출 4:22~23)

이와 같이 누구든지 하나님의 장자인 이스라엘을 향한 그분의 계획을 방해하면, 심각한 결과를 맞게 된다. 그렇다면 장자 됨은 무슨 의미가 있을까? 이 글을 쓰는 현재, 나에게는 14명의 손주가 있다. 나의 장녀에게는 8명의 아이가 있다. 첫째는 요시야인데 히브리어로 별명이 '요시'이다. 나는 종종 사위와 딸이 요시에게 그가 큰아들이라는 사실을 각인시키는 것을 본다. 장자로써 요시는 특별한 책임이 있다. 예를 들어, 영적·육적으로 다른 형제들에게 모범이 되어야한다. 딸 부부는 밖에 나가기 전에는 요시에게 동생들을 준비시키게한다. 그러나 가끔 동생들은 오직 요시만 밤늦게까지 자지 않아도 된다는 사실에 불만을 품는다. 즉, 장자인 요시에게는 특별한 책임과 특혜가 동시에 주어진 것이다.

하나님의 마음을 알려는 갈망이 있을 때, 우리는 이스라엘이 장자의 부르심을 다 이루도록 기도해야할 책임이 있음을 알게 된다. 이스라엘은 마지막 때(이사야 40:1~3 참조)에 '주님 오실 길을 준비하도록' 부름 받았다. 그 마지막 때에 이스라엘은 주인공의 역할을 할 것이다. 그러기에 주님의 마음을 알고 있는 우리는 이스라엘을 위한 중보의 사명을 감당해야 하는 것이다.

이스라엘과 하나님의 예언적 시간표

이스라엘의 회복은 다윗의 장막의 회복과 마지막 추수와 연결되어 있다. 이 세 가지의 중요한 주님의 마지막 시대 사명들은 아모스서 9장 11~15절에 표현된 것과 같이 연결되어 있다.

"그 날에 내가 다윗의 무너진 장막을 일으키고 그것들의 틈을 막으며 그 허물어진 것을 일으켜서 옛적과 같이 세우고 그들이 에돔의 남은 자와 내 이름으로 일컫는 만국을 기업으로 얻게 하리라 이 일을 행하시는 여호와의 말씀이니라 여호와의 말씀이니라 보라 날이 이를지라 그 때에 파종하는 자가 곡식 추수하는 자의 뒤를 이으며 포도를 밟는 자가 씨 뿌리는 자의 뒤를 이으며 산들은 단 포도주를 흘리며 작은 산들은 녹으리라 내가 내 백성 이스라엘이 사로잡힌 것을 돌이키리니 그들이 황폐한 성읍을 건축하여 거주하며 포도원들을 가꾸고 그 포도주를 마시며 과원들을 만들고 그 열매를 먹으리라 내가 그들을 그들의 땅에 심으리니 그들이 내가 준 땅에서 다시 뽑히지 아니하리라 네 하나님 여호와의 말씀이니라(암 9:11~15)

다윗의 장막의 회복

아모스는 11~12절에서 '무너진 다윗의 장막의 회복'을 예언한다. 아모스서의 이 예언적 말씀이야말로 우리의 기도의 집 사역의 기초이다. 현재 기도의 집들이 세계적으로 증가하는 현상을 볼 때, 무너진 다윗의 장막을 다시 세우시겠다는 주님의 약속이 부분적으로 성취되고 있음을 확신하게 된다.

간단히 말하자면, 다윗 왕이 이스라엘의 우상 숭배와 하나님에 대한 반항으로 블레셋 사람들에게 빼앗긴 언약궤(하나님의 임재의 장소)를 가져오기 원했을 때, 하나님은 오래된 '모세의 장막'을 다시 준비하라 명하지 않으셨다. 하나님은 과거의 장소 대신 새로운 중심, 즉 예루살렘에 새로운 장막을 세우라 말씀하셨다.

나는 아모스의 예언이 단지 멸망한 다윗 가문의 회복뿐이 아닌, 다시 오실 예수님이 앉으실 미래의 다윗의 보좌가 24/7 찬양과 기도로 예전의 다윗의 보좌와 같이 세워질 것을 말하고 있다고 믿는다.

> 다시 오실 예수님이 앉으실 미래의 다윗의 보좌는 24/7 찬양과 기도로 예전의 다윗의 보좌와 같이 세워질 것이다.

아모스는 "그들이 에돔의 남은 자와 내 이름으로 일컫는 만국을 기업으로 얻게 하리라"(암 9:12)며 다윗의 장막의 회복 목적을 말하고 있다. 이는 다윗의 장막의 회복이 중동에 있는 에서의 후손들이 다윗의 후손이신 주님의 왕국에 들어오게 되리라는 것을 시사한다. 중동의 무슬림들(에서의 자손들)이 큰 추수 때, 주님을 만나는 것을 말하는 것이기도 하다. 무슬림들은 우리가 자신들과 같이 하루 5번만 기도하는 것이 아니라 끊임없이 주님을 찬양하고 기도하는 것을 알면 굉장히 놀란다.

급격한 추수의 회복

아모스는 더 나아가 이 같은 회복이 주의 이름으로 일컫는 만국(이방인)에게 영향이 있을 것임을 예언했다. (12절) 이는 아모스가 예언한 두 번째 마지막 때의 사명인 '급격한 추수의 회복'을 가리킨다.

"여호와의 말씀이니라 보라 날이 이를지라 그 때에 파종하는 자가 곡식 추수하는 자의 뒤를 이으며 포도를 밟는 자가 씨 뿌리는 자의 뒤를 이으며 산들은 단 포도주를 흘리며 작은 산들은 녹으리라"(암 9:13)

그동안 첫 오순절(Shavuot) 이후 몇몇의 급격한 추수의 시간들이 있었지만 그 부흥들은 오래 지속되지 못했고 수도 많지 않았다. 그러나 최근 찬양과 기도의 운동이 세계를 휩쓸며 동아시아, 아프리카, 중남미 등의 몇몇 나라들에서 수많은 사람들이 주님의 나라로 밀려오고 있다.

나는 아모스가 이스라엘의 실질적인 곡물 추수의 회복 뿐 아니라 범국가적인 급격한 영혼의 추수 또한 예언하고 있다고 믿는다. 이 말씀의 성취는 이미 시작되었다. (인도네시아, 알제리의 급격한 추수에 관해 언급한 19장의 '추수의 파수' 참고)

이스라엘의 회복

아모스는 이어 이스라엘의 회복에 관해 계속 예언한다.

"내가 내 백성 이스라엘이 사로잡힌 것을 돌이키리니 그들이 황폐한 성읍을 건축하여 거주하며 포도원들을 가꾸고 그 포도주를 마시며 과원들을 만들고 그 열매를 먹으리라 내가 그들을 그들의 땅에 심으리니 그들이 내가 준 땅에서 다시 뽑히지 아니하리라 네 하나님 여호와의 말씀이니라"(암 9:14~15)

나는 아모스 9장의 예언 가운데 이 세 번째 주제가 다윗의 장막 회복과 급격해진 추수의 때가 언제일지 예측하게 한다고 믿는다. 주님이 흩어진 유대 민족을 그들의 땅으로 되돌리시고 다시는 뽑히지 않게 하실 때, 다윗의 장막의 회복과 급격해진 추수의 때가 도래할 것이다. 나는 그동안 50여개 국가에서 수많은 사역을 펼쳤다. 그런 가운데 최근 중국이나 인도네시아와 같은 나라들의 여러 도시에서 기도의 집이 증가하며 급격한 영적 추수가 일어나는 것을 경험하고 있다. 신기하게도 이 같은 곳의 대부분이 이스라엘의 영적·육적 회복을 향한 하나님의 마음을 깊은 계시로 받아 느끼고 있다.

나는 이스라엘에서 일어나는 일들은 열방에 나비효과를 일으킨다고 믿는다. 1948년 이스라엘이 국가로 인정됨과 동시에 전도 사역(빌리 그레이엄과 빌 브라이트)과 치유 사역(고든 린제이와 오랄 로버츠) 등이 전 세계를 강타한 것은 결코 우연일 수 없다.

고든 린제이의 손녀는 나에게 자신의 할아버지가 할머니에게 종종 "이스라엘이 국가로 회복될 때, 치유의 영이 강력히 부어질 거야"라고 말씀했다고 전해주었다. 이스라엘의 독립에 대한 뉴스를 들은 날, 고든 린제이는 아내에게 달려가 "이제 치유 사역을 시작해도 되겠어. 이제 기사와 이적이 나타날 테니 두고 봐"라고 말했다고 한다. 정확히 그런 일들이 일어났다! 그는 미국 댈러스에 'CFNI'(Christ for the National Institute)라는 기도, 경배, 치유, 선교, 그리고 이스라엘에 집중하는 신학교를 설립했다.

많은 분들이 나에게 "만약 예언이 성취된다면 왜 거룩한 땅 이스라엘에 그렇게 많은 죄가 있을 수 있습니까?"라고 묻는다. 그러나 그것이 바로 에스겔이 예언한 바다. 그는 죽은 유대인들이 무덤에서 나와 마른 뼈로 이스라엘에 돌아갈 것을 보여주고 있다.

"여호와께서 권능으로 내게 임재하시고 그의 영으로 나를 데리고 가서 골짜기 가운데 두셨는데 거기 뼈가 가득하더라 나를 그 뼈 사방으로 지나가게 하시기로 본즉 그 골짜기 지면에 **뼈가 심히 많고 아주 말랐더라**"(겔 37:1~2)

주님께서는 '마른 뼈'의 의미를 설명해주신다.

"또 내가 이르시되 인자야 **이 뼈들은 이스라엘로 온 족속이라 그들이 이르기를 우리의 뼈들이 말랐고 우리의 소망이 없어졌으니 우리는 다 멸절되었다 하느니라** 그러므로 너는 대언하여 그들에게 이르기를 주 여호와께서 이같이 말씀하시기를 **내 백성들아 내가 너희 무덤을 열고 너희로 거기에서 나오게 하고 이스라엘 땅으로 들어가게 하리라** 내 백성들아 내가 너희 무덤을 열고 너희로 거기에서 나오게 한즉 너희는 내가 여호와인줄 알리라 내가 또 내 영을 너희 속에 두어 너희가 살아나게 하고 내가 또 너희를 너희 고국 땅에 두리니 나 여호와가 이 일을 말하고 이룬 줄을 너희가 알리라 여호와의 말씀이니라"(겔 37:11~14)

에스겔의 환상에서 마른 뼈들은 고토로 돌아간 직후, 서로 연결되기 시작한다. 이것은 각각 먼 다른 나라에 흩어져 있던 유대인들이 서로 소통하며 관계를 맺고 결혼하는 것으로 현재 이스라엘에서 부분적으로 이뤄지고 있다. 프랑스 유대인들이 에티오피아 유대인들과 교제하고, 터키 유대인들이 미국계 유대인들과 소통하는 것처럼 말이다.

"이에 내가 명령을 따라 대언하니 대언할 때에 소리가 나고 움직이며 이 뼈, 저 뼈가 들어맞아 뼈들이 서로 연결되더라"(겔 37:7)

그러나 에스겔의 환상은 영적으로 마르고 죽은 뼈들이 본토로 돌아와 연합하는 것만으로 끝나지 않는다. 그는 생기(성령)가 사방으로부터 와서 이 뼈들에게 불게 될 것을 예언하라는 명령을 받았다.

나는 이스라엘의 영적 회복을 위한 열방의 기도 운동이 성령의 생기를 동서남북에 불게 할 것을 믿는다.

마지막으로 에스겔은 마른 뼈에 살과 가죽, 힘줄이 덮이고, 그것들이 하나님의 생기가 있는 '큰 군대'로 일어나는 것을 이스라엘의 회복으로 보았다.

"또 내게 이르시되 인자야 너는 생기를 향하여 대언하라 생기에게 대언하여 이르기를 주 **여호와께서 이같이 말씀하시기를 생기야 사방에서부터 와서 이 죽음을 당한 자에게 불어서 살아나게 하라 하셨다 하라** 이에 내가 그 명령대로 대언하였더니 생기가 그들에게 들어가매 그들이 곧 살아나서 일어나 서는데 극히 큰 군대더라"
(겔 37:9~10)

기적적인 수렴

앞서 말한 바와 같이 영·육적 이스라엘 회복의 기적은 다윗의 장막의 회복, 그리고 급격한 추수의 회복과 긴밀한 관계가 있다. 이 같은 기적이 이스라엘의 근대 국가로의 회복 선언과 함께 일어났다. 만방에 흩어진 모든 유대인들은 매주 안식일에 회당에 모여 같은 성경 구절을 읽는다.

이스라엘은 1948년 5월 14일 금요일 오후, 곧 안식일 바로 전에 독립을 선언했다. 독립 선언 후, 대표자들은 바로 회당으로 갔을 것이다. 우리 사역자 가운데 한 명인 마이클 코헨은 생전에 어느 날 갑자기 '독립을 선언한 대표자들은 그날 회당에서 어떤 성경 구절을 읽었을까?'라는 생각을 했다. 그는 인터넷 검색을 통해 그들이 다음 구절을 선포했음을 발견했다.

"그 날에 내가 다윗의 무너진 장막을 일으키고 그것들의 틈을 막으며 그 허물어진 것을 일으켜서 옛적과 같이 세우고 그들이 에돔의 남은 자와 내 이름으로 일컫는 만국을 기업으로 얻게 하리라 이 일을 행하시는 여호와의 말씀이니라 **여호와의 말씀이니라 보라 날이 이를지라 그 때에 파종하는 자가 곡식 추수하는 자의 뒤를 이으며 포도를 밟는 자가 씨 뿌리는 자의 뒤를 이으며** 산들은 단 포도주를 흘리며 작은 산들은 녹으리라 **내가 내 백성 이스라엘이 사로잡힌 것을 돌이키리니 그들이 황폐한 성읍을 건축하여 거주하며** 포도원들을 가꾸고 그 포도주를 마시며 과원들을 만들고 그 열매를 먹으리라 **내가 그들을 그들의 땅에 심으리니 그들이 내가 준 땅에서 다시 뽑히지 아니하리라 네 하나님 여호와의 말씀이니라**"(암 9:11~15)

할렐루야!

하나님의 이름과 마음

이스라엘의 회복이 하나님의 마지막 때의 계획과 예언 성취에 중요하다는 사실을 아는 것보다 이스라엘이 기도의 집으로서 지닌 사명의 성취를 위해 중보하는 것이 더 중요하다. 여기에는 두 가지 이

유가 있다. 하나님의 이름과 하나님의
마음 때문이다.

우리의 중보가 깊어질수
록 우리 마음속에는 하나
님의 이름이 영광 받기를
열망함이 자라야만 한다.

　우리의 중보가 깊어질수록 우리 마음
속에는 하나님의 이름이 영광 받기를 열
망함이 자라야만 한다. 이스라엘은 하
나님의 이름에 연결된 유일한 국가이
다. (하나님의 이름 중 하나는 '이스라엘의 하나님'이다.) 그분의 또
다른 이름은 '예루살렘의 왕'으로 예루살렘과 이름을 함께하셨다. 그
래서 이스라엘과 예루살렘을 향한 하나님의 예언이 성취될 때, 그분
의 이름이 영광을 받는다. 다니엘이 기도한 이유는 바로 주님의 이
름의 영광을 걱정했기 때문이다.

"그러하온즉 우리 하나님이여 지금 주의 종의 기도와 간구를 들으시고 주를 위하여
주의 얼굴빛을 주의 황폐한 성소에 비추시옵소서 나의 하나님이여 귀를 기울여 들
으시며 눈을 떠서 우리의 황폐한 상황과 **주의 이름으로 일컫는** 성을 보옵소서 우리
가 주 앞에 간구하옵는 것은 우리의 공의를 의지하여 하는 것이 아니요 주의 큰 긍휼
을 의지하여 함이니이다 주여 들으소서 주여 용서하소서 주여 귀를 기울이시고 행
하소서 지체하지 마옵소서 **나의 하나님이여 주 자신을 위하여 하시옵소서 이는 주
의 성과 주의 백성이 주의 이름으로 일컫는 바 됨이니이다**"(단 9:17-19)

　마지막으로 하나님의 땅과 도시를 향한 그분의 마음을 위로하
기 위해 이스라엘과 예루살렘을 위해 기도해야 한다. 예레미야 3장

19~20절에서 하나님은 이스라엘로 인한 당신의 이름을 걱정하시는 것이 이기적인 것이 아니라 이스라엘을 아비와 남편과 같이 사랑하기 때문이라고 하셨다.

"내가 말하기를 내가 어떻게 하든지 너를 자녀들 중에 두며 허다한 나라들 중에 아름다운 기업인 이 귀한 땅을 네게 주리라 하였고 내가 다시 말하기를 너희가 나를 나의 아버지라 하고 나를 떠나지 말 것이니라 하였노라 그런데 이스라엘 족속아 마치 아내가 그의 남편을 속이고 떠나감 같이 너희가 확실히 나를 속였느니라 여호와의 말씀이니라"(렘 3:19~20)

그러므로 우리는 이스라엘을 향하신 하나님의 생각과 계획을 넘어, 남편과 아비의 마음을 우리에게도 부어주시기를 기도해야 한다.

생생한 예

신학교 재학 중, 내 친한 친구의 아내가 그를 떠났다. 그녀는 하나님을 완전히 떠났고, 여러 남자들과 동거하기 시작했다. 대다수의 사람들은 내 친구에게 부인을 잊어버리고 새출발을 하라고 말했다. 그러나 친구는 부인을 깊이 사랑했다. 그 친구는 내 방에 와서 울부짖으며 기도하며 그녀가 하나님과 자신에게 돌아오기를 간구했다. 나도 점차 친구의 마음을 느끼게 되어 그와 함께 그녀를 위해 울며 기도하기 시작했다.

얼마 후, 친구의 전 부인(둘은 이미 이혼했다)이 전화를 걸어와 자신이 하나님께로 돌아왔다며 울먹이며 말했다. 친구는 큰 위로를 받았다. 그 모습에 나도 매우 기뻐했다. 그녀는 자신이 잘못된 결정을 함으로써 그에게 큰 슬픔을 주었다고 하면서 "당신이 나를 용서하며 나를 다시 아내로 받아줄 수 있다고 상상하는 게 얼마나 미친 생각인지 알고 있어"라고 말했다. 이에 친구는 "나는 당신을 이미 용서했어. 당신과 다시 함께 하는 것보다 내 평생에 더 원하는 것이 없어"라고 답했다. 그들은 재혼했다. 그것이 신부된 이스라엘을 향해 오래 참으시는 주님의 마음을 표현하는 상징이란 마음이 들었다.

우리가 넘어진 이스라엘을 향한 주님의 고통과 사랑의 마음을 느끼며 그 땅을 위해 중보할 수 있기를…

우리 모두가 이스라엘을 향한 하나님의 예언적인 계획을 이해하는 것을 넘어, 넘어진 이스라엘을 향한 그분의 고통과 사랑의 마음 또한 느끼며 그 땅을 위해 중보할 수 있기를 바란다. 그분의 마음을 깊이 느낄 때, 우리는 이스라엘과 함께 서는 것을 어떤 것보다 우선시하며 살게 될 것이다.

16장

이사야 19장 대로

"그 날에 애굽에서 앗수르로 통하는 대로가 있어 앗수르 사람은 애굽으로 가겠고 애굽 사람은 앗수르로 갈 것이며 애굽 사람이 잇수르 사람과 함께 경배하리라. 그 날에 이스라엘이 애굽 및 앗수르와 더불어 셋이 세계 중에 복이 되리니"(사 19:23~24)

　어느 날 저녁 수캇 할렐에서 '바그다그의 비숍'으로 알려진 캐논 앤드류 화이트가 이라크를 향한 그의 마음과 이사야 19장에 제시된 예언의 실현에 이라크가 어떤 역할을 하는지에 대한 말씀을 나눴다. 그는 그의 아버지가 다른 이로부터 받았다가 자신에게 물려준 오래된 낡은 성경을 들어 보였다. 그것은 유명한 영국의 부흥사역자 스미스 위글스워스의 성경이었다. 그는 성경 속 줄이 쳐진 수많은 구절들을 보여주며 그것들은 모두 위글스워스에게 계시가 풀어진 것이라고 말했다. 그리고 이사야 19장을 펼쳤는데 어떤 구절에도 줄

이 쳐져 있지 않았다! 앤드류는 우리에게 왜 이사야 19장에는 아무런 표시가 없는지를 물었다. 그러면서 자신의 생각에는 이사야 19장의 계시는 스미스 위글스워스의 세대를 위한 것이 아니라 우리 세대를 위한 것이기 때문일 것 같다고 말했다.

우리 세대를 향한 하나님의 목적 섬기기

나는 앤드류의 이야기가 사실이라고 생각한다. 어떤 계시의 말씀은 그 말씀이 이루어질 세대를 위해 오랫동안 드러나지 않았다. 이것은 사도행전 13장 36절에서도 엿보인다.

"다윗은 당시에 하나님의 뜻을 따라 섬기다가 잠들어 그 조상들과 함께 묻혀 썩음을 당하였으되"

이 말씀은 내가 20살 쯤 되었을 때, 큰 영향을 미쳤다. 위대한 영국 작가 아더 월리스는 그의 책에 이 말씀을 인용했다. 월리스는 우리가 정말 인생에서 가장 좋은 것을 원한다면, 우리 세대를 향한 하나님의 목적을 분별하고 하나님께서 우리의 시간대에 하시는 일에 우리를 온전히 드리는 것이 중요하다고 말했다.

나는 이사야 19장 23~25절의 놀라운 예언이 우리 세대를 향한 하나님의 가장 중요한 목적들 중 하나라고 믿는다.

"그 날에 애굽에서 앗수르로 통하는 대로가 있어 앗수르 사람은 애굽으로 가겠고 애굽 사람은 앗수르로 갈 것이며 애굽 사람이 앗수르 사람과 함께 경배하리라 그 날에 이스라엘이 애굽 및 앗수르와 더불어 셋이 세계 중에 복이 되리니 이는 만군의 여호와께서 복 주시며 이르시되 내 백성 애굽이여, 내 손으로 지은 앗수르여, 나의 기업 이스라엘이여, 복이 있을지어다 하실 것임이라"

이사야가 언급한 앗수르는 지금의 시리아가 아니라 위대한 앗수르 제국에 속했던 중동 대부분의 지역을 의미한다. 다음 지도는 고대의 앗수르 제국의 영토에 위치한 현대의 국가들을 보여준다.

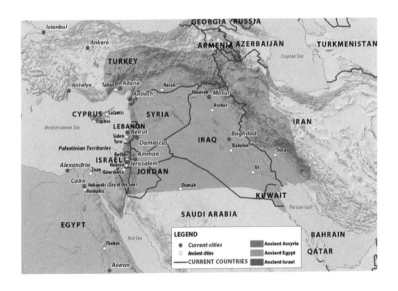

이라크에서 이사야 19장 선포하기

2001년, 주님께서는 나를 사담 후세인의 통치 아래의 이라크로 기도 임무를 수행하도록 보내셨다. 그때는 미국 국민들이 그곳에서 환영받지 못할 때였다. 그러나 주님께서 기적적으로 문을 여셨고, 나는 믿음으로 이라크에 들어갔다. 바그다드 호텔에서 많은 중동 남자들 속에서 아침 식사를 하려 했을 때, 영어를 유창하게 구사하는 이집트인이 식탁 건너편에 앉아있었다. 그는 성령 충만한 크리스천으로 이집트 내 중보기도 운동을 이끌고 있었다. 나는 그에게 밖으로 나가 조용히 이야기할 수 있느냐고 물었다. 그에게 내가 미국인으로 이스라엘에서 산다고 말하자 그는 눈을 크게 뜨며 소리치듯 말했다. "정말이요? 당신은 여기 있으면 아주 위험해요. 왜 여기 오신 거죠?"

나는 그에게 "이사야 19장에 관해 들어본 적 있나요?"라고 물었다. 그러자 그는 바로 답했다. "당연하죠. 저는 이집트인인걸요. 그리고 이사야 19장에는 이집트에 관한 아주 중요한 예언이 있지요."

나는 주님이 고대의 니느웨(앗수르의 오랜 수도), 바벨론, 우르에서 이사야 19장 23~25절의 예언을 성취할 시즌이 도래했음을 선포하라고 내게 말씀하셨다고 설명했다.

"정말요?"

내 새로운 이집트 친구가 소리쳤다.

"주님께서 저에게도 똑같은 말씀을 하시고 언급한 도시들에 가라고 말씀하셨어요!" 놀라운 일이었다. 우리는 함께 니느웨, 바벨론, 우르에 가서 기도하며 주님께서 이사야에게 주신 이 놀라운 예언을 선포했다.

우리의 관계는 여러 해를 거쳐 깊어졌고 긴밀하게 이집트 사역을 협력해 진행했다. 그는 이집트 기도 운동의 리더가 되어 수만 명의 중보자들을 인도하며 이집트의 부흥을 위해 기도하고 있다.

이사야 19장 대로의 중요성

왜 이사야 19장이 우리 세대에 그토록 중요한가? 그리고 하나님은 어떻게 그 예언을 실현시키실까? 여기 우리에게 하나님이 행하시는 일들을 이해하고 기도할 수 있게 도와주는 몇 개의 원칙이 있다.

1. 모든 국가나 민족은 하나님으로부터 받은 특별한 은사와 사명이 있다. 우리가 1983년 처음으로 해외 사역을 위해 이사했을 때, 나는 솔직히 이런 생각을 했다. '왜 유럽은 이렇게 다를까? 왜 여기 사람들은 미국 사람들처럼 올바른 방법으로 못하는 거지?' 1년 후, 우리가 유럽인들의 삶의 방식에 적응했을 때, 나는 또 이렇게 생각하기 시작했다. '왜 미국인들은 유럽 사람들처럼 바른 방법으로 못하는 걸까?' 나는 너무나도 그들의 문화에 적응하기 원했기에 내가 미국 사람이라고 스스로 인정하는 것조차 어려울 지경이 되었다. 그

후, 나는 영적으로 생각한다며 "나는 미국인이 아니라 천국 시민이야"라고 말하기 시작했다.

그것이 아주 영적으로 들릴 수 있겠지만, 완전히 맞는 것은 아니다. 물론 하나님 나라의 문화는 용서, 겸손, 섬기기 등과 같은 특성이 있으며, 그것은 모든 인류의 문화를 뛰어넘는다. 그러나 하나님 나라의 문화는 민족적인 문화와 특성을 지우지 않는다. 대신 그것을 회복시킨다. 사탄은 민족의 문화에 영향을 미쳐 모든 것을 더럽힌다. 그러나 사탄이 우리 문화에 덧씌워둔 것들이 벗겨지면 모든 나라들[헬라어로 '에스노'(ethno)로 불리는 민족 그룹들]이 스스로 하나님으로부터 특별한 은사와 사명이 있음을 발견하게 된다.

그러므로 천년왕국 이후에도, 새 예루살렘에서 우리의 민족적 정체성은 사라지지 않고 주님께 경배할 것이다. 사도 요한은 계시록에서 이렇게 말한다.

"성 안에서 내가 성전을 보지 못하였으니 이는 주 하나님 곧 전능하신 이와 및 어린 양이 그 성전이심이라 그 성은 해나 달의 비침이 쓸 데 없으니 이는 하나님의 영광이 비치고 어린 양이 그 등불이 되심이라 만국이 그 빛 가운데로 다니고 땅의 왕들이 자기 영광을 가지고 그리로 들어가리라 낮에 성문들을 도무지 닫지 아니하리니 거기에는 밤이 없음이라 **사람들이 만국의 영광과 존귀를 가지고 그리로 들어가겠고** 무엇이든지 속된 것이나 가증한 일 또는 거짓말 하는 자는 결코 그리로 들어가지 못하되 오직 어린 양의 생명책에 기록된 자들만 들어가리라"(계 21:22~27)

2. 하나님을 온전히 알기 위해 우리는 모든 아브라함의 자손들을 향한 그분의 마음을 알아야만 한다. 우리가 처음 예루살렘으로 이사 왔을 때, 이스라엘 사람들은 우리가 자신들의 편에만 서고 다른 사람들은 등지게 하려 했다. 어떤 이들은 아랍인들을 사랑하려면 유대인들을 증오해야 하고, 유대인을 사랑하려면 아랍인을 증오해야 한다고까지 주장했다. 그러나 이것은 육의 눈으로만 상황을 보는 것이다.

우리가 도착하고 얼마 후, 내 친구 존 도슨이 메시아닉 유대인과 아랍 목사들 간의 깊은 화합을 위해 준비된 미팅에 나를 초대했다. 그때, 한 아랍 리더가 다음과 같은 아주 단순하지만 깊이 있는 말을 했다. "만약 아랍인을 혼적인 사랑으로 사랑한다면 당신은 곧 아랍인을 증오하게 될 것입니다. 그러나 만약 어떤 그룹이던지 하나님께서 주신 영적인 사랑으로 사랑한다면, 그들을 계속 사랑하게 될 것입니다."

그의 말을 듣자 모든 것이 단순하게 정리됐다. 하나님을 사랑하면, 모든 피조물들을 향한 하나님의 마음이 느껴져 누구든지 조건 없이 사랑할 수 있게 되는 것이다. 물론 이스라엘을 향한 특별한 하나님의 뜻은 결코 없어지지 않지만, 아랍인들에게도 역시 하나님의 뜻이 있다. 두 그룹을 모두 하나님의 사랑으로 사랑해야 하는 이유가 여기에 있다.

한번은 내가 주님께 아랍인들은 석유를 통해 너무나 많은 재정을 갖고 있다고 불평했다. 그때, 하나님이 아브라함에게 그의 자녀 이스마엘의 후예를 축복하시겠다고 약속하신 것을 지키기 위해 그들에게 부의 축복을 주신 것이라며 나를 책망하시는 것이 느껴졌다. 창세기 17장에서 하나님은 구원의 언약을 확실히 하시며 이삭을 통해 약속의 땅에 대한 성취가 이뤄질 것이라고 하셨다. 그때, 아브라함은 이스마엘을 향한 그의 사랑을 표현하며 간구했다.

"이스마엘이나 하나님 앞에 살기를 원하나이다!"(창 17:18).

주님께서 재차 주님의 구원과 약속의 땅의 언약은 이삭의 계보를 통해 이뤄질 것이라고 확인하셨지만, 동시에 이스마엘과 그의 후손들에게도 강력한 예언적 축복을 하셨다.

"이스마엘에 대하여는 내가 네 말을 들었나니 내가 그에게 복을 주어 그를 매우 크게 생육하고 번성하게 할지라 그가 열두 두령을 낳으리니 내가 그를 큰 나라가 되게 하려니와 내 언약은 내가 내년 이 시기에 사라가 네게 낳을 이삭과 세우리라"
(창 17:20~21)

내 경험과 현지 리더들의 말에 비춰볼 때, 중동의 많은 나라에서 무슬림이 회심해 주께 나오면 거의 모든 경우 얼마 지나지 않아 이스라엘을 향한 하나님의 사랑의 마음을 받게 된다.

우리의 청년 집회 엘라브에서, 나는 이슬람교 배경의 젊은 자매에게 백혈병을 치유 받은 간증을 부탁했다. 그 순간, 그녀는 "네, 그

런데 그보다 더 큰 간증을 나누게 허락해 주신다면 좋겠습니다"라고
말했다. 내가 그것이 무엇이냐고 묻자 그녀는 "저의 가장 큰 간증은
주님께서 제게 유대인과 이스라엘을 사랑하는 마음을 부어주신 것
입니다"라고 말했다. 그녀는 자신이 이전에 이슬람 테러 집단인 하
마스의 멤버였다고 고백했다. 당시 우리 사역자 중 한 명이 그녀와
이웃으로 살았는데 경제적으로 어려웠던 그녀의 가족들에게 옷가
지와 음식을 나눠 주었다. 우리 사역자들은 매우 아팠던 그녀의 어
머니를 위해 예수의 이름으로 기도해주었다. 그러자 그녀의 어머니
는 치유되었고, 자신의 인생을 주님께 맡겼다. 그녀는 어머니가 그
리스도인이 된 것을 무척 부끄러워했다.

그러다 그녀는 백혈병에 걸려 몇 개월밖에 살 수 없다는 청천벽력
같은 진단을 받았다. 그녀는 친구에게 "지금 나는 이슬람 방식으로
기도해야 할지, 크리스천 방식으로 기도해야 할지 잘 모르겠어. 크
리스천들이 기도해 주었을 때 우리 엄마가 나았거든"이라고 말했다.
그녀의 무슬림 친구는 "그렇다면 너를 지으신 분께 자신을 나타내서
서 너를 치유해 달라고 기도하면 어때? 그리고 누구건 너를 치유할
수 있다면, 나도 그를 섬길게"라고 언급했다.

그날 밤, 주 예수 그리스도께서 빛나는 모습으로 그녀의 꿈에 나
타나서서 말씀하셨다. "나는 너를 지었으며 지금 너를 치유하고 있
단다. 바로 의사들에게 가보렴. 그들이 너의 치유 받은 것을 보게 될
거야." 그녀는 의사들에게 가서 다시 검사를 해달라고 고집했다. 의
사들은 그녀의 고집에 결국 재검사를 실시했다. 놀랍게도 그녀가 백

혈병에서 완전히 자유하게 되었다. 그들은 모두 큰 충격을 받았다. 그녀는 이런 대단한 치유의 기적보다 더 큰 기적이 임했다면서 예수님께 온전히 마음을 드렸을 때, 그분이 자신의 마음에 유대인들과 이스라엘을 향한 사랑을 가득 채우셨다는 것이었다.

우리는 군복무 중인 젊은 메시아닉 유대인에게도 간증을 부탁했다. 그는 친구와 복무 중, 아랍 테러분자들의 공격을 받기도 했었다. 그는 그동안 자신의 마음 안에 모든 아랍인들을 향한 쓴뿌리와 편견이 있었음을 미처 알지 못했다고 했다. 그러던 중 우리 집회에서 한 아랍 형제가 예수님께서 어떻게 그의 돌 같은 마음을 부셔서 유대인들을 사랑하는 마음으로 바꾸게 하셨는지 간증했다. 그의 간증을 들으며 이 젊은 군복무 중인 유대인 형제는 성령께서 아랍인들을 증오하는 자신의 굳은 마음을 책망하고 있음을 느꼈다. 그때 주님께서 자신의 마음을 깨뜨리시고 아랍인들을 사랑하는 마음을 주셨다고 간증했다.

이 같은 놀라운 주님의 역사가 중동과 북아프리카 등 모든 이사야 19장의 경배의 대로 지역에서 일어나고 있다.

이집트의 집회 후, 콥틱 배경의 젊은 여인이 간증하는 것을 들었다. 그녀는 구원의 경험을 통해 인생의 전환을 맞은 이후, 매일 저녁 침실에서 성경을 읽으며 주님과 시간을 보내게 되었다. 그러던 어느 날 밤, 예수님께서 방 안으로 걸어 들어오셨다. 그녀는 그것은 환상이 아니라 실제 주님이 자신에게 나타나셨다고 강조했다. 주님은 그녀에게 "나는 네가 내 백성 이스라엘을 사랑하기 원한다!"고 말씀하셨다. 그녀는 솔직하게 "오 주님, 저 그거는 못해요. 저와 같은 이집트인들은 이스라엘인들을 싫어한단 말이에요"라고 대답했다. 그러자 주님이 눈물을 흘리며 우시기 시작했다. 그리고 말씀하셨다. "내가 너를 다 용서했고 이렇게 사랑하는데도, 너는 육신을 따라 행하며 너의 형제들을 용서하지 못한단 말이냐? 그녀는 즉시 회개했다. 이후 그녀의 마음은 유대인과 이스라엘을 향한 사랑으로 가득 차게 되었다.

이렇게 이사야 19장 23~25절에 기록된 화해의 대로의 예언이 실현되기 시작하면서 지금까지 수백, 또는 수천의 사람들이 그와 같은 계시를 받았다.

3. 우리의 생각은 인본적인 미디어를 통해서가 아니라 하나님의 말씀으로 형성되어야 한다. 아브라함의 모든 후손을 향한 주님의 마음을 받고 이사야 19장의 예언의 성취를 위해 효과적으로 기도하려면 미디어나 정치적 여론들을 통해 만들어지는 편견으로부터 우리의 생각들을 정결하게 구별해야 한다.

우리는 광범위한 세계의 주류 미디어가 기껏해야 인본적인 사고체계를 지니고 있고, 심하게 말하면 적그리스도적이며 하나님에 대항하는 사상에 편중되어 있다는 사실을 깨달아야 한다. 우리는 바울의 다음 같은 권면을 반드시 유념해야 한다.

이사야 19장의 예언의 성취를 위해 효과적으로 기도하려면 미디어나 정치적 여론들을 통해 만들어지는 편견으로부터 우리의 생각들을 정결하게 구별해야 한다.

"너희는 이 세대를 본받지 말고 오직 마음을 새롭게 함으로 변화를 받아 하나님의 선하시고 기뻐하시고 온전하신 뜻이 무엇인지 분별하도록 하라"(롬 12:2)

우리의 생각이 말씀으로 새롭게 되고 변화되기 위해 이 구절을 문자 그대로 받아들여야 한다. 여기서 더 깊게 들어가지는 않겠지만 (이에 관해서는 쉽게 검색할 수 있다) 거짓 교리인 '대체신학'과 성경의 '비유적 해석'은 주후 3세기에 형성되었다. 이는 성경에서 '이스라엘'이란 단어를 '교회'로 바꾸어 사람들에게 성경 말씀의 많은 구절들을 왜곡하여 받아들이게 했다. 일례로, 대체신학의 신봉자들은 에스겔 37장의 마른 뼈들이 모여지는 것을 교회로만 해석한다. 물론 그것은 교회의 연합과 관련해서도 적용될 수 있지만, 본래의 주된 의미는 에스겔 37장 11~14절 말씀처럼 실제적인 이스라엘을 나타내는 것이었다.

"또 내게 이르시되 인자야 **이 뼈들은 이스라엘 온 족속이라** 그들이 이르기를 우리의 뼈들이 말랐고 우리의 소망이 없어졌으니 우리는 다 멸절되었다 하느니라 그러므로 너는 대언하여 그들에게 이르기를 주 여호와께서 이같이 말씀하시기를 내 백성들아 내가 너희 무덤을 열고 너희로 거기에서 나오게 하고 **이스라엘 땅으로 들어가게 하리라** 내 백성들아 내가 너희 무덤을 열고 너희로 거기에서 나오게 한즉 너희는 내가 여호와인 줄을 알리라 내가 또 내 영을 너희 속에 두어 너희가 살아나게 하고 내가 또 너희를 너희 고국 땅에 두리니 나 여호와가 이 일을 말하고 이룬 줄을 너희가 알리라 여호와의 말씀이니라"

우리가 이사야 19장 23~25절이 이집트와 중동에서 실제적으로 일어날 대추수에 관한 말씀임을 믿는다면, 당연히 위에 언급된 에스겔서의 구절들이 실제적인 이스라엘을 나타낸다는 사실을 믿어야 한다.[6] 이사야가 이 예언을 받았을 때, 이집트와 앗수르 왕국은 오랜 기간 서로 전쟁을 벌였었고, 이스라엘은 실제로 두 국가로부터 침공을 자주 받았다.

예배를 위한 마음의 전쟁

중동 분쟁의 핵심은 예루살렘을 중심으로 한 영적 전쟁이다. 예루살렘에서는 성전산을 두고 영적 전쟁이 벌어지고 있으며, 성전산에서의 영적 전쟁은 하나님의 '거룩한 산'을 누가 통치하며 예배를 받을 것인가에 초점이 맞춰져 있다.

우리가 예루살렘으로 이사 온 얼마 후, 나는 중동의 분쟁이 단순히 역사와 전쟁, 난민 등으로만 이해될 수 없음을 깨닫게 되었다. 그곳에는 분명히 영적인 영역이 있다. 물론 나는 에베소서 6장 12절 말씀을 잘 알고 있다.

---

6. 이 부분을 더 알고 싶다면 Tom Craig의 Living Fully for the Fulfillment of Isaiah 19: When Egypt, Assyria and Israel Will Become a Blessing in the Midst of the Earth를 살펴보기 바란다. 역주: 현재 우리나라에 '경배의 대로'(탐 크레이그 저, 경배의 대로 출판사)로 출판되었다.

"우리의 씨름은 혈과 육을 상대하는 것이 아니요 통치자들과 권세들과 이 어둠의 세상 주관자들과 하늘에 있는 악의 영들을 상대함이라"

그러나 내가 영적 전쟁에 관한 더 깊은 이해를 위해 부르짖어 간구할 때, 모든 우주의 영적 전쟁의 중심은 '예배를 위한 전쟁'임을 즉각적으로 깨닫게 되었다.

다윗의 장막의 회복이 예배와 관련된 이유가 거기에 있다. 또한 이사야 19장에 기록된 것처럼 오늘날 주님이 중동에서 하시는 일의 중심에 예배가 있는 이유다.

> 모든 우주의 영적 전쟁의 중심은 '예배를 위한 전쟁'이다.

그리고 또 깨달은 것은 이 우주의 초점은 산 같지도 않은, 그저 보잘 것 없는 언덕에 불과한 성전산에 있다는 사실이다. 왜 그렇게 작은 언덕인 성전산이 실질적으로나 영적 영역에서 주목을 받는 것일까? 이는 하나님께서 (지금은) 이 낮은 곳을 이 땅에 주님의 최종적인 정부를 세우실 중심지로 채택하셨기 때문이다. 예언자 에스겔은 이렇게 묘사했다.

"그 후에 그가 나를 데리고 문에 이르니 곧 동쪽을 향한 문이라 이스라엘 하나님의 영광이 동쪽에서부터 오는데 하나님의 음성이 많은 물소리 같고 땅은 그 영광으로 말미암아 빛나니 그 모양이 내가 본 환상 곧 전에 성읍을 멸하러 올 때에 보던 환상 같고 그발 강가에서 보던 환상과도 같기로 내가 곧 얼굴을 땅에 대고 엎드렸더니 여호와의 영광이 동문을 통하여 성전으로 들어가고 영이 나를 들어 데리고 안뜰에 들어가시기로 내가 보니 여호와의 영광이 성전에 가득하더라 **성전에서 내게 하는 말을 내가 듣고 있을 때에 어떤 사람이 내 곁에 서 있더라 그가 내게 이르시되 인자야 이는 내 보좌의 처소 내 발을 두는 처소, 내가 이스라엘 족속 가운데에 영원히 있을 것이라 이스라엘 족속 곧 그들과 그들의 왕들이 음행하며 그 죽은 왕들의 시체로 다시는 내 거룩한 이름을 더럽히지 아니하리라**"(겔 43:1~7)

주님은 성전산을 이 땅에 그의 보좌의 처소, 그의 발을 두는 처소로 택하셨을 뿐 아니라(사 66:1 참조), "내가 나의 왕을 내 거룩한 산 시온에 세웠다 하시리로다"(시 2:6)라고도 말씀하셨다. 다른 말로, 예수님께서 돌아오실 때, 천년 왕국 통치 기간 중 우리가 지금 성전산으로 알고 있는 곳에 좌정하셔서 통치하실 것이다. 이것은 이사야 2:1~4에 더 자세히 설명되어 있다.

"아모스의 아들 이사야가 받은 바 유다와 예루살렘에 관한 말씀이라 **말일에 여호와의 전의 산이 모든 산 꼭대기에 굳게 설 것이요 모든 작은 산 위에 뛰어나리니 만방이 그리로 모여들 것이라 많은 백성이 가며 이르기를 오라 우리가 여호와의 산에 오르며 야곱의 하나님의 전에 이르자 그가 그의 길을 우리에게 가르치실 것이라 우리가 그 길로 행하리라 하리니 이는 율법이 시온에서부터 나올 것이요 여호와의 말씀이 예루살렘에서부터 나올 것임이니라** 그가 열방 사이에 판단하시며 많은 백성을 판결하시리니 무리가 그들의 칼을 쳐서 보습을 만들고 그들의 창을 쳐서 낫을 만들 것이며 이 나라와 저 나라가 다시는 칼을 들고 서로 치지 아니하며 다시는 전쟁을 연이러한 예언적 구절을 미뤄 볼 때, 사탄 또한 성전산을 전쟁의 초점으로 만들어 놓았다는 사실이 놀랍지 않다. 사탄은 미뤄진 심판의 징표인 성전산 위에서 이뤄질 하나님의 목적에 열방이 대항해 맞서게 한다. 성전산과 관련한 사탄의 열망은 이사야 14장에 명료하게 나타난다. 거의 모든 성경학자들은 13절이 사탄에 관해 말하고 있다는데 동의한다.

"네가 네 마음에 이르기를 내가 하늘에 올라 하나님의 뭇 별 위에 내 자리를 높이리라 내가 북극 집회(시온)의 산 위에 앉으리라"

여기서 '집회의 산'은 이스라엘 사람들이 예배하기 위해 모였던 장소를 의미하는 성전산의 또 다른 이름이다.

사탄이 하늘에서 주님의 보좌를 탐할 뿐 아니라, 이 땅에서도 주님의 보좌를 원한다는 것은 분명하다. 그는 하늘의 예배만이 아니라 이 땅의 예배도 탐내고 있다. 그래서 사탄은 지구상에 있는 하나님의 보좌와 예배의 중심지인 성전산에 욕망의 눈길을 고정하고 있는 것이다.

많은 이슬람 테러리스트들이 성전산이 '세상의 보좌'임을 대부분의 크리스천들보다 더 잘 알고 있다는 것은 슬픈 사실이다. 이는 하마스의 리더 칼레드 마샬이 2006년에 다마스커스 회교 사원에서 말한 것을 보면 잘 알 수 있다.

"알라로 인해, 너희는 패배할 것이다. 너희는 팔레스타인에서 패배할 것이다. 진실로, 이스라엘이 그곳에서 패배하고 있다. 이스라엘이 멸망할 때, 그곳에 숨어있는 겁쟁이들도 다 멸망할 것이다. … **곧 우리 국가(이슬람을 지칭함)가 '세상의 보좌'를 차지할 것이다.** 이것은 그저 상상의 산물이 아니라 엄연한 사실이다."

이사야 19장 대로의 위조품으로, 사탄은 예루살렘에 죽음과 멸망을 가져오는 대로를 만드는 비전을 펼치고 있다. 백만이 넘는 이집트인들이 타흐리르 광장에 모여 소리치며 자신들이 생명을 걸고 예루살렘까지 진격해 그곳을 해방시켜야 한다고 외치는 영상을 이집트의 한 중보자가 내게 보내왔다.

그들의 예루살렘에 관한 집착은 IS의 테러리스트 아부 사피야가 유튜브에 내보낸 성명문에서도 보인다. "아부 바크르 알 바다디(전 IS리더)는 알라가 모든 벽을 허무신다고 말씀하셨다. 이라크, 요르단, 레바논…. 우리가 알쿠즈(예루살렘)에 도달할 때까지."

주님께서 그리스도가 오시기 700년 전에 이것을 먼저 아시고 계획을 준비하셔서 그의 선지자 이사야에게 계시하셨다는 사실을 깨닫지 못한다면, 예루살렘과 성전산을 향하는 이 사탄적 '대로'는 매우 안타깝게만 보인다.

4. 이사야 19장 대로는 예루살렘에 있는 하나님의 거룩한 산에서 지존하신 주님을 향한 경배를 회복하는데 열쇠이다. 2750년 전, 주

님은 예루살렘과 그의 발을 두실 처소를 향하는 마지막 때의 위대한 대로를 만드실 계획을 미리 공포하셨다! 그분의 거룩한 계획에 이사야 19장 23~25절 말씀대로 이집트, 이스라엘, 그리고 대부분의 중동 국가들이 포함되어 있다.

나는 이사야 19장 대로의 기초가 기도의 집에서 조성된다고 믿는다. 이사야는 19장에서 이것이 '예배의 대로'라는 사실을 명확하게 했다.

가짜 대로들

2015년 9월 23일, 나는 수캇 할렐에서 이사야 19장 나라들의 영적 영역에서 무슨 일이 일어나고 있는지에 관한 환상을 보았다.

첫째, 예루살렘을 향한 사탄의 가짜 대로가 건설되고 있는 것을 보았다. 이 악한 대로는 신속히 건설되는 듯 보였다. 악한 세력들이 중기 롤러들을 운전하며 아스팔트를 만들고 있었다. 때때로 그들은 사람을 롤러로 밀어 죽이고, 죽은 몸 위에 아스팔트를 부어 은폐하려 했다. 그리고 예루살렘을 향한 도로 건설을 완성하기 위해 계속 중기 롤러를 운행했다.

그때, 나는 이사야 19장 지역의 하늘 영역을 보게 되었다. 각 지역의 기도의 집들이 기둥이 되어 하늘에서 먼저 구축된 대로를 땅에 내려놓기 전에 지탱이 되도록 돕고 있었다. 각각의 기도의 집 기둥으로부터 땅으로 내려가는 경사로가 있었다. 거기서 천사들이 불기둥처럼 오르내리며 성령의 불을 기도의 집들이 위치한 도시로 가져가는 것을 보았다. 천사들은 몇몇의 기도의 집을 '난민의 집'으로 세웠고, 몇몇 도시들을 진동(shaking)의 시기들에 추수와 그리스도인들의 보호를 위한 '도피성'으로 만들었다.

나는 심지어 지도를 통해 기도의 집, 난민들의 집, 도피성의 위치를 볼 수 있었다. 물론 내가 알고 있는 도시들이 전부는 아니었지만, 이라크의 에르빌, 터키의 가지안테프와 디야르바크르, 레바논의 베이루트, 이스라엘의 예루살렘과 디베랴, 여리고, 그리고 이집트의 많은 곳과 특히 사막에 위치한 시설에 있는 기도의 집을 보았다.

예루살렘 위로 이러한 천상의 대로를 지탱하는 동서남북으로 뻗은 4개의 기둥을 보았다. 이 기도의 집 기둥들은 도시를 둘러싼 고리 또는 순환 도로를 받치고 있었으며 순환 도로를 둘러싸고 천사들이 운반하는 불기둥들이 더욱더 빠르게 움직였다.

그 후, 주님께서 예루살렘을 향해 건설된 사탄의 대로를 심판하시기 시작했다. 주님은 사탄의 악한 계획으로부터 보호하기 위해 난민들의 집과 도피성을 울타리로 에워싸셨다. 그리고 지진과 진동을 일으켜 사탄의 대로를 부수기 시작하셨다. 악한 대로를 통해 진군하는 사탄의 군대에 분열의 영을 보내시자 그들은 서로 다투기 시작했다.

이 진동의 시간에 천사들이 나르는 성령의 불은 이사야 9장 대로 위에서 더 빨리 움직이며 주님의 목적들의 실현을 가속화하기 시작했다. 나는 그것을 보며 이사야 19장 대로의 전체 구간이 이 땅에 언제라도 내려올 수 있음을 깨달았다.

2008년 이후, 우리는 수캇 할렐의 핵심 리더 중 한 명인 게리 클라인과 함께 '기도의 집 해산 세미나'를 중동 여러 국가에서 개최했다. 게리는 메시아닉 유대인들과 믿는 아랍인들 및 외국인들을 개인별, 혹은 팀별로 기도의 집이 있는 각 지역에 파송하는 사역을 담당하고 있다.

우리는 주님이 이 지역에서 행하시는 일들을 부분적으로 이해할 뿐이다. 그러나 우리는 주님께서 지금 이사야 19장 경배의 대로를 구축하고 계시며 그 일을 위해 그의 천사들을 불기둥처럼 보내신다는 사실을 경험하고 있다. 결과적으로 이 이사야 19장의 말씀이 풀어지면서 '경배의 대로'를 따라 기도의 집이 급속히 증가하고 있는 것도 보고 있다.

주님은 그분의 집과 대로를 직접 건설하고 계신다! 지금 이집트, 이스라엘, 중동 지역에서 과거에는 불가능해 보였던 일들이 실제로 일어나고 있다. 많은 기도의 집들이 '해산'되어 여러 사람들이 영적 돌파와 변혁이 불가능하다고 여겼던 이 지역들에서 큰 변화가 일어나고 있다. 주님은 반드시 말씀을 성취하신다. 그분은 그 땅에 경배의 대로를 구축하실 것이다!

> 주님은 그분의 기도의 집과 경배의 대로를 직접 건설하고 계신다! 지금 이집트, 이스라엘, 중동 지역에서 과거에는 불가능해 보였던 일들이 실제로 일어나고 있다.

17장

증축된 이사야 19장 대로

우리가 이사야 19장 대로에 더 깊숙이 연결되자 하나님은 2개의 중요한 퍼즐을 알려주셨다. 극동 지역과 아프리카의 수많은 예배자와 중보자들이 이사야 19장 대로의 나라들에 파송되도록 도로가 증축된 것이다. 이것은 기도의 집들과 다가오는 추수의 수확을 돕게 될 것이다.

하나님은 내게 "너희는 길에 서서 보며 옛적 길 곧 선한 길이 어디인지 알아보라"는 예레미야 6장 16절 말씀을 생각나게 하셨다. 나는 이 구절이 먼저 정의의 관점에서 옛적 길을 언급하고 있다는 사실을 알고 있었지만, 주님은 이사야 19장에 나오는 지역에 연결된 고대의 대로들을 찾아보도록 이끌어주셨다. 그 결과, 고대의 극동과 아프리카 지역의 무역 노선들은 모두 이집트, 이스라엘, 앗수르에 모이게 된다는 점을 발견했다. 참으로 신기한 일이었다.

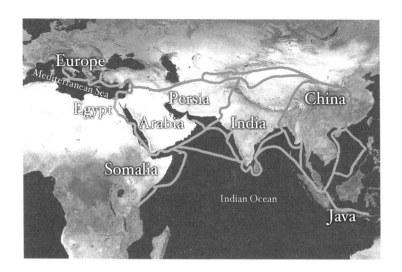

    실크로드를 통해 극동으로부터 들여온 비단과 향신료 등은 이스라엘, 그리스, 로마 등에서 아주 귀하게 취급되었다. 예수님 탄생 당시 동방 박사들이 가져온 몰약과 유향 역시 황금과 같은 가치로 여겨졌을 것이다. 성경은 모세의 장막에서, 그리고 이후에 솔로몬의 성전과 두 번째 성전에서 주님 앞에 올린 향이 아주 귀한 재료의 '희생'이었음을 보여주고 있다. 주님 전에 바친 향의 배합표는 출애굽기 30장에 잘 설명되어 있다.

"여호와께서 모세에게 이르시되 너는 소합향과 나감향과 풍자향의 향품을 가져다가 그 향품을 유향에 섞되 각기 같은 분량으로 하고 그것으로 향을 만들되 향 만드는 법대로 만들고 그것에 소금을 쳐서 성결하게 하고 그 향 얼마를 곱게 찧어 내가 너와 만날 회막 안 증거궤 앞에 두라 이 향은 너희에게 지극히 거룩하니라 네가 여호와를 위하여 만들 향은 거룩한 것이니 너희를 위하여는 그 방법대로 만들지 말라"

(출 30:34~37)

탈무드에 나온 성전 향 배합표에 따르면 적어도 몇 종류의 향은 가끔은 '향의 섬'으로 불리는 인도네시아 섬들을 포함한 극동 지역에서 왔다. 나는 예수님이 예루살렘 성전으로 걸어 들어오셔서 아름다운 향을 맡으시면서 '언젠가 인도네시아와 극동 지역에서 사람들의 경배의 향이 올라갈 것이야'라고 생각하시는 것이 그려진다.

몰약과 나드에 대해서는 로맨틱하고 친밀한 방식으로 아가서 4장 13~14절과 5장 5절, 13절에 언급되어 있다. 그리고 베다니의 마리아가 주님을 경배하며 예수님의 발에 부은 향유(요 12:1~10 참조)는 인도와 네팔, 중국에 걸쳐 있는 히말라야 산맥에서 발견되는 나드 꽃으로 만들어진 것이다. 분명, 예수님은 언젠가 인도인, 네팔인, 중국인들이 친밀하고 깊은 경배를 주님께 드릴 것을 아셨을 것이다.

극동으로의 사명

나는 기도의 집들의 설립을 통해 이사야 19장의 국가들을 변화시키는 일에 극동 지역의 믿는 자들이 전략적으로 사용되어질 것을 알려주는 2개의 상세한 환상을 받았다.

첫 번째 아시아 비전: 거대한 독수리

2009년, 나는 수캇 할렐에서 예배하다가 큰 독수리가 다가와 내 눈을 매우 골똘하게 주시하는 것을 보았다. 그 독수리는 나를 등에 태워 아시아로 데려가 더 높은 관점에서 그곳을 볼 수 있게 했다. 먼저 중국의 만리장성을 보았다. 만리장성의 몇 부분이 땅으로 침몰되기 시작했다. 이는 주님이 곧 중국 그리스도인들에게 열방에서 주님의 일을 할 수 있도록 더 큰 자유를 허락하실 것임을 알게 되었다. 그 다음, 천사들이 땅 밑의 터널들을 볼 수 있게 뚜껑 문들을 여는 것을 보았다. 천사들은 믿는 자들을 이 터널들로 데리고 들어가, 그들에게 새로운 옷가지, 여권, 돈을 주었다. 그 천사들은 터널을 통해 그들이 땅 위로 올라올 수 있게 했다. 이어 그들이 새롭게 일어날 기도의 집들에서 스태프로 일하기 위해 비행기를 타고 중앙아시아와 중동으로 가는 것을 보았다. 그 다음에 중국 사람들이 용의 옷을 입고 춤추는 것이 보였다. 나는 중국인들이 용과 같은 사탄의 힘의 영향을 받고 있다는 것을 깨달았다. 그러나 주님께서 아래로 내려가서서 춤추는 자들의 용무늬 옷을 들어 올리셨는데 이는 악한 영의 힘으로부터 그들이 벗어날 것을 상징했다. 그리고 나는 같은 종류의 용의 춤과 그로부터 벗어나는 일이 **대만**의 거리에서도 동일하게 일어나는 것을 보았다.

그리고 나서 **홍콩**을 날아 지나갈 때, 나는 매우 큰 빌딩들의 수가 줄어드는 것을 보았다. 이는 물질주의 사상의 제단을 만들어 경배한 이들에게 재정적인 반전이 일어날 것을 상징했다. 그러나 동시에 금 벽돌로 만들어진 새로운 고층 빌딩들이 세워지는 것을 보았다. 나는 이것이 주님 나라의 비전을 지닌 믿는 자들의 사업이 번성될 것임을 알았다. 또한 그 금은 현세적인 것이 아닌, 영원히 지속될 사업을 상징하는 빌딩을 건축하는 데 사용될 것임도 보았다.

싱가포르에서도 비슷한 상황들을 보았다. 홍콩과 싱가포르를 잇는 다리가 건설되는데 이를 위해 금 벽돌이 양쪽으로 이동되고 있었다. 이는 주님이 싱가포르와 홍콩의 하나님 나라를 위한 기업들을 연결시키시는 것을 상징했다. 싱가포르와 홍콩에서 온 사람들이 금 벽돌을 서쪽을 향해 던졌다. 나는 이를 기도의 집들을 통해 중앙아시아, 중동, 이스라엘의 일을 감당할 자들을 위한 재정적인 공급이라 이해했다. 그들의 하나님 나라를 위한 고층 건물들은 계속 높아져갔다.

한국에서는 북한과 남한이 말굽자석 모양처럼 보였는데 양측이 각각의 남북 경계선을 서로 밀쳐내고 있었다. 그러다 남한의 자석이 뒤집어지면서 두 개의 자석은 서로 끌어당기며 경계선에서 합쳐졌다. 이윽고 경계선에 쳐 있던 철조망들이 녹아내리기 시작했다. 거의 동시에 주님의 손이 두 자석을 곧게 세워 잡고 계시는 것을 보았다. 주님이 자석들을 사용해 한국의 믿는 자들을 골라내서서 중앙아시아, 중동, 북 아프리카 국가들에 떨어뜨리셨고 그들이 새로 일어나는 기도의 집들에 자리 잡게 하셨다. 남한은 벌써 홀로 중동에 영향을 미치고 있는데, 통일된 한국은 얼마나 더 많은 영향을 끼치겠는가?

다음으로 **인도네시아**를 보았다. 여러 마리의 커다란 코끼리들이 인도네시아 옆에 누워있었다. 코끼리들은 일어서서 아주 커다란 통나무들과 튼튼한 밧줄을 흔들다리를 건축하는 자리에 놓기 시작했다. 이 다리는 중앙아시아와 중동에 다다랐다. 이어 많은 인도네시아 인들이 다리를 건너 중앙아시아와 중동에 나타날 새로운 기도의 집의 일원이 되기 위해 여행하기 시작했다.

이어서 나는 댄서들이 커다란 실크 천을 손에 잡고 일렁이듯이, 천사들이 **인도** 지도의 가장자리를 잡고 있고 흔드는 것을 보았다. 인도가 천사들로 인해 흔들리자, 인도 내의 어떤 그리스도인들은 미사일처럼, 어떤 이들은 마치 비둘기와 같이 중앙아시아와 중동으로 발사되거나 날아갔다.

그 후, **필리핀**의 믿는 자들이 흑백의 종업원 옷을 입은 것을 보았는데 그들은 정부 요인들과 비즈니스 리더들의 집으로 잠입 침투했다. 나는 그들이 특별히 중동의 기도의 집들의 부흥이 일어나도록 돕는 일에 부르심을 받았다는 사실을 보았다.

마지막 때 군대

2009년 12월 28일, 나는 "극동의 준비된 화살들이 화살 통에서 나와 왕을 대적하는 적군들의 심장을 관통할 때다"라는 소리를 들었다. 나는 이 소리가 시편 45편 5절과 이사야서 49장 2절에 기초한 것이라 느꼈다. 나의 시선은 메시아가 '새벽이슬 같은' 주의 청년들을 받으실 주의 권능에 날에 대해 말하는 시편 110편 3절로 향했다.

'새벽이슬(의 때)'은 새벽에 가장 먼저 해가 뜨는 곳, 즉 극동 지역을 상징한다. 나는 시편 110편 3절이 주님이 극동에서 일으키실 마지막 때의 거대한 영적 군대가 영광의 왕이 예루살렘에 돌아오시는 길을 준비하는데 큰 역할을 할 것임을 나타낸다고 믿는다.

극동에서 일어난 마지막 때의 군대가 주님의 화살 통에서 나와 주님으로부터 쏘아진 화살처럼 중앙아시아, 중동, 북아프리카의 기도의 집들로 날아가길 기도한다. 그들이 이 메마르고 필요가 절실한 국가들의 영적 추수를 견인하는 중대한 사명을 받아들이길 소망한다. 그리고 그들이 진실로 '왕의 대로'를 준비함으로 주님의 영광이 동쪽으로부터 다시 한 번 예루살렘으로 임하기를 기도한다.

나는 시편 110편 3절이 주님이 극동에서 일으키실 마지막 때의 거대한 영적 군대가 영광의 왕이 예루살렘에 돌아오시는 길을 준비하는데 큰 역할을 할 것임을 나타낸다고 믿는다.

두 번째 아시아 비전: 말들, 낙타들, 코끼리들

2012년 2월, 수캇 할렐의 저녁 파수 중, 나는 극동, 이스라엘, 그리고 중동지역에 대한 주님의 전략을 나타내는 환상을 받았다. 극동지역에서 큰 군대의 중보자, 예배자, 추수의 일꾼들이 중동의 기도의 집들을 돕기 위해 오고 있었다.

먼저 부흥의 횃불을 가지고 한국에서 오는 말들이 보였다. 그들은 선교를 위해 우선적으로 동원되었다. 그들은 중동에 큰 무리를 지어 도착하는 첫 번째 군대였다.

극동 지역에서 큰 군대의 중보자, 예배자, 추수의 일꾼들이 중동의 기도의 집들을 돕기 위해 오고 있는 것을 보았다.

그 다음으로는 낙타들이 보였는데 중동 지역 기도의 집들을 위해 실크와 제사장 옷과 재정적 지원을 가지고 오는 중국과 아시아 지역에 흩어진 화교들이었다. 그들은 말들보다는 조금 천천히 움직였지만, 아주 끈기가 있었다. 그것은 그들이 인내와 핍박을 견뎌낸 선물을 주님께 바칠 것임을 상징했다. 그들은 엄청난 양의 생명의 물을 중동에 가져왔다.

그 다음에는 인도네시아에서 오는 코끼리들을 보았다. 그들은 낙타보다 더 천천히 움직였지만, 움직일 때마다 거대한 영향을 미쳤다! 그들은 통나무(힘을 상징)와 밧줄(유연성을 상징)로 중동에 도달할 수 있는 다리를 만들었다. 그들은 중동에 오는 길에 다른 코끼리들(일꾼들)을 필리핀, 말레이시아, 싱가포르, 인도에서 데리고 왔다. 이 거대한 코끼리들은 중동 지역의 악한 영들과 적들의 견고한 진들을 밟아 부수기 시작했다. 그들의 코는 쇼파르(양각나팔) 같았다. 그들이 나팔 소리를 울릴 때 주님의 적들은 무서워 떨기 시작했다. 그리고 코끼리들이 땅 위에서 발을 구르자, 영적 지진이 일어나서 중동을 가로지른 단단한 땅들이 열리기 시작했다. 코끼리들은 예루살렘을 향해 계속 나아갔는데, 구약의 성전과 장막의 때처럼 예루살렘에서의 경배를 위해 아주 많은 양의 향과 향신료를 가져갔다.

중동에 엄청난 변화를 가져온 이 군대의 구성원들은 한국인, 중국인, 인도네시아인 등 3개 국가의 사람들이었다. 나는 그들이 인내로 핍박을 이겨냈기에 주님의 특별한 선택을 받았다고 믿는다. 이 환상은 우리와 연관된 '다윗성 기도의 집' 책임자인 존과 우나 기어가 2014년 봄, 우즈베키스탄의 사마르칸트에 있을 때 특이하게 확인되었다. 그들이 한때 실크로드의 중요한 거점이었던 고대 도시 사마르칸트에서 기도하고 있었는데 현지의 박물관에서 고대 실크로드의 무역 상황을 묘사한 아주 오래된 벽화를 베낀 그림을 보았다. 놀랍게도 그 그림의 무대 행렬 앞과 중앙에는 말들과 낙타들, 그리고 코끼리 한 마리가 있었다.

　초기 수캇 할렐의 리더였던 맥 맥코이가 멋지게 이 환상을 그림으로 그렸다.

　물론 이 환상은 실제로 일어나는 일들을 보면서 확인이 될 것이다. 나는 극동 지역의 한 집회에 초대 받은 적이 있었는데, 집회의 주제는 사역자를 양성해 중동의 기도의 집에 보내는 것이었다. 우리와 관계된 중동의 기도의 집들에는 단기적·장기적으로 극동 지역으로부터 점점 더 많은 중보자들이 오고 있는 것을 보게 된다.

아프리카의 관련성: 이집트의 고대 길

　최근, 주님께서 이사야 19장 대로를 건설하는 데 많은 아프리카 국가들이 참여할 것이라고 강조해주셨다. 고대의 앗수르 제국이 현대의 시리아보다 훨씬 더 강대했던 것처럼 고대 이집트 제국의 영토

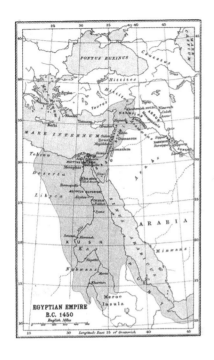

도 현대의 이집트보다 훨씬 더 넓었다는 사실을 기억할 필요가 있다. 여기 고대 이집트 제국의 규모를 보여주는 지도[7]가 있다.

고대 아시아의 주요 도로들이 중동과 연결되었듯이 고대 아프리카의 도로[8]들도 이집트와 연결되어 있었고, 이집트를 통해 이스라엘을 포함한 중동과 연결되었다.

이사야 19장 대로를 재건하는 데 있어 아프리카의 역할

2015년 11월, 수캇 할렐에서 예배하는 중에 나는 아프리카에 스포트라이트가 비춰지는 것을 보았다. 그런데 아프리카의 경계는 주

7. Bartholomew, J. G.(John George), E.P. Dutton(Firm), and J.M. Dent & Sons. "Egyptian Empire B.C. 1450." Map. 1913. Norman B. Leventhal Map & Education Center, https://collections.leventhalmap.org/search/commonwealth:3f463745j(accessed July 12, 2019).

8. 많은 도로들을 아래의 링크에서 찾아볼 수 있다: http://www.geocities.ws/ccnywciv/reader/africatrademap.jpghttps://www.gifex.com/detail-en/2009-11-06-10899/Historical_map_of_Africa_circa_1400.html 두 번째 링크의 프랑스 지도의 검은 선은 중세 시대의 무역로이다.

술과 우상 숭배의 높은 벽으로 막혀있었다.

그때 주님께서 남아프리카공화국 케이프타운의 바다에 지팡이를 내리치셨다. 그로 인해 큰 빛의 파도가 일어나 남아공에서 이집트에 이르는 전 아프리카 대륙을 휩쓸었다. 파도가 계속 일어나고, 이어 지진과 진동이 이어지면서 주술의 영으로 형성된 벽이 바스러져 내리기 시작했다. 주술사들과 무당들이 무릎을 꿇고 회개하며 예수님을 경배하는 모습이 보였다. 점차 경계선에서 우상들이 떨어져나갔다.

그리고 아프리카 전역에서 부흥과 추수의 도미노가 이어지는 대로를 보았다. 그 대로는 이집트를 향해 나갔다. 남쪽의 남아프리카공화국과 모잠비크와 같은 나라들로부터 도미노 조각들이 떨어져 내렸고, 그것들은 북쪽을 향해 움직였다. 서쪽 아프리카의 가나, 부르키나파소, 나이지리아와 같은 나라에서 동쪽을 향해 도미노들이 무너지기 시작했다. 이 도미노들이 떨어져 나가면서 부흥과 추수의 강력한 힘이 우간다와 케냐를 지나 북쪽 에티오피아, 그리고 이집트로 움직였다.

추수의 도미노와 빛의 파도가 이집트에 도달했을 때, 고대 이집트의 거대한 우상들이 무너지기 시작했다. 나는 이사야 19장에 묘사된 것처럼 주님이 '빠른 구름'을 타고 이집트에 임하시는 것을 보았다. 그것을 보며 우상들이 두려워 떨며 무너졌다. 그리고 거대한 피라미드에서 나오는 적색 기둥으로 된 주술의 빛이 꺼지면서(1991년에 주님이 처음으로 내게 보여주셨던 환상) 이집트와 열방의 나라들에 더이상 어떤 어둠의 영향을 미칠 수 없게 되었다.

나는 이 아프리카의 주술의 영들을 뒤엎어버리는 새로운 단계의 돌파가 이사야 19장 대로의 아프리카 구간에서 시작해 중동으로 들어가, 그곳에 자리 잡은 주술의 영들을 깨뜨리며 추수의 지경을 넓힐 것이라 느꼈다.

이 환상은 놀라운 방법으로 곧 확인되었다. 2주가 채 지나지 않은 11월 23일, 우리의 최고 리더십 중 한 명으로 당시 남아공에 있었던 마틴 사비스로부터 다음과 같은 이메일을 받았다.

"지팡이가 바다를 내리쳐 주술을 물리치는 진동이 일어나는 것을 선언하는 당신의 환상에 대해 나는 항상 어떻게 하든 우리가 그 환상과 실제적으로 연결될 것을 믿고 기대해왔습니다. 그런데 주님께서는 훨씬 더 큰 영역을 생각하신 것 같아요. 처음부터 그 땅에 뿌리내려 권리가 있는 누군가와 연결되어 함께하는 것이 중요하다고 느꼈지요. 케이프타운에 도착한 후, 나는 그 환상을 다른 이들에게 편하게 나누어도 될 것 같이 느꼈습니다. 우리가 어떤 예언적인 행동에 참여하건 하지 않건, 아프리카의 믿는 자들에게 당신의 환상을 전달하는 것이 가장 우선적인 일이라고 생각했습니다. 개인적으로 저에게는 '지팡이'가 가장 중요해 보였습니다. 저는 그냥 아무데서나 나무 막대기를 주어 오는 것은 옳지 않다고 느꼈습니다. 이것을 강조하자 모임에 참석한 린디란 여인의 안색이 바뀌더니 일어나서 옷장에 가서 '진짜 지팡이'를 가져왔습니다. 그 지팡이는 현재 이스라엘에 사는 남아공 출신의 메시아닉 유대인인 바룩 마얀이 아몬드 나무를 조각해 만든 것이었습니다. 바룩은 예술가이자 주님의 지체들에게 사랑과 존경을 받은 예언자이며 교사였습니다. 그는 남아공에서 이 지팡이를 만들었고 이스라엘로 돌아갈 때, 린디에게 주었습니다. 아무튼 저는 그것이야말로 찾던 바로 그 지팡이라고 느꼈습니다.

린디는 우리를 매디샤바 모로코란 이름의 진짜 '드보라'와 같은 여성에게 소개했는데, 그녀는 주님께서 기도실을 만드실 것이라 믿고 펜트하우스를 임대한 사업가였습니다. 우리는 이야기를 나누며 그녀의 정직과 지혜, 그리고 지역에 대한 깊은 영적 통찰력에 놀랐습니다. 그녀는 영적 법칙을 잘 이해하고 있었고, 특히 이스라엘에 대한 예리한 게시를 지니고 있었습니다. 그녀는 우리의 말씀을 받고, 아프리카 전역의 리더들이 이 예언적 행위가 끝날 때까지 깨어 기도해야 한다고 말했습니다. 이스라엘에 있는 영적 리더들도 같은 시간에 기도에 동참하는 것이 중요할 것 같습니다. 그녀는 가능하다면 케이프타운의 최남단 지점의 물에서 선포하고, 지팡이를 만든 바룩 마얀이 참여하는 것이 중요하다고 말했습니다. 그러나 그는 이스라엘로 갔기에 언제 다시 돌아올지 모른다고 합니다.

어쨌든 우리는 기도하고 쇼파르를 불다가 사무실을 떠나 엘리베이터로 향했습니다. 우리가 엘리베이터를 타기 전, 매디샤바가 흥분된 모습으로 핸드폰을 들고 나왔습니다. 그녀는 우리의 이야기와 관련해 아무에게도 전화나 문자를 하지 않았는데 바로 그때 이스라엘에 있는 바룩 마얀이 문자를 보내와 일주일 후인 11월 말에 남아공

Vision of a Wave Across Africa Shaking Witchcraft and Idolatry and Bringing Increased Harvest By Rick Ridings

에 올 것을 알려왔다고 했습니다.

이 모든 것의 결과로 12월 11일, 아프리카 전역에서 수천 명의 아프리카 중보자들이 연합해 기도했습니다. 매디샤바와 다른 이들은 케이프타운 남단의 해변가에서 예배와 중보를 했고 바룩 마얀이 아몬드 나무로 만든 지팡이로 바다를 내리치며 선포했습니다. 이후 그들은 이집트에서도 이 환상이 이루어지기를 기도하는 이집트인 중보 사역자들과 연결되었습니다."

참으로 놀라운 리포트가 담긴 이메일이었다. 맥코이는 역시 멋지게 이 환상을 형상화한 그림을 그렸다.

지금 우리는 주님께서 극동으로부터 아프리카를 거쳐 중동으로 가는 '옛적 길들'을 회복시키시는 것을 목도하는 참 멋진 시대에 살고 있다. 이 지역의 믿는 자들이 주님이 계획하신 마지막 때의 시간표를 인식하며, 자신들에게 주신 주님의 위대한 사명과 부르심을 깨닫고 실행할 수 있기를 기도한다.

18장

사회의 산들

"말일에 여호와의 전의 산이 모든 산 꼭대기에 굳게 설 것이요 모든 작은 산 위에 뛰어나리니 만방이 그리로 모여들 것이라"(사 2:2)

'사회의 산들'은 하나님 나라의 확장을 위해 빛과 소금의 역할이 필요한 특별한 분야, 혹은 문화의 기둥이라고 할 수 있다. 이 '산'들에는 보통 비즈니스, 정부, 미디어, 예술과 엔터테인먼트, 교육, 가정, 종교 등의 분야가 있다.

나(릭)는 사람들이 혹사당할 정도로 분투, 노력하며 사회의 산에 올라가려고 하는 환상을 보았다. 그들은 조금 그 산에 오르는 것 같다가도 갑자기 몸의 중심을 잃고 미끄러져 내려가기 시작했다. 혹은 다른 누군가가 먼저 그 산에 오르려고 그들을 밀어 내리기도 했다.

극명히 대조되는 환상으로 나는 예배와 기도를 통해 셋째 하늘을 오르는 사람들을 보았다. 그들은 거기서 주님과 함께 한다.

"또 함께 일으키사 그리스도 예수 안에서 함께 하늘에 앉히시니"(엡 2:6)

이 사람들은 성령님으로부터 창의적인 아이디어를 받은 후, 낙하산을 타고 주님이 그들을 부르신 특정한 산의 꼭대기(사회적 위치와 역할)에 내려와 앉았다. 그들은 그 사회적 영역에서 큰 영향을 끼칠 수 있었다.

예배와 중보 운동에 대해 비판적인 사람들은 기도의 집은 사회를 등지거나 탈퇴한 사람들이 모인 곳이라고 비판한다. 그러나 나는 주님이 기도의 집을 '해산의 장소'가 되도록 사용하실 것이라 믿는다. 주님과 친밀하게 교제하는 장소인 기도의 집에서 모든 사회적 영역에 변혁을 일으킬 창의적 아이디어들이 '해산'된다.

"무릇 하나님께로부터 난 자마다 세상을 이기느니라"(요일 5:4)

> 주님과 친밀하게 교제하는 장소인 기도의 집에서 모든 사회적 영역에 변혁을 일으킬 창의적 아이디어들이 '해산'된다.

수캇 할렐에서 우리는 예술과 엔터테인먼트의 산에 관련된 일들이 성취되는 것을 보았다. 예배 인도자 중 한 명이 내(패트리샤)게 오라토리오(오케스트라와 성악가들이 이야기를 하는 클래식 음악 작품)를 작곡해 이스라엘에서 무료 콘서트를 여는 환상을 받았다고 말했다. 그 여성 리더는 밤 시간 동안 내가 지금까지 본 것 가운데 가장 감동적이며 영향력이 있는 러브 스토리 뮤지컬을 창작하기 시작했다. 밤이면 밤마다 그녀는 그 작품을 '해산'하기 위해 노력했다. 그녀는 24/7 경배와 기도의 장소에서만 맛볼 수 있는 경배 분위기의 환경 속에서 구약성경 말씀들을 묵상하며 세심하게 뮤지컬을 만들어 나갔다. 주님은 그런 그녀에게 이스라엘 사람들을 향한 사랑을 더욱 더 부어 주셨다. 그녀는 아가서의 여러 구절들과 이사야서 53장을 인용한 아름다운 뮤지컬을 완성했다.

이제 그녀는 자신의 작품을 노래하고 연주할 찬양단과 오케스트라 단원들을 위해 기도해야 했다. 야간 파수에 그녀는 그 기도 제목을 놓고 주님께 간구했다.

주님은 그녀에게 시내에서 가장 고급스런 호텔인 킹 데이비드 호텔로 유월절 식사를 하러 가라고 말씀하셨다. 그녀는 식당에 들어가 맨 뒷자리 테이블에 앉았다. 곧 어떤 남자가 식당으로 들어왔다. 그는 혼자 앉아 있는 그녀에게 다가가 오케스트라 가까이의 가장 좋은 테이블로 초대했다. 그녀는 대화 가운데 그가 오케스트라 지휘자라는 사실을 알게 되었고 뮤지컬과 관련한 자신의 이야기를 했다. 그는 그녀가 최고 실력의 연주자들과 성악가들을 찾을 수 있도록 도와주겠다고 말했다!

그녀는 큰 뮤직홀을 임대할 기금을 모아 콘서트를 열었다. 수캇 할렐은 행사의 안내를 담당했다. 대부분의 청중들은 이스라엘 사람들이었고 콘서트는 대성공을 거뒀다.

우리는 기름부음이 넘친 아름다운 멜로디가 입혀진 말씀 구절들을 들으며 경이로워하는 수많은 이스라엘 청중들 사이에 앉아 하나님께 영광을 돌렸다.

사회에 침투하도록 부르심

수캇 할렐이 초기부터 간직한 사명 중 하나는 사람들이 특별한 사회 영역의 산을 위해 기도하고, 그 목적을 위해 파수를 인도하거나 참여할 수 있도록 안전한 장소를 제공하는 것이었다. 예를 들자면, 몇 해 전, 우리 모임에 참여한 사람들 가운데 이스라엘 내 메시아닉 유대인 사업가들을 위해 기도하던 한 사업가가 있었다.

주님은 자신들의 본토에 살도록 부름 받은 유대인들에게 축복을 부으시겠다고 말씀하셨다. 그런데 충분한 재정적 공급 없이는 사람들이 이스라엘에서 사는 것은 불가능하다. 이 사업가가 비즈니스 영역에 있는 유대인 남녀를 위해 기도한다는 소문이 나기 시작했고, 멀리서부터 사람들이 오기 시작했다. 어떤 이는 왕복 3시간을 운전해 와서 기도의 시간에 영감을 받기를 소망했다. 이렇게 소망을 주는 모임은 다른 어떤 곳에서도 경험해 본 적 없다고 말하는 이도 있었다.

특별한 사회의 영역에 부름 받은 자들에게는 많은 격려가 필요하다. 예언의 목적 중 하나는 고린도전서 14장 3절에 나온 바와 같이 덕을 세우고 권면하는 것이다. 기도의 집으로부터 그런 덕을 세우고 권면하는 예언이 종종 나온다.

15년 전, 나(릭)는 이스라엘 내 메시아닉 목사와 리더들의 모임에 참석했다. 기도 시간에 주님께서 변호사 일을 막 시작한 한 젊은 형제를 위한 예언의 말씀을 주셨다. 나는 그가 다윗과 같다고 전했다. 그래서 자신의 법률적 지식만 신뢰하는 '사울의 갑옷'(삼상 17:38~39 참조)을 받지 않도록 조심해야 하며 다윗처럼 적절한 시간에 골리앗을 무너뜨리도록 주님께 의지하며 그분을 예배해야 한다고 말했다. 그는 놀라면서 자신이 10년 전에 받은 말씀과 거의 단어 하나하나까지 일치한다고 했다.

그는 수캇 할렐에 와서 자신이 상대해야 할 특정한 '거인'에 관해 나누고 기도를 받을 수 있을지 물었다. 이후 그는 고등법원에서 성도들을 대변해 승소했다. 이는 다른 나라들에서 일어나는 영적 전쟁들에 큰 영향을 끼쳤다. 여기에 이르기까지 그에게는 기도의 집에서 나오는 예언적 권면이 필요했다.

다른 면으로 기도의 집들이 효율적인 기도를 드리기 위해서는 우리와 사정이 다를 수 있는 일상적인 삶과 접촉해 '현실적'인 면을 파악할 수 있도록 노력해야 한다. 전문적으로 예배와 중보의 사명이 있는 자들이 사회적 영역의 산들을 위한 파수기도 시간을 통해 각 영역에 부름 받아 서 있는 사람들이 마주하는 일상의 실상을 알고 접촉을 이어나가는 것이 중요하다.

어떤 기도의 집은 특별한 사회의 산 영역에 집중해 기도하도록 부름 받기도 한다. 나는 이런 기도의 집에서 그 영역에 대한 새로운 돌파의 방법들이 해산될 것이라 믿는다. 또한 이런 기도의 집들은 특정한 사회 영역에 부름 받은 성도들이 영적 생기를 찾고, 용기와 영감을 얻으며, 비슷한 부르심을 받은 다른 이들을 찾아 함께 하도록 장소를 제공한다.

우리 부부는 미국에서 그 같은 목적으로 사역하는 2개의 기도의 집을 시작하며 봉헌하는 기도를 인도하는 영광을 가질 수 있었다. 우리 친구 요나단과 샤론 웅가이가 이끄는 '할리우드 기도의 집'과 워싱턴 D.C.에 위치한 제이슨과 킴벌리 허쉬가 인도하는 기도의 집인 '다윗의 장막'이다.

할리우드 기도의 집은 대중적으로 화제를 모은 방송 프로그램을 40년 넘게 제작해 온 스튜디오의 큰 방에서 시작됐다. 이 전략적 장소는 미디어 영역의 사람들과 쉽게 접촉하며 관계를 이어나갈 수 있게 했다. 그들은 성도 가운데 미디어 관련 종사자가 900명이 넘는 현지 교회와 가깝게 협력했다. 그들은 사회와 고립되지 않은 '소금통'이기에 아주 어두운 환경 속에서도 '빛과 소금'의 역할을 할 수 있었다.

미국의 심장부인 워싱턴 D.C.에 위치한 '다윗의 장막'은 말 그대로 텐트 안에서 예배하도록 부름 받았다. 그들은 기름부음 넘치는 강력한 예배로 이 전략적인 장소의 영적 분위기를 바꾸고 있다. 주님은 2012년과 2013년에 각각 6주씩 24/7 예배와 중보 모임을 백악관 남쪽의 엘립스 공원에서 열 수 있는 문을 열어 주셨다. 그들은 2015년 9월

11일 이후 워싱턴 몰에서 24/7 예배와 기도 모임을 하고 있다. 역사 (History)는 말 그대로 '그분의 이야기'(His Story)다. 그들이 세계의 심장부에서 드리는 예배와 중보를 통해 어떻게 정부적 영역에서 주님의 임재가 나타났는지는 역사를 통해서 알 수 있을 것이다.

19장

추수를 지켜내기

"이르시되 추수할 것은 많되 일군이 적으니 그러므로 추수하는 주인에게 청하여 추수할 일꾼들을 보내 주소서 하라"(눅 10:2)

나는 지금 역사상 가장 많은 사람들이 하나님의 나라로 추수되기 직전에 있다고 믿는다. 이것은 벌써 세계의 일부 국가에서는 일어나고 있는 일이다. 우리는 '추수할 일꾼들'을 위해 기도할 뿐 아니라 기도를 통해 '추수한 수확물을 지키고 보호하도록' 부름 받았다.

이스라엘에서는 요즘에도 추수한 수확물들을 지키도록 고안된 고대의 돌 망대를 볼 수 있다. 다음 사진을 참고하라.

이사야는 주님의 포도원에 관한 노래에서 이와 같은 망대[9]에 대해 설명한다.

"나는 내가 사랑하는 자를 위하여 노래하되 내가 사랑하는 자의 포도원을 노래하리라 내가 사랑하는 자에게 포도원이 있음이여 심히 기름진 산에로다. 땅을 파서 돌을 제하고 극상품 포도나무를 심었도다 그 중에 망대를 세웠고"(사 5:1~2)

이후에, 이사야는 포도원에 관한 두 번째 노래를 썼다.

"그 날에 여호와께서 그의 견고하고 크고 강한 칼로 날랜 뱀 리워야단 곧 꼬불꼬불한 뱀 리워야단을 벌하시며 바다에 있는 용을 죽이시리라 그 날에 너희는 아름다운 포도원을 두고 노래를 부를지어다 나 여호와는 포도원지기가 됨이여 때때로 물을 주며 밤낮으로 간수하여 아무든지 이를 해치지 못하게 하리로다"(사 27:1~3)

---

9. 저작권 소유 2013 Yad Hashmona Hotel. Photo by Jenia.

위의 두 말씀들은 주님의 풍성한 포도원을 노래로 표현한 것이다. 이 '노래들'은 기름부음이 넘치는 예배와 찬양을 통해 우리에게 지키라고 주신 포도원을 영적으로 보호할 수 있다는 사실을 알려주고 있다. 그러므로 파수꾼과 추수한 수확물을 지키는 사명을 받은 일꾼들을 위해 기도하는 것은 기도의 집의 주요한 사명이다. 씨앗이 뿌려질 때부터 열매가 될 때까지 추수의 과정 전반을 지킬 수 있도록 기도하는 것이다.

씨앗 지키기

예수님께서는 이 땅에 하나님 나라의 씨앗이 심겨질 때, 사탄이 재빨리 새들을 보내 수확물을 먹게 하고, 밭에 잡초의 씨앗을 뿌릴 것이라고 명백히 말씀하셨다. (마 13:3~28 참조) 사탄이 분리, 분열, 이기적인 야망, 두려움, 산만함의 영을 통해 우리의 추수 수확물을 훔쳐가는 것을 절대로 허락하지 않겠다는 강한 결심이 필요하다.

사사기 6장에서 이스라엘은 기드온의 때에 미디안과 아말렉 등 대적의 위협에 추수를 지키려 대항하지 않고 굴복했다.

"미디안의 손이 이스라엘을 이긴지라 이스라엘 자손이 미디안으로 말미암아 산에서 웅덩이와 굴과 산성을 자기들을 위하여 만들었으며 이스라엘이 파종한 때면 미디안과 아말렉과 동방 사람들이 치러 올라와서 진을 치고 가사에 이르도록 토지 소산을 멸하여 이스라엘 가운데에 먹을 것을 남겨 두지 아니하며 양이나 소나 나귀도 남기지 아니하니 이는 그들이 그들의 짐승과 장막을 가지고 올라와 메뚜기 때 같이 많이 들어오니 그 사람과 낙타가 무수함이라 그들이 그 땅에 들어와 멸하려 하니"
(삿 6:2~5)

예수 운동의 추수

1970년 여름, 미국을 휩쓸었던 '예수 운동'의 시기에 나는 주님께서 내 고향 미시간 주의 머스케곤에 초자연적으로 추수의 역사를 일으키시는 것을 보았다. 여러 교회 배경의 많은 젊은이들이 주님을 구하며 함께 예배하며 기도했다. 어느 날, 주님은 우리에게 수많은 히피들이 마약을 하는 해변가 공원에서 공개적으로 예배를 하도록 말씀하셨다. 주님의 말씀에 순종했는데 놀랍게도 공원에 모인 히피들은 우리의 단순한 예배에 이끌려 질문을 하기 시작했다.

나는 그 가운데 있던 나와 같은 고등학교 출신인 젊은 청년을 보게 됐다. 그는 호기심으로 시작한 대마초 흡연이 결국 자신을 심각한 헤로인 중독으로 이끌었다고 토로했다. 그는 어떻게 그것을 멈출 수 있을지를 알지 못한다고 말했다. 나는 그에게 진심으로 회개하고, 인생을 주님께 드린다면 주님이 심각한 금단현상 없이 마약 중독에서 구해주실 것이라고 말했다. 놀랍게도 그는 "그래, 나도 그러고 싶어"라고 답했다. 그 즉시 그는 금단 현상 없이 마약중독에서 해방되었다!

그는 너무도 신이 나서, 마약 하는 친구들과 자신에게서 마약을 샀던 사람들도 그 같은 자유를 경험하기 원한다고 말했다. 그는 다시 해변으로 돌아가 친구와 마약을 샀던 사람들에게 자신의 이야기를 간증했다. 그리곤 나에게 돌아와 "자, 이제 성경이야기 좀 내게 해줘"라고 말했다. 그 다음 달 내내, 우리는 매일 적어도 한 명 이상의 청년이 기적적으로 주님께 돌아오는 것을 목격했다.

그러나 사탄은 이 놀라운 영적 추수를 두려움과 위협의 영을 통해 멈추려 했다. 마약 밀매상이 내 친구를 찾아와 우리 때문에 자신들의 장사가 망치고 있다며 우리가 다시 해변에 나타난다면 우리를 죽여버리겠다고 경고했다. 그 소식을 듣고 우리는 주님께 울부짖어 기도했고 주님은 두려움의 영으로부터 우리를 자유케 하셨다. 결국 우리는 안전하게 보호되었다. 추수한 영적 수확물들은 도둑맞지 않았다!

알제리의 추수를 진전시킨 예배와 기도

알제리는 수백 년 전, 이슬람의 침략 이후 내내 이슬람의 통치를 받고 있는 북 아프리카 국가다. 1987년에 나는 카브리라 불리는 알제리의 산악 지역인 베르베르에서 온 젊은이 '나빌'(신변 보호를 위해 사용한 가명)을 만났다. 그때 그는 베르베르 전체에 5명밖에 안되는 이슬람에서 회심한 크리스천이었다. 이후 그는 거센 핍박을 피해 벨기에로 떠났다. 내가 처음 만났을 때, 그는 신학을 공부하고 있었고 알제리로 돌아갈 생각은 없었다. 내가 설교하는 채플 예배 중에 주님은 나에게 그에 대한 지식의 말씀을 주셨다. 그는 그 말씀이 정확하다고 했고 우리는 이후 친구가 되었다. 그에게는 예배에 대해 성장하고 싶은 귀한 영적 열망이 있었다.

나중에 그는 알제리로 돌아갔다. 주님은 그에게 바로 이슬람 사람들을 전도하려 하지 말고 대신 베르베르의 다른 4명의 크리스천 가운데 매주 금요일 밤마다 함께 예배하고 기도할 수 있는 사람을 최소한 한 명을 찾으라고 하셨다. 결국 그는 매주 기도에 헌신할 사람을 한 명밖에 찾지 못했다. 그럼에도 그 2명의 모임이 베르베르의 기도의 집이 되었다

이들 2명이 매주 금요일 밤마다 예배와 기도를 한 지 6개월이 지났을 때, 주님께서 확실한 전략을 주셨다. 주님은 그들에게 카브리의 주요 적대 세력은 이슬람이 아니라 지역에 만연된 주술의 영이라고 알려주셨다. 그들은 예수님의 보혈로 자신들을 덮고, 주님이 그 지역에서 주술의 영을 드러내시고 뽑아내실 것을 선포해야 한다고 느꼈다.

그들이 이 같은 선포를 한 이후, 마녀 한 명이 주술 의식을 위해 아이를 죽이려 하다 발각되었다. 그 소식에 지역 주민들은 큰 충격을 받았다. 그들은 그동안 주술사들이 심각하고 사악한 '블랙 마술'이 아니라 그저 마을 사람들에게 복을 가져다주는 '화이트 마술'만 행하는 것으로 생각했었다. 그들은 매우 가족 중심의 문화를 지니고 있었기에 아이를 죽이려는 마녀의 행위에 대해 거칠게 항의했고, 결

국 모든 마녀들은 자신들의 주술적 행위를 멈추거나 다른 지역으로 이주할 수밖에 없었다.

이 일이 일어난 직후부터 기적적으로 영적 추수가 일어나기 시작했다. 크리스천인 나블레는 반신불수였던 자신의 여동생을 위해 예수님의 이름으로 기도했다. 여동생은 즉시 일어나 온 집안을 뛰어다니며 소리쳤다. "나는 예수의 이름으로 치유되었어요!" 마을 이슬람 사원의 리더였던 그녀의 아버지는 딸이 치유된 것은 기뻤지만, 그 치유가 예수의 이름으로 이뤄진 것에 대해서는 불편해 했다.

이후, 영적 추수가 가속되기 시작했다. 내가 그곳을 방문했을 때, 직감적으로 그곳에 기이한 일이 시작되었음을 알 수 있었다. 마을 사람들이 환상과 꿈을 꾸기 시작했다. 한 마을 전체 사람들이 같은 날 밤에 예수님에 관한 꿈을 꾸었다. 많은 이들이 치유되었다. 나는 적어도 한 명이 죽은 후에 다시 살아난 것을 보았다. 10년 후, 5명의 크리스천이 있던 그곳에 1만 명 이상의 성도들이 생겼다!

이 모든 기적이 어떻게 일어났는가? 2명의 청년이 신실하게 매주 금요일 밤마다 예배하고 기도하는 소규모의 '다윗의 장막의 회복'으로부터 이뤄진 것이다.

인도네시아의 추수의 들판에서 수확하기

나는 내 두 눈으로 직접 세계에서 가장 많은 무슬림들이 있는 인도네시아에 임한 대추수를 목격했다. 불과 얼마 전까지만 해도 인도네시아의 많은 교회들은 불태워졌으며 전 인구 대비 크리스천의 비율은 아주 낮았다. 그러나 지금 수많은 인도네시아 무슬림들이 주님께 오고 있다.

나는 그곳에서 국가적 기도운동집회와 가장 큰 교회 중 한 곳의 리더십들을 위해 사역하는 영광스런 기회를 얻었다. 내가 목회자 집회에서 말씀을 전할 때, 한 인도네시아 리더가 자신이 사는 섬에서 불과 6개월 만에 3만 명이 넘는 무슬림들이 주님께 나왔다고 말했다! 다니엘 판지, 토니 물리아를 비롯한 인도네시아의 영적 리더들은 영적 추수를 위한 돌파의 비결은 결국 한 가지였다고 말했다. 바로 '기도의 집'의 배가이다. 그들은 '기도의 집'을 '기도의 탑'이라 부른다.

인도네시아의 변화된 영적 분위기 속에서 교회당을 불태우고 성도들을 핍박하던 한 과격한 무슬림이 사울과 같이 극적으로 예수님을 만났다. 2004년부터 그는 인도네시아에서 기도의 집을 이끌기 시작했다. 몇 년 후, 그의 사역을 통해 수도 자카르타에 4개를 포함해 인도네시아 전 지역에 17개의 24/7 예배를 드리는 기도의 집이 생겼다.

짧은 시간 내에 인도네시아 여러 지역에서 폭발적인 성도 수의 증가가 이뤄졌다. 실제적인 기사와 이적을 통해 치유가 일어났다. 교회들은 배가되었다. 크리스천들이 정부 요직에 들어가기 시작했다. 물론 핍박이 없었던 것은 아니지만 그들은 그 모든 것들을 이겨냈다. 현재 인도네시아는 주요한 영적·사회적 변혁을 경험하고 있다. 이런 놀라운 일들이 배가하는 기도의 집들의 사역으로 인해 가속화되고 있는 것이다.

인도네시아에 임한 영적 대추수의 증거 가운데 하나가 2012년 5월, 자카르타의 가장 큰 경기장에서 열린 세계기도대회에 무려 12만 명의 크리스천들이 모인 것이다. 물이 바다를 덮은 것 같이 경기장을 가득 메운 수많은 성도들이 "온 우주가 주님의 영광으로 가득합니다"라고 찬양하는 놀라운 장면을 목격할 수 있었다. 너무나 영광스러운 장면이었다. 그뿐만이 아니었다. 약 200만 명 정도가 온라인을 통해 기도대회에 참석한 것으로 알려졌다.

왜 과거의 그렇게 많은 부흥은 시들해졌는가?

인도네시아와 중국에 임한 성령의 운행하심과 부흥을 직접 관찰하며 가장 감동을 받았던 것은 그 같은 성령의 운행하심을 통한 부흥이 15년 이상 강력하게 지속되었다는 사실이다. 이는 교회사학자들이 부흥이나 영적 각성의 시작점은 물론 그것들이 사라진 시기를 상당히 정확하게 기록했던 서구의 부흥 역사와는 완전히 상반되는 현상이다.

예배와 기도는 성령의 불을 지속시킨다

무엇이 이렇게 다른 결과를 나오게 했을까? 왜 서구의 부흥은 오래 지속되지 않았을까? 나는 극동 지역의 끈질긴 기도와 예배가 부흥의 불을 지속시킨 열쇠라고 생각한다. 나는 인도네시아 방문길에 자카르타 수도권의 게레자 벧엘교회가 개척한 여러 교회들의 목사와 장로, 사역 리더들에게 말씀을 전하게 되었다. 모임 전에 니코 노토라하조 목사가 이끄는 벧엘교회의 대단한 영향을 잘 알고 있었기에 몇 백 명의 리더들은 충분히 모일 것이라 생각했다.

그날 저녁, 니코 목사의 여자 형제로 우리의 친구 크리스티나가 이끄는 기도 탑을 방문하고 나는 어떻게 인도네시아에서 여러 해 동안 부흥의 불이 꺼지지 않는지를 알게 되었다. 8000명 이상 참석한 모임의 찬양을 인도한 사역자가 기도 탑에서 50명 정도의 중보자들과 함께 기도하고 있었다. 그곳에는 어린아이부터 노인에 이르기까지 다양한 연령층의 사람들이 모두 한 마음으로 단순하지만 깊은 예배를 주님께 올려드리고 있었다.

니코 목사는 약 400명의 성도들과 함께 자카르타에서 벧엘교회를 시작했다. 그는 목회 경험이 없었고 신학 공부를 한 적도 없었다. 대신 그는 신실한 예배 인도자였다. 주님은 그를 인도네시아의 첫 풀타임 예배자로 부르셨다. 1980년대와 90년대에 니코 목사가 만든 CCM 앨범은 대중들에게 아주 인기가 높았다. 매주 일요일마다 그는 찬양과 예배를 인도하고 말씀을 나누며 성도들이 주님과 만날 수 있도록 했다. 그는 주님이 자신에게 부여한 사명은 인도네시아에서 다윗의 장막이 회복되는 것이라고 강조했다.

이 인도네시아 크리스천들은 과거 서구에서 일어난 영적 부흥의 불(이제는 꺼지고 사라진)을 경험한 분들과 같은 사람들이다. 그러나 그들 사이에는 다른 점이 있다. 인도네시아 크리스천들은 지속적으로 기도의 집에 와서 예배와 기도를 통해 주님을 구하고 있다! 이 간단한 방법으로 인해서 성령의 불이 꺼지지 않게 계속해서 연료가 채워질 수 있었던 것이다. 그럼으로써 성령의 불은 지속적으로 새롭게 타오르게 되었다.

> 기도의 집은 도시와 국가의 변혁을 일으키는 열쇠일 뿐 아니라 그 변화를 지속하게 하는 열쇠이기도 하다.

기도하는 아버지들

사도 바울은 위대한 추수 일꾼이었고 기도로 추수 수확물들을 지켜낸 대단한 중보자였다. 그는 갈라디아의 성도들에게 이렇게 썼다.

"나의 자녀들아 너희 속에 그리스도의 형상을 이루기까지 다시 너희를 위하여 해산하는 수고를 하나니"(갈 4:19)

그는 대부분의 서신서에서 자신이 사역한 지역에서 영적으로 추수된 사람들을 위해 기도했다고 기록했다. 영적 대추수가 이루어진 그 순간에 추수를 위한 영적 전쟁이 끝나는 것이 아니다. 우리의 육신적 자녀들의 경우처럼, 영적 자녀들이 대적의 악한 계획으로부터 보호받고 완전히 성숙하게 자랄 때까지 세심하게 중보해야 한다.

사도 바울은 위대한 추수 일꾼이었고 기도로 추수 수확물들을 지켜낸 대단한 중보자였다.

3부

—

주님의
임재의 힘

20장

주님의 방법이
우리의 방법보다 낫다

"이는 내 생각이 너희의 생각과 다르며 내 길은 너희의 길과 다름이니라 여호와의 말

씀이니라"(사 55:9)

가끔 우리가 거하는 도시나 국가의 상황이 우리의 믿는 바와 소망

하는 바와 완전히 반대로 갈 때가 있다. 그러나 그럴 때에라도 우리

는 주님이 마태복음에서 가르쳐주신 것과 같이 기도해야 한다.

"하늘에 계신 우리 아버지여 이름이 거룩히 여김을 받으시오며 나라가 임하시오며

뜻이 하늘에서 이루어진 것 같이 땅에서도 이루어지이다 오늘 우리에게 일용할 양

식을 주시옵고 우리가 우리에게 죄 지은 자를 사하여 준 것 같이 우리 죄를 사하여

주시옵고 우리를 시험에 들게 하시 마시옵고 다만 악에서 구하시옵소서 나라와 권

세와 영광이 아버지께 영원히 있사옵니다 아멘"(마 6:9-13)

나(패트리샤)는 초기 제자들이 자신들의 주인께서 기도한 그 주 기도문으로 기도하는 것을 생각해본다. 많은 사람들이 예수님으로 인해 치유 받고, 축사를 경험했다. 그러나 그들의 위대한 영웅은 돌아가셨다. 그들의 구원자는 십자가에 못 박히는, 가장 수치스럽고 굴욕적인 방법으로 돌아가셨다. 그러나 그것이 끝이 아니었다. 그분은 다시 부활한 구원자로 나타나셔서 그들을 놀라게 하셨다.

그러나 40일 후, 그분은 '성령'이라는 지금까지 알려지지 않은 권능의 대상을 기다리라 명하시고 제자들을 다락방에 홀로 두신 채 하늘로 올라가셨다. 그러면 그 성령님은 어떻게 오실까? 아마도 그들은 믿음으로 기다리며 다시 주기도문으로 기도했을 것이다. 그들이 항상 자신들이 원하고, 생각하고, 바라는 대로 상황이 전개되지 않는다는 것을 배우며 계속 기다리던 중에 그분이 오셨다! 성령이 오시자 그들은 증인이 되고 하늘의 능력을 받아 주님의 이름으로 기적을 행할 수 있게 되었다.

그러던 중, 증인들 가운데 한 명인 스데반이 끔찍하고 고통스럽게 돌에 맞아 죽었다. 제자들은 스데반의 죽음에 큰 충격을 받아 도망가 숨고 싶은 마음만 들어 더이상 기적의 하나님을 의지하고 싶지 않았을 것이다. 주님은 그때 사울을 기적적인 방법으로 구원하시고 훌륭한 사도로 만드셨다. 주님은 증인들을 핍박하던 바로 그 사울을 사용하셨다. 그는 신자들의 믿음을 강건케 하고, 숨어 있던 자들이 피난처에서 나와 다시 믿음의 주관자며 완성자(히 12:2)이신 주 예수님의 이름을 증거하도록 격려했다. 이는 또 다른 차원의 어려운 시험이었다. 이렇게 시험과 기적은 함께 이어져갔다. 그러나 궁극적으로 주님은 사탄의 악한 궤계까지도 선으로 바꿔 사용하셨다.

2008년, 수캇 할렐은 축복의 파도를 타고 있었다. 하나님의 은혜로 해외에서 온 스태프들이 빠르게 증가했기에 시온산이 바라보이는 시설에서 24/7 경배와 기도를 3년간 지속할 수 있었다. 그 해 여름엔 두 번째 청년 컨퍼런스를 성공리에 개최했으며, 수백 명의 유대인, 아랍인, 팔레스타인 젊은이들을 주님께 인도했다. 그때 우리는 시편 84편 7절 말씀처럼 '힘을 얻고 더 얻어 나가는 듯' 강건해졌다.

그런데 갑작스럽게 우리의 세상이 흔들렸다. 우리 부부는 청년 컨퍼런스를 마치고 스위스의 동역자들이 마련해 준 아파트로 며칠간의 휴가를 떠났다. 우리가 주님이 준비해 주신 평화로운 곳에서 감사하며 지낼 때, 우리 행정 담당자가 급한 소식을 전했다. 이스라엘 내무부의 정책이 하룻밤 사이에 바뀌어 더이상 우리 스태프들이 5년 기한의 비자를 받을 수 없게 됐다는 뉴스였다. 사실 그럼으로써 우리도 2년 기한의 비자만 발급 받을 수 있고, 우리와 함께 2년 이상 지낸 스태프들은 비자 만료 직후, 바로 이스라엘을 떠나야만 했다. 우리 모두 충격에 빠졌다. 이렇게 단단하게 스태프들을 세우기까지 8년의 시간이 걸렸는데, 이제 그 중 절반이 6개월 내에 우리를 떠나게 된 것이다.

나는 주님께 이 상황에 대해 불평을 했다. 그러자 주님은 내게 주님이 내무부의 비자 정책에도 주권이 있는 분이신지, 아니면 이 땅에서 아무런 주권이 없으신 분이신지를 생각나게 하셨다. 사실 하나님은 '부분적으로만' 통치하실 수 없다! 그분의 주권은 이 땅의 모든 부분에 미친다. 주님은 우리가 지내고 있는 스위스 산에서 골짜기 마을을 보면 크게 보이지만, 더 높은 산 위에서 내려다 보면 그 마을이 작아 보인다는 사실을 상기시켜주셨다. 주님은 우리 입장에서는 심각한 사안으로 보이는 이 상황을 주님의 관점에서 볼 수 있도록 더 높은 곳에 올라가 예배하라고 말씀하셨다.

우리가 주님의 관점을 알려 주시도록 간구하자, 주님은 이 상황을 통해 3가지를 하고 계시다고 말씀하셨다.

1) 우리의 해외 출신 스태프가 너무나 빠르게 늘고 있다. 만일 이 속도가 지속된다면 우리는 현지인(토착인) 스태프들을 절대로 얻지 못하게 될 것이다. 그래서 주님이 친히 우리의 해외 출신 스태프의 증가 속도에 브레이크를 밟고 계신다.

2) 주님은 이후 액셀러레이터를 밟으셔서 현지의 유대인과 아랍인 스태프들을 수캇 할렐로 불러 오실 것이다.

3) 가장 놀라운 것은 우리가 살아남을 방법을 간구하고 있었는데도, 주님은 우리가 24/7 예배와 기도를 계속 이어갈 뿐만 아니라 이제 곧 중동 전역에 기도의 집을 세우고 견고하게 하는 일을 도울 것

이라고 말씀하셨다는 것이다.

일어난 상황을 보며 노심초사하는 우리에게 주님은 이 3가지를 알려주셨다. 그리고 이 3가지 일들은 이후 몇 년 사이에 정확히 성취되었다. 이를 통해 우리는 원하는 방식으로 일이 진행되지 않더라도 주님의 관점으로 평강을 유지하는 것을 배웠다. 10년이 지난 지금 우리는 주님의 방법이 진실로 우리의 생각보다 훨씬 낫고, 진동을 통과하며 주님의 비전과 목적, 전략을 온전히 이해하는 경험을 한 것은 충분히 가치 있는 일이었다고 솔직히 말할 수 있다.

추수 작업에 일꾼 풀어 놓기

나는 6개월 내에 떠나야 하는 해외 출신 스태프들에 관해 주님께 계속 묻고 또 물었다. 그러자 주님은 내가 영으로 이해할 수 있도록 더 깊은 말씀을 주셨다.

"내가 너와 함께 지내던 사람들을 나의 왕국의 다른 자리로 배치시키려 할 때, 너의 마음이 어려울 수 있다. 그러면 나는 그들을 그냥 남겨둘 것이다. 하지만 네가 그들을 나의 왕국의 다른 곳에 '심도록' 자유롭게 풀어줄 수도 있다. 만일 그렇게 한다면, 나는 그들을 대체할 다른 사람들을 보내줄 뿐만 아니라 더 많은 다른 사람들도 더하여 보내줄 것이다. 재정과 마찬가지로 사람 관리에서도 이 말씀은 그대로 적용된단다. '주라 그리하면 너희에게 줄 것이니'(눅 6:38)"

이것을 이해하면서 내 영이 얼마나 자유를 얻었는지! 나는 주님의 방법에 깃든 놀라운 지혜를 보았다. 수캇 할렐의 리더십이었던 부부가 이집트 청년들이 주도하는 기도의 집 '해산'을 돕기 위해 이집트 알렉산드리아로 옮겼다. 그들의 깊은 사랑과 대가를 바라지 않는 섬김이 그곳 기도의 집 사역에 큰 축복이 되었다. 이스라엘 비자 정책 변화로 떠나야 했던 다른 스태프들은 여러 중동 국가들의 기도의 집 사역을 섬기게 되었다. 나는 이것이 주님이 스위스의 산에서 내게 깜짝 선물처럼 주신 3번째 말씀(우리를 사용해 중동 지역 기도의 집들의 배가를 도움)의 실현 가운데 하나로 보았다.

이제 나는 주님께서 우리와 함께 지내던 사람들을 그분의 왕국 내 다른 곳으로 이동시키실 때, 솔직히 고백할 수 있다. (물론 아직도 결코 쉽지는 않다.)

"주신 이도 여호와시요 거두신 이도 여호와시오니 여호와의 이름이 찬송을 받으실 지니이다"(욥 1:21)

나는 이제 주님께서 재정 뿐 아니라 기도의 집의 파수꾼들도 계속해서 공급하실 것을 알기에 하나님 나라의 목적을 위해 그들을 여러 곳에 기쁘게 심을 수 있고, 그들을 위해 진심으로 기도할 수 있다.

끝없이 자라는 믿음

아브라함의 삶과 지나온 길을 보면, 주님은 그에게 끝없이 믿음에서 믿음으로 성장하도록 요구하시는 것 같다. 재정의 영역이건, 스태프나 시설적인 문제이건, 우리에게 부여된 사명의 문제이건, 우리의 하늘 아버지는 모든 영역에서 고린도전서 13장 13절에 나온 믿음과 소망, 사랑 중 하나인 믿음을 키우기 원하신다.

수캇 할렐 초기에 주님은 우리의 생각보다 언제나 높으셨다. 2000년 1월, 우리는 주님이 시온산에서 말씀하신 대로 원조 다윗의 장막으로부터 도보 거리에 위치한 고가의 대형 아파트로 이사했다. 기도의 집 사역을 마음에 품은 크리스천 사업가가 첫 달 임대료와 이사비를 지불해 주었다. 그런데 그 후 그의 사업이 어렵게 되었다. 우리는 여전히 계약대로 1년간 그 큰 아파트 임대료를 지불해야 했다. 이를 놓고 기도했을 때, 우리는 주님이 우리에게 사람을 의지하지 않고 도움의 원천이신 하나님의 지원만 믿고 바라게 하시려고 그런 일을 허락하셨다는 마음을 갖게 되었다. 파수 중에 한 지체가 환상 가운데 많은 불을 보았다며 하나님께서 여러 공급원을 통해 필요를 채우실 것 같다고 말했다. 그 이후, 우리는 주님께서 다른 사람들을 통해 우리 상상을 초월한 엄청나고 기적적인 방법으로 공급하시는 것을 경험했다.

2006년에 우리가 수캇 할렐에 이어 '다윗성 기도의 집'을 위한 공간을 임대하고 개조 공사를 한 것도 믿음으로 한 것이었다. 우리는 두 번째 기도의 집을 위해 매달 임대료를 어떻게 마련해야 할지 몰랐다. 우리는 재정적인 기적을 달라고 기도했다. 그러자 주님은 어느 의사 부부에게 다윗성 기도의 집의 매달 임대료를 지불해야겠다는 마음의 부담을 주셨다! 12년이 지난 지금도 그들은 임대료의 대부분을 담당하고 있다. 이것은 지난 시기 동안 예루살렘에서 두 번째 기도의 집을 운영하는 것이 분명한 하나님의 뜻이라는 사실의 확증이었고, 우리는 어려운 가운데서도 서로를 지지하고 믿음을 키워나갈 수 있었다.

극동의 물결이 중동으로

하나님의 방법이 우리의 방법보다 높고, 그의 생각이 우리의 생각보다 높기에(사 55:9) 우리는 하나님이 주시는 예언적 방향을 주시해야 한다.

2009년에 주님은 미국과 유럽의 인맥에 덜 집중하고 대신 아시아와 관계를 세우는데 보다 집중할 것을 강하게 말씀하셨다. 주님은 기도의 집을 위한 예배자와 중보자뿐 아니라, 재정에 대한 측면을 언급하셨다. 주님은 우리에게 중동 지역 보다도 극동 지역을 더 사용하기

> 하나님의 방법이 우리의 방법보다 높고, 그의 생각이 우리의 생각보다 높기에(사 55:9) 우리는 하나님이 주시는 예언적 방향을 주시해야 한다.

시작할 것을 보여주셨다. 우리의 다른 리더십들, 특히 존과 우나 기어 부부 등도 나와 패트리샤가 느낀 극동 아시아로의 이끄심을 감지했다.

우리는 수년 동안 주님이 주신 예언적 방향에 순종하며 걸어갔다. 그 사이에 우리는 경제적 변동으로 인해 미국으로부터 오는 재정이 줄어드는데 비해 극동 아시아로부터 오는 재정과 스태프들이 크게 증가하는 것을 목격했다. 우리가 주님의 예언적 방향을 열린 마음으로 보고 수용하지 않았다면, 주님이 언약의 성취를 위해 우리를 사용하려 주시는 큰 파도를 놓칠 수 있었다.

부디 이 땅의 기도의 집 리더들이 전체 그림을 볼 수 있는 유일한 분이신 주님만을 신뢰하기 바란다. 우리가 예배 가운데 드리는 찬양인 '주님은 우리를 통치하신다!'에 걸맞게 매일 주님만 의지하며 믿음의 여정을 걸어가기를….

기도의 **집**으로 열방을 변혁하라

21장

주님께 묻기

"상전의 손을 바라보는 종들의 눈 같이, 여주인의 손을 바라보는 여종의 눈 같이 우리의 눈이 여호와 우리 하나님을 바라보며 우리에게 은혜 베풀어 주시기를 기다리나이다"(시 123:2)

첫 번째 기도의 집 해산

기도의 집을 세우고 출발하는 일에 설계도와 공식 같은 것이 있다면 육신적으로는 훨씬 편할 것이다. 그러나 주님은 기도의 집 자체보다는 거기에 임하는 우리의 진정한 마음과 당신과의 친밀한 관계를 원하신다. 주님은 매일 우리의 성품을 조각하고 계신다. 그러면서 우리 자신이 주님의 임재가 머무는 살아 있는 기도의 집이 되도록 준비시키신다. 그래서 주님은 의도적으로 우리가 주님만 철저히 의지해야 하는 장소에 두신다.

이 땅에 세워진 기도의 집의 첫 번째 영적 아비인 다윗 왕은 하나님의 명령대로 법궤(하나님의 드러난 임재의 중심)를 예루살렘에 세운 장막으로 옮기려 할 때, 이 사실을 어렵게 배웠다. 법궤는 반드시 이스라엘로 되돌아와야 했다. 이때 하나님은 다윗을 택하셔서 법궤를 정치, 경제, 문화, 군사의 중심인 이스라엘의 수도 예루살렘으로 가져오도록 하셨다.

이러한 '해산의 과정' 가운데 다윗은 법궤가 이스라엘에 머물러야 한다는 비전을 정확히 이해했다. 그러나 다윗은 주님의 임재의 법궤를 자신의 지혜와 힘, 능력과 재력으로 가져올 수 있다고 여김으로 이 비전을 해산하는 과정에서 거의 유산을 할 뻔 했다. 그는 자신의 힘을 자랑하기 위해 화려한 쇼를 펼치는 듯 법궤를 가져오려 했다. 법궤 이동을 위해 준비된 3만 명의 건장한 젊은이와 수소가 끄는 새로운 수레는 우리 세대의 벤츠나 리무진과 같은 것이었다. (삼하 6:1~3)

그러나 하나님은 이에 전혀 감동하지 않으셨다. 주님은 우리가 그분의 목소리를 듣고 순종할 때 감동하신다. 주님은 당신의 임재가 사람의 힘을 통해 옮겨지는 것을 허락하지 않으셨다. 다윗은 그런 하나님께 화가 났다. 다윗이 하나님께 대한 화난 마음을 돌이킬 때까지 '다윗의 장막'의 해산은 지연되었다. 우리는 사무엘하 6장의 이야기를 기억해야 한다.

"그들이 나곤의 타작 마당에 이르러서는 소들이 뛰므로 웃사가 손을 들어 하나님의 궤를 붙들었더니 여호와 하나님이 웃사가 잘못함으로 말미암아 진노하사 그를 그곳에서 치시니 그가 거기 하나님의 궤 곁에서 죽으니라 여호와께서 웃사를 치시므로 다윗이 분하여 그 곳을 베레스웃사라 부르니 그 이름이 오늘까지 이르니라 다윗이 그날에 여호와를 두려워하여 이르되 여호와의 궤가 어찌 내게로 오리요 하고"

(삼하 6:6~9)

타작마당 준비

타작마당에 들어서면, 쭉정이와 같이 우리의 잘못된 동기와 태도가 드러나며 알곡과 구분된다. '힘'이란 의미인 웃사가 하나님께서 모세에게 하지 말라 명하신 법궤에 '손을 대는' 부적절한 방법으로 '법궤를 지키려다' 죽은 것은 아주 흥미롭다. 하나님이 모세에게 주신 말씀에 따르면 제사장들이 조심스럽게 법궤를 덮은 후에는 누구도 만지거나 쳐다보지 말아야 한다. 그리고 법궤를 이동시킬 때에는 레위 지파가 막대기로 연결해 어깨에 들어 옮겨야 한다. 그것이 하나님의 명령이었다. (출 25:12~15, 민 4:5, 18~20) 주님께서 진동시키기 원하시는 것을 우리 생각과 힘으로 안정시키려 해서는 안 된다는 것을 배워야 한다. 그것이 정말 우리에게 유익하다.

우리는 쉬지 않고 주님의 임재를 갈망하는 자리로 나와야 한다. 그러나 주님의 임재를 알기 위해선, 먼저 타작마당을 지나야 한다.

다윗이 경험했던 이 타작마당은 '준비됨'이란 뜻의 이름을 가진 이

> 우리는 쉬지 않고 주님의 임재를 갈망하는 자리로 나와야 한다. 그러나 주님의 임재를 알기 위해선, 먼저 타작마당을 지나야 한다.

스라엘인 나곤의 소유지였다.

우리의 삶 가운데 타작마당을 지나는 시간이 있다. 채로 걸러지는 그곳이 고통의 장소처럼 보인다. 그러나 사실 그 타작마당은 우리가 그의 영광 안에 머물게 준비되도록, 그래서 우리의 삶이 주님 경외함의 부족으로 인해 불태워지지 않도록, 우리 마음의 그릇된 동기들을 채로 걸러주시는 주님의 은혜의 장소임을 명심해야 한다. 그러므로 주님이 채로 거르시는 교정의 시간이야말로 우리가 그분의 자녀임을 느끼는 시간이다. 이는 히브리서 12장에 잘 나와 있다.

"또 아들들에게 권하는 것 같이 너희에게 권면하신 말씀도 잊었도다 일렀으되 내 아들아 주의 징계하심을 경히 여기지 말며 그에게 꾸지람을 받을 때에 낙심하지 말라 주께서 그 사랑하시는 자를 징계하시고 그가 받아들이시는 아들마다 채찍질하심이라 하였으니 너희가 참음은 징계를 받기 위함이라 하나님이 아들과 같이 너희를 대우하시나니 어찌 아버지가 징계하지 않는 아들이 있으리요 징계는 다 받는 것이거늘 너희에게 없으면 사생자요 친아들이 아니니라 또 우리 육신의 아버지가 우리를 징계하여도 공경하였거든 하물며 모든 영의 아버지께 더욱 복종하며 살려 하지 않겠느냐 그들은 잠시 자기의 뜻대로 우리를 징계하였거니와 오직 하나님은 우리의 유익을 위하여 그의 거룩하심에 참여하게 하시느니라 무릇 징계가 당시에는 즐거워 보이지 않고 슬퍼보이나 후에 그로 말미암아 연단 받은 자들은 의와 평강의 열매를

맺느니라"(히 12:5~11)

모든 걸음을 내딛을 때마다 주님께 묻기

이후에 다윗은 자신의 교만과 경솔함으로 해산이 지연됐음을 깨달았다. 그러나 그는 여전히 '마음의 태'에 그 비전을 잉태하고 있었기에 하나님을 계속해서 구했으며 자신이 처음 시도한 것에서 무엇이 잘못됐는지 이해하게 되었다. 다윗이 레위인들에게 한 말을 주목해 보라.

"그들에게 이르되 너희는 레위 사람의 지도자이니 너희와 너희 형제는 몸을 성결하게 하고 내가 마련한 곳으로 이스라엘의 하나님 여호와의 궤를 메어 올리라 **전에는 너희가 메지 아니하였으므로 우리 하나님 여호와께서 우리를 찢으셨으니 이는 우리가 규례대로 그에게 구하지 아니하였음이라 하니** 이에 제사장들과 레위 사람들이 이스라엘 하나님 여호와의 궤를 메고 올라가려 하여 몸을 성결하게 하고 모세가 여호와의 말씀을 따라 명령한 대로 레위 자손이 채에 하나님의 궤를 꿰어 어깨에 메니라"(대상 15:12~15)

성공적인 해산은 바른 비전을 받는 것뿐 아니라 하나님께 언제 어떻게 그 비전을 성취하실 지를 구함으로써 이뤄질 수 있다.

다윗은 언제, 어떻게 언약궤를 가져올지를 하나님께 구했다. 겸손과 순종, 의존적 태도 등 다윗의 변화된 모습은 하나님의 임재와 법궤를 이스라엘의 수도 예루살렘의 한가운데로 옮겨올 수 있게 했다.

주님이 주신 기도의 집 비전이 성취되는 것을 보기 원한다면 우리도 다윗과 같이 우리 생각대로 일이 풀리지 않을 때에도 하나님을 신뢰하며 그분께 여쭤보는 것을 배워야 한다. 결국, 우리의 초점은 주님께서 우리에게 돌보도록 맡기신 우리의 '아기'인 '기도의 집'을 우리 힘으로 양육하는 것이 아니라 주님의 임재가 우리가 거하는 도시와 국가의 중심으로 분명하게 들어오는 것을 보는 것이다.

다윗이 첫 번째로 법궤를 이스라엘로 옮기려 시도했을 때의 경우를 통해 교훈을 얻어야 한다. 그것은 우리가 아무리 주님으로부터 올바른 비전을 받았더라도 육신의 힘으로 그것을 이루려 노력할 때엔 결코 비전을 성취할 수 없다는 사실이다. 우리는 육신의 힘으로 법궤에 나타난 하나님의 임재를 가져올 수 없다. 주님은 우리에게 청사진을 주시는 대신 우리의 매걸음마다 당신과 깊이 소통하기를 원하신다. 그러므로 기도의 집은 매일매일 하나님에 대한 신뢰와 순종으로 지어져간다.

아버지의 무릎에서 배운 징계

나는 입양아다. 내가 6살쯤 되었을 때, 우리 가족은 사우스다코타 주의 강가에서 살았다. 아버지는 익사의 위험이 있으니 15살인 형과 동행하지 않고는 절대로 강에서 수영하면 안 된다고 엄하게 경고하셨다.

하루는 몇 명의 내 어릴 적 친구들이 강으로 수영하러 가자고 했다. 부모님께 허락 받으려 했지만 두 분은 낮잠을 주무시고 계셨다. 그래서 그냥 친구들과 신나게 강으로 갔다. 그런데 갑자기 아버지가 나타나셨다. 아버지는 아주 화가 나셔서 "리처드 마크 라이딩스"라고 내 이름 전부를 부르셨다. 아버지가 나의 성과 중간 이름을 포함한 전체 이름을 부르실 때는, 뭔가 심각한 일이 있을 때라는 사실을 나는 알고 있었다.

나는 아버지께 재빨리 "형 없이 수영하면 안 된다고 말씀하신 것을 잊어버렸어요"라고(솔직히 잊어버렸다) 말씀드렸다. 그러자 아버지는 "음, 그래? 내가 기억나게 도와주마"라시며 차고 있던 벨트를 풀어 그것으로 내 몸의 통통한 부위를 때리셨다. 당시에는 정말 많이 아팠지만 그로 인해 아버지의 말씀에 대한 나의 기억력은 놀랍게 향상되었고, 그 후로 다시는 형 없이 수영하러 가지 않았다.

아버지의 지혜로운 은혜의 징계가 얼마나 중요했는지는 얼마 후에 증명되었다. 내 어릴 적 친구 중 한 명이 강에서 수영하다 진흙탕에 빠지면서 옆에 있던 쇠 파이프를 붙잡았다. 그런데 그 파이프는 전기 펌프와 연결되어 전류가 흐르고 있었다. 내 친구는 즉사했다. 아버지의 사랑 가득한 징계가 아니었다면 나 또한 그 친구처럼 얼마든지 감전사 할 수 있었다.

아버지의 사랑의 징계는 내가 아름다운 삶을 길게 누리게 해주었다. 나 또한 아버지가 된 이후에야 불순종한 아이를 징계하는 것이 얼마나 어려운지 깨달았다. 그러나 적절한 사랑의 징계는 자녀의 생명을 지키는 것은 물론 의의 열매를 맺게 해준다는 것을 경험했다. 사실 부모가 적절히 징계하는 것이야말로 아이가 부모의 사랑을 받고 있다는 생생한 증거다.

타작마당의 교훈

타작마당은 파멸적인 심판의 상징이 아니라 열매 맺는 좋은 삶으로 우리를 인도하는 구원을 위한 훈련의 상징이다.

룻기 3장을 보면 타작마당에서 룻의 마음과 동기의 순수함이 나타났다. 또한 룻과 보아스의 첫 단계의 관계 역시 타작마당에서 이뤄졌다는 사실은 주목할 만하다.

타작마당에서 다윗 왕은 처음에 주님의 징계를 언짢아했다. 다윗은 예루살렘으로 법궤를 성공적으로 들여오기에 앞서 하나님을 향해 화를 내는 자신의

> 타작마당은 파멸적인 심판의 상징이 아니라 열매 맺는 좋은 삶으로 우리를 인도하는 구원을 위한 훈련의 상징이다.

마음을 해결해야 했다. 다윗은 먼저 자신을 낮추고 주님께 여쭤보며 모든 것이 하나님이 아니라 자신의 잘못 때문에 일어났다는 사실을 인정해야 했다. 자신의 교만과 분노에 대한 책임을 지고, 주님께 그분의 방법이 무엇인지를 물어보아야 했던 것이다. 이처럼 우리가 주님의 임재를 경험하기 위해선 하나님을 향한 실망감과 분노감을 먼저 해결해야 한다.

다윗은 어떻게 상황을 제대로 보게 되었을까? 하나님께 여쭤보았기 때문이다. 그가 하나님께 여쭤보자 주님은 오직 정결한 레위인들만 언약궤를 옮길 수 있음을 보여주셨다.

"전에는 너희가 메지 아니하였으므로 우리 하나님 여호와께서 우리를 찢으셨으니 이는 우리가 규례대로 **그에게 구하지 아니하였음이라 하니**"(대상 15:13)

자신의 분노를 해결하기 위해선 먼저 주님께 '구해야' 한다. 비록 그 시점에는 이해하지 못할지라도 주님께 구할 때, 그분이 줄곧 지혜롭게 역사하고 계셨음을 볼 수 있는 더 큰 시야를 갖게 된다. 나는 '철의 장막'이라 불리는 구소련 지역을 처음 방문했던 1983년에 이 교훈을 깨달았다. 당시 우리는 공산체제 하의 폴란드와 체코슬로바키아의 신자들에게 비밀리에 성경을 전달해주고 있었다. 기적적으로 폴란드의 성도들에게 성경을 전달하고, 9개월 동안 감옥에 수감되어 고초를 당하다 석방된 폴란드 목사님을 위로한 후에 그날 저녁 사역이 예정되어 있던 체코슬로바키아쪽으로 떠났다.

우리는 폴란드로 들어가는 길에 이미 체코슬로바키아를 경유하는 과정에서 몇 시간에 걸쳐 조사를 받았다. 그들은 우리가 운반하려는 성경책을 발견하지 못했다. 이미 조사가 끝난 후에 다른 공산국가를 방문했다 재입국하는 것이라 이번에는 간단하게 통과할 줄 알았다. 그러나 놀랍게도 입국심사관은 우리가 체코슬로바키아로 들어갈 수 없다고 말했다. 그는 우리가 폴란드로 가기 위해 경유하러 처음 들렀을 때 입국심사관이 너무 많은 비자 사증을 찢어버려서 재입국하기 위해 필요한 사증이 없다고 말했다. 나는 "그렇다면 그것은 우리 실수가 아니라 당신네 입국심사관의 실수란 사실을 알고 있다는 뜻인가요?"라고 물었다. 그는 간단히 "네"라고 답했다. 그래서 나는 "그러면 우리를 그냥 입국하도록 해줄 수 있겠네요. 그렇죠?"라고 물었다. 그러나 그는 무뚝뚝하게 "안 됩니다"라고만 답하곤 그냥 돌아가라고 했다.

나는 우리 차로 돌아와 마구 분노를 표출하기 시작했다. 그리고 다시 그 입국심사관에게 갔다가 돌아오기를 2번이나 반복했다. 결국 아주 화가 난 채로 차로 돌아왔다. 나는 패트리샤에게 "주님이 우리가 체코슬로바키아로 가는 것을 원하시는 것을 분명히 알고 있지만 이제는 그들이 우리를 들여보내 준다 해도 집회 시간에 맞춰 도착할 수는 없어요"라고 말했다. 그러자 패트리샤는 부드럽게 내가 '찬양의 제사'에 관해 가르치고 있었다는 점을 상기시키며 "아마 지금이 당신이 가르친 것들을 실천할 때일 수 있어요"라고 했다. 나는 너무 화가 난 나머지 "지금 찬양의 제사를 드리고 싶지 않아요. 나

정말로 화났다고!"라고 쏘아붙였다.

그러나 마음속으로는 아내가 옳다는 것을 알고 있었다. 그래서 마음을 누그러뜨리고 찬양의 제사를 드리기 시작했다. 마음에 평강이 임할 때까지 지속했다. 그리고 다시 입국심사관에게 갔다. 나는 내 마음에 평강이 임했기에 그가 좋은 답을 줄 것이라고 확신했다. 그럼에도 그는 또 다시 거절했다. 나는 다시 부드럽게 물었다. "지금 우리가 이 상황을 바꿀 방법이 있을까요?"

"네. 가장 가까운 도시의 미국 영사관에 가면 실수로 찢겨진 사증 사본을 다시 발부 받을 수 있어요."

그의 대답에 흥분되어 나는 "여기서 얼마나 가깝지요?"라고 물었다. 그는 퉁명스럽게 "몇 분 거리에 있지요"라고 답했다.

그가 만일 우리가 처음 만난 3시간 전에만 그렇게 답했으면 우리는 인근 도시의 미국 영사관에 갔다 돌아와 무사히 국경을 넘어 체코슬로바키아의 집회 시간에 맞출 수 있었을 것이다!

폴란드에서 하룻밤을 더 보내야 했던 우리는 주님께 기적적인 방법으로 전날 밤 묵은 폴란드 통역자의 집을 찾아달라고 구해야 했다. 그는 보안상의 이유로 자신의 집 주소를 주지 않았지만 우리는 놀랍게도 그의 집을 찾을 수 있었다. 초인종을 누르자 그의 아내가 문을 열어줬다. 상황을 설명하며 하루 더 묵을 수 있는지 물어보니 그녀는 "그럼요. 다시 오실 줄 알았어요!"라고 말했다. 어떻게 우리가 다시 올지 알았는지 물어보았다. 처음에 우리가 떠나자마자 그녀는 남편에게 자신들의 결혼 생활이 파탄 나 이혼 일보직전이라는 사실을 우리에게 고백했어야 했다고 말했다. 그래서 그녀는 우리가 돌아오기를 기도했다는 것이다! 그래서 패트리샤는 그녀와, 나는 남편과 상담하며 기도했다. 그날 밤, 부부는 자신들의 죄를 회개하고 서로를 용서할 수 있었다. 우리가 잘 동안에 부부는 서로 대화를 나누며 기도했다. 다음 날 아침에 그들은 자신들의 망가진 결혼 생활이 치유 받은 것을 느꼈다고 고백했다. 그로부터 34년이 지난 지금까지 그들은 함께 살아가고 있다!

다음 날, 우리는 미국 영사관에 가서 비자를 재발급 받고 간단히 체코슬로바키아로 들어갔다. 우리는 전날 밤 집회가 예정되었던 농장에 도착해 집회를 주관한 리더에게 어제 어떤 일이 있었는지를 설명하며 진심으로 사과했다. 그러자 그 리더가 말했다. "괜찮습니다. 성령님께서 어제 밤에 두 분이 오지 않으실 것이라고 알려주셔서 성도들에게 다음 날 저녁에 모이라고 했습니다. 그러니 바로 정시에 오신 것입니다. 자 들어오세요, 성도들이 안에서 기다리고 있습니다."

그 후 수 년간 여러 번 우리는 우리가 생각하는 방법대로 주님이 움직이지 않으시거나 우리가 기대한 시간에 일을 행하시지 않더라도 체코슬로바키아 국경에서 일어난 일을 생각하며 절대로 주님께 화를 내지 않을 수 있었다.

그 사건을 통해 어떤 경우에도 우리는 우리 마음에 신뢰와 평강이 찾아올 때까지 찬양의 제사를 올려드려야 한다는 사실을 배웠다. 우리도 다윗과 같이 끊임없이 주께 여쭤보아야 했다. 그리고 매번 결국에는 주님의 방법과 생각이 우리보다 훨씬 높고 깊으며 언제나 주님이 상황을 컨트롤하고 계심을 경험했다. 주님과의 관계에서 가장 우선시 되어야 할 일은 매사에 주님께 여쭤보는 것이다. 그것이 우리와 주님과의 관계에서 항상 중심이 되어야 한다.

우리 생각대로 최선을 다해 빠르게 움직이는 것보다 주님께 여쭤보고 움직이는 것이 훨씬 더 안전하다. 특히 기도의 집의 여러 사항들과 관련해서는 더욱 더 주님께 여쭤보아야 한다. '그분의' 집이기 때문이다. 우리가 우리를 통해 주님이 그분의 집을 지으시도록 허락할 때 주님의 집은 세워지게 될 것이다. 주님이 그분의 집에 공급하실 것이다. 주님이 그분의 집을 유지하실 것이다. 우리가 주님을 의존하며 겸손히 그분과 함께 걷는 것을 배우게 되면, 그분이 우리에게 도시와 국가에 커다란 변화를 가져올 주님의 임재가 머무는 장소를 준비할 수 있게 하실 것이다.

결론

주님 임재의 힘이
도시와 국가를 바꾼다

이 책을 마치며 나는 우리의 핵심은 기도의 집도, 도시와 나라를 변혁시키는 것도 아니라는 사실을 강조하고 싶다. 심시어 기도나 예배도 핵심이 아니다. 핵심은 오직 주님뿐이시다. 오직 주님의 임재만이 도시와 국가를 지속적인 방법으로 변화시킬 수 있다. 우리는 단지 도시와 국가, 그리고 우리의 마음 안에 주님이 머물 거처를 준비할 수 있기만을 간구할 뿐이다.

다윗 왕은 하나님의 왕국을 세우기 위해 자신의 왕국을 짓고 싶은 이기적인 야심을 내려놓아야 했다. 그는 하나님만이 모든 영광을 받으실 수 있도록 그분의 징계를 통해 자신의 약점들을 다듬어야 했다. 하나님의 법궤가 성공적으로 예루살렘에 들어왔을 때, '연합해서' 들어왔다는 사실을 주목해야 한다. 누구도 법궤를 드는 영광을 홀로 받을 수 없었다. 레위 사람들은 권위에 순복하는 것을 배운 집

단으로서 함께 연합해 발자국을 맞추며 법궤를 옮겼다. 아무도 더 빨리 앞서갈 수도, 뒤쳐질 수도 없었다. 그들은 자기 자신의 욕망을 죽이고, 한 몸으로 함께 움직이는 것을 배워야 했다.

다윗 왕은 이번에는 자신의 힘과 재물을 자랑하며 대규모로 팡파르를 울리는 형태가 아니라 일곱 마리의 수송아지와 일곱 마리의 숫양으로 제사를 지냈다. (대상 15:26) 일부 성경학자들은 히브리적인 의미에서 레위 사람들은 한 발자국을 내디딜 때마다 제사를 지냈다고 해석할 수 있다고 말한다. 어떤 방법이었던지 법궤의 성공적인 이동은 수송아지와 숫양으로 상징되는 육체적 힘의 죽음을 뚜렷이 보여주는 겸손의 영으로 이뤄졌다. 하나님의 임재를 드러내기 위해서는 우리의 육신과 자아가 죽어야 한다.

> 하나님의 임재를 드러내기 위해서는 우리의 육신과 자아가 죽어야 한다.

자신에 대해 죽을 때 주님의 기쁨이 흘러나온다

그러나 이것은 구슬픈 장례식 같은 것이 아니다. 진실로 자기 자신에 대한 죽음을 통해 주님의 기쁨이 흘러나온다.

"…다윗이 가서 하나님의 궤를 기쁨으로 메고 오벧에돔의 집에서 다윗 성으로 올라갈새"(삼하 6:12b)

"다윗이 여호와 앞에서 힘을 다하여 춤을 추는 데 그 때에 다윗이 베 에봇을 입었더라 다윗과 온 이스라엘 족속이 즐거이 환호하며 나팔을 불고 여호와의 궤를 메어오니라"(삼하 6:14~15)

위 말씀은 교정의 시간을 지나 징계에 대한 바른 반응을 한 뒤에 오는 참된 '주님의 기쁨'을 나타낸다. 주님의 기쁨은 모든 일이 우리가 원하는 대로 잘 이뤄질 때 느끼는 인간적 기쁨보다 훨씬 깊고 강렬하다. 이 기쁨은 주님의 뜻대로 일이 이뤄질 때 찾아오는 깊고 강한 기쁨이다!

다윗 왕의 마음에 들어간 주님의 기쁨은 자신의 위엄을 과시하고 자신의 위치와 재력, 힘으로 다른 사람들을 억누르려고 하는 사람들에게는 불쾌하게 받아들여졌다. 다윗의 부인 미갈이 그랬다.

"여호와의 궤가 다윗 성으로 들어올 때에 사울의 딸 미갈이 창으로 내다보다가 다윗 왕이 여호와 앞에서 뛰놀며 춤추는 것을 보고 심중에 그를 업신여기니라"(삼하 6:16)

"다윗이 자기의 가족에게 축복하러 돌아오매 사울의 딸 미갈이 나와서 다윗을 맞으며 이르되 이스라엘 왕이 오늘 어떻게 영화로우신지 방탕한 자가 염치없이 자기의 몸을 드러내는 것처럼 오늘 그의 신복의 계집종의 눈앞에서 몸을 드러내셨도다 하니 다윗이 미갈에게 이르되 이는 여호와 앞에서 한 것이니라 그가 네 아버지와 그의 온 집을 버리시고 나를 택하사 나를 여호와의 백성 이스라엘의 주권자로 삼으셨으니 내가 여호와 앞에서 뛰놀리라 내가 이보다 더 낮아져서 스스로 천하게 보일지라도 네가 말한바 계집종에게는 내가 높임을 받으리라 한지라 그러므로 사울의 딸 미갈이 죽는 날까지 그에게 자식이 없으니라"(삼하 6:20-23)

다윗이 말한 '내가 이보다 더 낮아져서'의 우리 시대의 모델은 내게 많은 영향을 미친 귀한 형제 고 아서 월리스다. 아서는 전형적인 영국 신사로 고귀하고 격조 있게 말하고 움직이는 인물이었다. 그는 가장 영국적 전통에 걸맞는 세련된 언사를 구사했으며 내 삶에 깊은 감명을 준 성령의 기름부음이 있는 책을 쓴 저자이기도 하다.

나는 1985년에 아서와 함께 영국에서 열린 성경 집회를 인도하면서 깜짝 놀랐다. 당시 영국의 한 기독교 단체로부터 우리가 만든 '주님의 거룩함을 기뻐하라'란 뮤지컬 공연을 하도록 초대받았다. 나도 말씀을 전할 예정이었다. 그러나 사실 나를 포함한 대부분의 청중들은 아서 월리스의 깊고 무게 있는 가르침을 잔뜩 기대하고 있었다.

예배하는 동안 아서는 평소대로 절제된 영국 신사의 자세로 앉아 있었다. 그러나 강력한 기름부음이 기쁜 찬양 노래에 임하자 아서는 천천히 일어서더니 긴 팔과 다리를 흔들며 기쁘게 주님을 찬양하며 열정적으로 춤을 추기 시작했다. 나는 아서가 다른 사람들이 자신을 우러러 보고 있음에도 자신의 품위를 내려놓고 다윗처럼 '이보다 더 낮아져서 스스로 천하게 보일지라도' 주님의 기쁨을 마음껏 표현하는 자유함을 지니고 있다는 사실에 감동했다. 그가 하나님의 은혜를 깊이 체험했고 자신을 나타내려는 욕망에서 자유했기에 그 같은 행동을 할 수 있었으리라 생각한다.

주님의 임재는 은혜로 온다

주님의 임재의 법궤를 가져오기 위해서 주님의 은혜에 대한 계시가 필요하다.

주님의 임재의 법궤를 가져오기 위해서 주님의 은혜에 대한 계시가 필요하다.

만일 우리가 기도의 집을 세움으로 우리 세대에 다윗의 장막을 회복하는데 기여하고, 도시와 국가의 변혁을 도울 수 있다고 믿는다면, 그것은 슬프게도 잘못 생각한 것이다. 우리가 아니다! 오직 주님, 주님의 은혜만이 이 모든 영광스런 것들이 이뤄질 수 있게 한다.

다윗 왕은 구약 시대에 주어진 은혜에 대해 누구보다도 깊이 이해했다. 이는 시편에 잘 나타나있다.

"우리의 죄를 따라 우리를 처벌하지는 아니하시며 우리의 죄악을 따라 우리에게 그대로 갚지는 아니하셨으니 이는 하늘이 땅에서 높음 같이 그를 경외하는 자에게 그의 인자하심이 크심이로다 동이 서에서 먼 것 같이 우리의 죄과를 우리에게서 멀리 옮기셨으며 아버지가 자식을 긍휼히 여김 같이 여호와께서는 자기를 경외하는 자를 긍휼히 여기시나니 이는 그가 우리의 체질을 아시며 우리가 단지 먼지뿐임을 기억하심이로다"(시 103:10~14)

다윗 왕이 여러 인간적 약점에도 불구하고 높은 자존감을 지닐 수 있었던 것은 주님의 은혜에 대한 깊은 자각이 있었기 때문이다. 미갈에게 한 대답에서 그의 은혜에 대한 자각을 엿볼 수 있다. 물론 다윗은 자신에게 인간적 차원의 왕권이 부여됐음을 부정하지는 않았지만, 그것이 오직 하나님의 은혜로운 선물이라는 사실을 깊이 인식했다. 그 결과로 그는 자신의 자리에 연연하지 않았고, 이기적인 야망의 포로가 되지 않았다. 대신, 그는 자신의 위치와 명예가 모든 경배와 영광 받으시기에 합당하신 오직 한 분이신 그분께서 자신의 영광을 위해 선물로 거저 주신 것이라는 사실을 명심했다.

도시와 국가를 움직이는 열쇠

도시와 국가, 열방에 영향을 끼칠 기도의 집의 심장과 기초는 바로 주님께만 사역하는 것이다.

예배 인도자 게리 벤자민은 유럽의 주요 도시에 기도의 집을 해산하기 위해 1년 간 수캇 할렐에 머물며 훈련을 받았다. 그는 2000여 명의 성도가 있는 미국 교회의 찬양 사역자 출신으로 이후 그 교회의 담임 목사로도 섬겼다. 그러다 "해외로 가서 사역하라"는 하나님의 부르심에 순종, 안정된 사례비와 자쿠지가 있는 아름다운 집, 고급차 등을 포기하고 믿음의 여정을 걷기 시작했다.

어느 날 아침, 그는 예배 파수를 인도하려 준비하고 있었다. 수캇 할렐은 24/7 경배를 드리기에 아주 극소수의 파수 시간에만 큰 무리의 청중이 모인다. 기도실에 도착했을 때, 그는 3명의 할머니만 그곳에 계신 것을 보게 되었다. 피아노 앞에 앉았을 때, 갑자기 그의 마음속에 '이 작은 것을 선택하려 그 많은 것들을 포기하다니 내가 잠시 미쳤나보다'라는 스스로를 책망하는 부정적 생각이 들어왔다. 그러면서 자신이 정말 제대로 하나님의 부르심을 받았는지 의심하기 시작했다.

그런데 그가 예배를 시작하려 하자 큰 무리의 천사들이 그 장소를 가득 채우는 소리를 들었다. 꼭 천사가 날갯짓하며 내는 소리를 듣는 것 같았다. 그때 가까이에 있던 천사가 다른 천사들에게 "쉿! 저 사람이 곧 시작하려 해"라고 말하는 것을 들은 것 같았다. 그는 보통 환상을 보지 못했고, 영적 영역에 대한 경험이 부족했기에 그 상황에 상당한 충격을 받았다. 그것이 실제로 일어나고 있는 일인지도 헷갈렸다.

그때 앉아계신 한 할머니가 그에게 다가와 말했다. "저, 방해 드려 미안합니다만, 당신이 피아노에 앉자마자 천사들이 방을 가득 채우는 것을 보았어요. 꼭 말씀드려야 할 것 같네요. 그들의 날갯짓 소리도 들렸어요. 그리고 당신 옆에 있던 천사가 '쉿! 저 사람이 곧 시작하려 해'라고 말하는 것도 들었답니다."

이 예배 인도자는 이 경험이 모든 유감스러운 생각을 날려 버렸다고 말했다. 과거에 그도 '주님을 섬기는 것'에 우선순위가 있음을 가르쳤지만, 이번 일은 그에게 새로운 수준의 계시와 경험이 되었다.

만일 우리가 기도의 집을 세우도록 부름 받았다면 예배와 기도가 자유롭게 흐를 때나, 희생의 제사가 필요할 때나, 기적적으로 재정이 채워질 때나, 또한 부족할 때나, 기쁘거나 슬프거나 상관이 없다.
우리는 주님의 임재는 가장 존귀하다는 마음의 계시로부터 일해야
만 한다.

그의 거룩한 산 시온에서의 축복

시온의 하나님께서 은혜와 축복을 당신의 마음 깊은 곳에 드러내시기
를…
하나님께서 당신을 오직 주님께 온전히 의지하는 장소로 이끄시기
를…
당신이 이 세대 가운데 하나님의 목적을 이루는 삶을 살기를…
하나님께서 당신 인생의 모든 것을 계획하시고 적절히 당신을 배치시
키셨음을 알기를…
당신이 하나님이 예정하신 곳에서 살아 있는 '기도의 집'이 되고, 실제
적으로 그분이 거할 기도의 집을 세우는 일원이 되기를…
당신이 그의 임재를 당신이 거하는 도시와 국가의 중심지로 옮겨오는
일을 감당하기를…
당신이 도시와 국가를 움직이는 기도의 집을 세우는 사람이 되기를…
당신이 이 땅에 다윗의 아들을 위한 보좌를 짓는데 참여하고 온 세상에
하나님의 통치와 법을 확장시키는 데 넘치게 사용되도록…
전능하신 예슈아 하마시아(예수 그리스도)의 이름으로 기도합니다.
아멘

영어 용어 사전

벤 힌놈의 골짜기(Ben Hinnom Valley)

예루살렘 남서쪽에 있는 골짜기로 쓰레기 소각장이다. '힌놈의 아들의 골짜기'(수 15:8)와 동일한 곳이다. 왕국 시대 이후로 이곳에서는 이방신 몰렉과 바알 등에게 어린이 등 인신 희생 제사가 드려졌다. 선지자 예레미야는 이곳을 '살육의 골짜기'(렘 19:6)로 불렀다. 인신 제사와 쓰레기 소각을 위한 불이 끊이지 않아 '지옥', 곧 영원한 파괴의 장소를 상징한다.

신부적(Bridal)

모든 믿는 이들은 '신부'로서 '신랑'되신 주님과 성경에 기초한 친밀한 관계를 갖는다. '신부적'이란 말은 그 같은 친밀한 관계를 바탕으로 드려지는 경배와 묵상 등을 의미한다. (계 19:7~9; 21:9; 22:19)

다윗성(City of David)

해발 750m의 예루살렘 고원 지대에 세워진 다윗의 도성. 다윗이 여부스 사람의 성읍을 점령해 붙인 성의 이름이다. 이곳에서 다윗 왕은 수도를 세우고, 언약궤를 위한 장막을 만들었다. 오늘날 구 예루살렘 남서쪽 '시온의 언덕'과 '다윗의 무덤'이라 불리는 이슬람교 사원에 옛 다윗성이 있었다고 추정될 뿐 더이상의 옛 흔적들은 찾아볼 수 없다.

왕관과 보좌(Crown and Throne)

믿는 자들은 국가와 도시의 문 앞에 앉아 왕 중의 왕의 법과 판결을 집행하고 실행하는 이 땅의 '왕'(벧전 2:9; 계 5:10)으로 부름 받았다. 그런 마음으로 드리는 예배와 기도. (14장 참조)

정부적 경배와 중보(Governmental worship and Intercession)

예수님의 왕 되심과 그분의 보좌, 그리고 도시와 국가에 주님의 왕국과 정부가 설립될 것을 소망하며 드리는 간구.

하마스(Hamas)

본래 가자지구를 중심으로 이스라엘에 저항한 무장 단체로 2006년 팔레스타인 자치정부의 집권당이 되었다.

하프와 보울(Harp and Bowl)

계시록 5장 9절에 나온 '거문고와 향기 가득한 금 대접'으로 주님께 기도와 예배를 올려 드리는 믿는 자들의 제사장적 책임을 설명할 때 사용된다. (14장 '왕관과 보좌' 참조)

이사야 19장 대로(Isaiah 19 highway)

이사야서 19장 23~25절은 현재 대부분의 중동 지역인 이스라엘, 이집트, 앗시리아에 대해 말한다. 중보자들은 이들 지역에 주님을 높이는 '경배의 대로'가 건설될 것을 믿으며 하나님의 예언의 성취를

위해 기도의 집을 설립하려 헌신하고 있다.(16장, 17장 참조)

예수 운동(Jesus People Movement)

1960년대 후반부터 1970년대 초반까지 미국 서부지역에서 시작된 기독교 부흥 운동으로 미국 전역과 유럽으로 확산되다가 1980년대 초반에 저물었다. 반사회적 히피 문화에 퍼진 선교적 기독 운동이었으며 역으로 기독교의 주요 흐름 가운데 전개된 히피 문화적인 운동이라고 할 수 있다.

땅(The Land)

이스라엘의 이름

겉옷(Mantle)

주님의 목적을 이루기 위해 각각의 믿는 자에게 주어진 사도적 사명이나 위치, 권위 등을 의미한다.

메시아(Messiah)

'택한 자', '기름부음 받은 자'를 뜻하는 히브리어로 특별한 신적 역할을 수행하기 위해 구별되어진 사람이다. '그리스도'(Christ)는 헬라어 '기름부음 받은 자'로부터 유래한 단어.

기도의 집으로 열방을 변혁하라

메시아닉 유대인(Messianic Jew)

예수 그리스도는 유대인과 이방인의 메시아로 창세기부터 계시록까지 성경의 약속을 성취하실 분임을 믿는 유대인.

사회의 산(Mountain of Society)

정부, 미디어, 비즈니스, 예술, 엔터테인먼트, 교육, 가족, 종교 등 이 땅의 주요한 영역을 지칭한다. 이들 영역에 하나님 나라의 가치관이 스며들게 하는 것이야말로 이 땅을 사는 크리스천들의 사명이다.

시온산(Mount Zion)

예루살렘 성전의 시온 문(다윗의 문) 밖에 위치한 산이다. 원래의 시온산은 다윗 왕이 점령한 이후 '다윗성'이라 명한 여부스인들의 요새 동쪽을 지칭한다. (삼하 5:6) 이곳은 제2성전 시대의 예루살렘 위쪽의 도시 남단에 해당하는 지역으로 구약성경에 이 지명이 자주 언급되고 있으며, 유대인에게도 예루살렘이나 성지를 일컫는 단어이기도 하다.

구 도시(Old City)

16세기 오스만투르크 제국의 술레이만 1세가 건설한 성벽에 둘러싸인 약 1㎢의 예루살렘 구 시가지로 아주 역동적인 곳이다. 유대인, 기독교인, 아르메니아인, 무슬림 등 4개 구역으로 나뉘어 있다.

샤밧(Shabbat)

금요일 일몰부터 시작해 토요일 일몰에 마쳐지는 유대 안식일.

쇼파르(Shofar)

숫양의 뿔로 만든 나팔로 유대 종교 행사에 사용된다. 과거에는 전쟁의 시작을 알리는데 사용되었지만 현재는 로쉬 하샤나(유대 신년)과 욤 키프루(속죄일)때 사용되고 있다.

술탄의 못(Sultan's Pool)

한 때 예루살렘의 물 공급을 책임졌던 큰 저수지로 오스만 제국의 술탄이 만들었다 해서 '술탄의 못'이라 불린다.

성전산(Temple Mount)

아브라함이 아들 이삭을 번제물로 바치려 했던 산으로 유대교, 기독교, 이슬람교의 성지다. 하나님의 영광이 머물기로 선택된 곳(사 8:18)으로 유대교의 가장 신성한 산이다. 유대인들은 메시야가 오시면 이곳에 제3성전이 지어질 것으로 믿는다.

서쪽 통곡의 벽(Western Wall)

헤롯 1세가 기원전 20년에 지은 예루살렘 구도시의 보존된 벽의 한 부분. 말씀 그대로 믿는 유대인들은 지성소에 서는 것을 두려워하며 성전산에 오르지 않고 통곡의 벽에서 예배를 드린다.

히브리어 용어 사전

아다르(Adar)
히브리아 '아다르'는 '어두움'이란 뜻이며 히브리 월력으로 열두 번째 달의 이름이다. 태양력으로는 2~3월에 해당된다.

알리야(Aliyah)
'올라감', 또는 '등단하다'란 의미의 단어로 디아스포라 유대인들이 이스라엘로 돌아가는 것을 뜻한다.

아도나이(Adonai)
하나님 또는 주

아사돗(Ashdod)
고대 이스라엘 남부 지중해에 위치한 블레셋인들의 도시. 현재 이스라엘의 가장 큰 현대식 항구다.

바룩 하셈(Barukh ha Shem)
(주의) 이름이 찬송 받을 지어다.

제2 인티파다 (Intifada, Second)
2000년부터 2005년 사이에 요르단 강 서안과 가자 지구의 팔레스타인 지도자들에 의해 추진된 난폭한 반이스라엘 무장 봉기. 인티파다는 '봉기', '반란'을 뜻하는 아랍어. 제1 인티파다(1987~1992)는 이 책에서 언급되지 않음.

미쉬칸 시온(Mishkon Zion)

'시온의 거주지'란 이름의 북 예루살렘에 위치한 한국 기도의 집. '미쉬칸'이란 '거주하는 처소', 즉 하나님이 임재하는 처소를 의미한다. (출 25:8)

모 아딤 (Mo'adim)

하나님의 지정된 시간과 절기. (레 23:2,4)

몰렉(Molech)

'다스리다', '인도하다'는 뜻의 '말라크'에서 파생된 이름으로 '왕'을 뜻하는 '말렉'의 음역에서 유래한 말이다. 몰렉은 암몬 사람들이 민족신으로 섬기던 가증스런 우상으로 이스라엘이 가나안 땅에 들어가기 전에 가나안에서 이미 섬겨지고 있었다. (신 12:31; 18:9) 암몬 사람들은 몰렉을 섬기기 위해 자신들의 아이들을 불로 제사지냈다. 죽어가는 아이들의 비명소리를 부모들이 듣지 못하도록 희생 제사를 지내는 제사장들은 북을 쳤다.

올림(Olim)

이스라엘의 유대인 이주자들

오메르(Omer)

고대 히브리의 곡식을 재는 단위.

로쉬 호데쉬(Rosh Hodesh)

히브리 달력의 매달 초하루

샤브옷(Shavu'ot)

오순절. 이날 성령이 모든 지체에게 부어지며 말씀이 성취되었다.

수캇 할렐(Succat Hallel)

'찬양의 장막'이란 뜻으로 성전산이 내려다보이는 남 예루살렘에 있
는 24/7 기도의 집.

수캇(Sukkot)

유대인들이 광야에서 장막 또는 천막에서 살던 것을 기념하는 대표
유대 절기인 장막절. (레 23:34~35) 많은 성경학자들은 예수님께서
자신의 백성들과 열방을 통치하시러 그의 장막으로 돌아오실 때 장
막절이 성취될 것이라 믿는다.

도벳(Topheth)

'태우는 곳', '용광로', '제단'이라는 뜻으로 벤 힌놈 골짜기 남쪽 끝에 위치한 곳. 혹자는 우상 몰렉에게 아이들이 바쳐질 때, 그들의 비명 소리를 가리려 제사장들이 큰 소리로 북을 치는 것에서 유래한 '북'이라는 단어에서 나온 명칭이라고도 함.

예수아 하마시아(Yeshua Ha Mashiah)

예수 그리스도